JN013256

派遣先均等・均衡方式／労使協定方式による

労働者
派遣契約の
結び方

社会保険労務士
東谷 義章 著

税務経理協会

はしがき

　2020年4月に同一労働同一賃金に関する2つの大きな法律改正がありました。1つはパートタイム・有期雇用労働法の改正で、もう1つは労働者派遣法の改正です。

　パートタイム・有期雇用労働法の改正は、会社内の正社員と非正規雇用労働者（アルバイトやパート、有期雇用労働者）との間の賃金等の待遇について不合理な格差を設けてはいけないというもので、労働者派遣法の改正は、派遣労働者が働いている派遣先の会社の正社員とその派遣労働者との間の賃金等の待遇について不合理な格差を設けてはいけないというものです。

　パートタイム・有期雇用労働法の改正は社内での待遇差の解消であるため、社内ルールの見直し等で対応できますが、労働者派遣法の改正は派遣会社に雇用されている派遣労働者とまったく別の会社である派遣先の正社員との間の待遇差について、本書でも紹介している派遣先均等・均衡方式又は労使協定方式に基づいて解消しなければいけません。

　私は2017年4月に大阪労働局の需給調整事業部に需給調整事業専門相談員（非常勤職員）として採用され、2020年3月までの3年間、派遣会社はもとより派遣先企業や社会保険労務士、弁護士の方からの労働者派遣法に関する相談業務に従事してきました。2019年4月〜2020年3月までの1年間は、ほぼ今回の労働者派遣法の改正に関する相談でした。

　労働者派遣法の改正に関する相談対応をしていて私が常に感じていたことは、「今回の労働者派遣法の改正は難しすぎる」ということです。厚生労働省が発行している改正労働者派遣法に関するパンフレットや業務取扱要領は行政文書特有の言い回しなどもあり、3年間、労働局で労働者派遣法の相談対応を専門に行っていた私でさえ「何を言っているかよくわからない」と思ってしまうほどなので、一般の方はかなり理解に苦しまれていると思います。

　本書は労働者派遣法の知識が全くない方でも、法改正後の派遣手続に必要な書類を正しく作成できるよう、各種書類の記載事項の説明や具体的な記載例等を用いるなど、とにかくわかりやすく解説することに努めました。

　また、他の文献でもあまり触れられていない偽装請負や出向についても解説しています。

派遣会社や派遣先企業の方、社会保険労務士の先生方等、労働者派遣業務に携わる方々に本書が活用されることにより、適正な労働者派遣契約の締結及び安定した派遣業務の運営に資することができれば幸いです。

2020 年 12 月

東谷　義章

CONTENTS

第1章　労働者派遣制度の概要と派遣法改正の内容

1　労働者派遣とは　002

1　「労働者派遣」の定義　002

2　「労働者派遣事業」と「請負事業」の違い　002

① 請負事業とは　002

② その他の契約形態　003

③ 偽装請負について　004

④ 請負事業を適正に行う判断基準　005

⑤ 「労働者派遣・請負を適正に行うためのガイド」解説　007

3　「労働者派遣事業」と「出向」の違い　011

① 在籍型出向　011

② 移籍型出向　012

4　在籍型出向の要件　012

2　労働者派遣法改正の内容　015

1　パートタイム・有期雇用労働法の改正と労働者派遣法の改正の違い　015

2　同一労働同一賃金ガイドライン　016

3　労働者派遣法の改正の内容　019

① 派遣先均等・均衡方式　019

② 労使協定方式　021

第2章　労使協定方式

1　労使協定方式の意義　026

1　長時間労働の是正の施策（労働基準法関係）　027

2 雇用形態にかかわらない公正な待遇の確保　028

2　労使協定方式における派遣事業の手続の流れ　028

1　労使協定の締結　`派遣元`　029
  ①　労使協定の締結事項　029
  ②　労使協定の締結事項の具体的な内容　032
  ③　労使協定の締結方法　077
  ④　労使協定の記載例　080
  ⑤　労使協定の周知　088
  ⑥　労使協定の行政機関への報告　091
  ⑦　労使協定の保管期間　092
  ⑧　職業安定局長通知（令和３年度）について　092
2　派遣の依頼　`派遣元`　`派遣先`　099
3　派遣登録　`派遣元`　099
  ①　個人情報の収集、保管及び使用　100
  ②　履歴書の送付・事業所訪問　101
4　待遇に関する事項等の説明（派遣労働者を雇用しようとする時）

　　　　　　　　　　　　　　　　　　　　　　　　　　`派遣元`　102
  ①　内容　102
  ②　説明事項　103
  ③　説明方法　103
  ④　書類の記載例　104
  ⑤　書類の保管期間　105
5　抵触日通知　`派遣先`　106
  ①　内容　106
  ②　派遣可能期間の制限　106
  ③　抵触日通知の通知内容　114
  ④　通知方法　114
  ⑤　書類の記載例　115
  ⑥　書類の保管期間　116
6　比較対象労働者の待遇等に関する情報の提供　`派遣先`　116

　　① 内容　116

　　② 比較対象労働者　117

　　③ 情報提供の内容　120

　　④ 情報提供の方法　125

　　⑤ 書類の記載例　126

　　⑥ 書類の保管期間　134

7 派遣契約の締結　　派遣元　派遣先　134

　　① 内容　134

　　② 個別契約書の記載事項　135

　　③ 個別契約書の締結方法　144

　　④ 個別契約書の記載例　145

　　⑤ 個別契約書の保管期間　151

8 雇用契約の締結　　派遣元　152

　　① 労働条件通知書と雇用契約書の違い　152

　　② 雇用契約書の記載事項　153

　　③ 雇用契約書の記載例　153

　　④ 書類の保管期間　156

9 就業条件明示書の交付　　派遣元　156

　　① 内容　156

　　② 就業条件明示書の記載事項　157

　　③ 就業条件明示書の明示方法　163

　　④ 就業条件明示書の記載例　163

　　⑤ 就業条件明示書の保管期間　170

10 待遇に関する事項等の説明（雇用した時）　　派遣元　170

　　① 内容　170

　　② 待遇に関する事項等の説明（雇用した時）の記載及び説明事項　171

　　③ 待遇に関する事項等の説明（雇用した時）の方法　173

　　④ 待遇に関する事項等の説明（雇用した時）の記載例　174

　　⑤ 待遇に関する事項等の説明（雇用した時）書類の保管期間　184

11 待遇に関する事項等の説明（派遣する時）　　派遣元　185

　　① 内容　185

② 待遇に関する事項等の説明（派遣する時）の記載及び説明事項　185

③ 待遇に関する事項等の説明（派遣する時）の方法　186

④ 待遇に関する事項等の説明（派遣する時）の記載例　186

⑤ 待遇に関する事項等の説明（派遣する時）書類の保管期間　186

⑫ 派遣先への通知　<派遣元>　187

① 内容　187

② 派遣先への通知の記載事項　188

③ 派遣先への通知の方法　190

④ 派遣先への通知の記載例　190

⑤ 派遣先への通知の保管期間　193

⑬ 待遇に関する事項等の説明（派遣労働者から求めがあった場合）

<派遣元>　193

① 内容　193

② 待遇に関する事項等の説明（派遣労働者から求めがあった場合）の
説明事項　193

③ 待遇に関する事項等の説明（派遣労働者から求めがあった場合）の
方法　194

④ 待遇に関する事項等の説明（派遣労働者から求めがあった場合）の
記載例　195

⑤ 待遇に関する事項等の説明（派遣労働者から求めがあった場合）の
保管期間　197

⑭ 派遣元管理台帳の作成　<派遣元>　197

① 内容　197

② 派遣元管理台帳の記載事項　197

③ 派遣元管理台帳の記載例　201

④ 派遣元管理台帳の保管期間　206

⑮ 派遣先管理台帳の作成　<派遣先>　206

① 内容　206

② 派遣先管理台帳の記載事項　207

③ 派遣先管理台帳の記載例　210

④ 派遣先管理台帳の保管期間　214

16　派遣労働者の就業実績の通知　派遣先　214
　①　内容　214
　②　派遣労働者の就業実績の通知の記載事項　214
　③　派遣労働者の就業実績の通知の方法　214
　④　派遣労働者の就業実績の通知の記載例　215
　⑤　派遣労働者の就業実績の通知の保管期間　217

第3章　派遣先均等・均衡方式

1　派遣先均等・均衡方式の意義　220

2　派遣先均等・均衡方式における派遣事業の手続の流れ　220

1　派遣の依頼　派遣元　派遣先　220
2　派遣登録　派遣元　222
3　待遇に関する事項等の説明（派遣労働者を雇用しようとする時）
　　　　　　　　　　　　　　　　　　　　　　　　　派遣元　222
4　抵触日通知　派遣先　222
5　比較対象労働者の待遇等に関する情報の提供　派遣先　222
6　派遣契約の締結　派遣元　派遣先　222
7　雇用契約の締結　派遣元　223
8　就業条件明示書の交付　派遣元　223
9　待遇に関する事項等の説明（雇用した時）　派遣元　223
10　待遇に関する事項等の説明（派遣する時）　派遣元　223
　①　内容　223
　②　待遇に関する事項等の説明（派遣する時）の記載及び説明事項　224
　③　待遇に関する事項等の説明（派遣する時）の方法　225
　④　待遇に関する事項等の説明（派遣する時）の記載例　226
　⑤　待遇に関する事項等の説明（派遣する時）書類の保管期間　236
11　派遣先への通知　派遣元　236

⓬　待遇に関する事項等の説明（派遣労働者から求めがあった場合）

　　　　　　　　　　　　　　　　　　　　　派遣元　237

　①　内容　237

　②　待遇に関する事項等の説明（派遣労働者から求めがあった場合）の
　　説明事項　237

　③　待遇に関する事項等の説明（派遣労働者から求めがあった場合）の
　　方法　239

　④　待遇に関する事項等の説明（派遣労働者から求めがあった場合）の
　　記載例　239

　⑤　待遇に関する事項等の説明（派遣労働者から求めがあった場合）の
　　保管期間　244

⓭　派遣元管理台帳の作成　　派遣元　245

⓮　派遣先管理台帳の作成　　派遣先　245

⓯　派遣労働者の就業実績の通知　　派遣先　245

第4章　派遣元・派遣先が陥りやすい12の間違い

1　派遣先均等・均衡方式及び労使協定方式に共通するQ&A　248

Q1　正社員として雇用している派遣労働者への適用は？　248

Q2　派遣元で選択する待遇決定方式を統一するのか？　249

Q3　就業規則を変更する必要があるか？　250

2　派遣先均等・均衡方式に関するQ&A　252

Q4　通勤手当も支払うのか？　252

Q5　比較対象労働者の選定の範囲は？　255

Q6　前回と同じ内容の契約更新でも待遇等の情報提供をする？　258

3　労使協定方式に関するQ&A　259

Q7　以前からある賃金テーブルをそのまま使ってもいい？　259

Q8　賞与は支払う必要がある？　260

Q 9 地域指数は実際に就業する場所のものを使う？　261

Q10 労使協定は労働基準監督署に提出する？　262

Q11 経験年数と能力・経験調整指数の年数は同じ？　262

Q12 派遣先の希望で待遇決定方式を変更できる？　264

巻末資料　各書類の保管期間一覧表　267

索引　271

参考文献　275

本書で紹介した説明資料や各種契約書のひな形等を税務経理協会ホームページの「デジタルコンテンツ」→「労働者派遣契約の結び方ひな形ダウンロード」のページよりダウンロードできます。

　ひな形は、適宜、修正をしてご活用いただくことができます。

第 **1** 章

労働者派遣制度の概要と派遣法改正の内容

1　労働者派遣とは

■　「労働者派遣」の定義

　労働者派遣とは、労働者派遣事業の適正な運営の確保及び派遣労働者の保護等に関する法律（以下「労働者派遣法」という）第2条第1号に、「自己の雇用する労働者を、当該雇用関係の下に、かつ、他人の指揮命令を受けて、当該他人のために労働に従事させることをいい、当該他人に対し当該労働者を当該他人に雇用させることを約してするものを含まない」と規定されています。

　つまり、労働者派遣とは「自社の雇用する労働者を他社の指揮命令（他社の労働者からの指揮命令を含む）を受けて、他社の利益のために仕事をさせること」をいいます。

　労働者派遣事業を行う場合は、労働者派遣事業の許可が必要となります。

■　「労働者派遣事業」と「請負事業」の違い

①　請負事業とは

　よく、「労働者派遣事業」と混同されるものとして「請負事業」があります。

　請負事業とは、注文主（「発注元」「発注者」「委託者」「元請け」等呼び名はいろいろありますが、要するに「自社の業務又は自社が受託した業務を他社に委託する者」のことを意味します）から業務を受託し、その業務を行うことをいいます。

　「労働者派遣事業」と「請負事業」の違いは、

- ・　労働者派遣事業

　　自社の雇用する労働者を他社の指揮命令（他社の労働者からの指揮命令を含む）を受けて、他社のために仕事をさせること

- ・　請負事業

　　自社の雇用する労働者を自社の指揮命令により、他社から依頼された業務を自社が独立して行うこと

となります（図表1-1）。

　請負事業は労働者派遣事業と異なり、許可は必要ないので、誰でも行うことができます。

図表1-1　労働者派遣事業と請負により行われる事業との違い

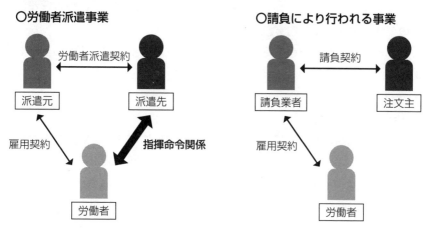

※　労働者派遣事業と請負事業の違いは「他社からの指揮命令を受けているか受けていないか」による！

（出典：厚生労働省「労働者派遣事業関係業務取扱要領」）

②　その他の契約形態

他社から業務を受託してその業務を行う契約には、「請負契約」のほかに「委任契約」や「準委任契約」、「業務委託契約」と呼ばれるものがあります。

・　請負契約

請負は、当事者の一方がある仕事を完成することを約し、相手方がその仕事の結果に対してその報酬を支払うことを約することによって、その効力を生ずる（民法632条）。

・　委任契約

委任は、当事者の一方が法律行為をすることを相手方に委託し、相手方がこれを承諾することによって、その効力を生ずる（民法643条）。

・　準委任契約

この節の規定は、法律行為でない事務の委託について準用する（民法656条）。

・　業務委託契約

特に法律上の定めはないが、委託者が一定業務の処理を受託者に委託し、受託者はその業務を遂行する業務形態。

つまり、「請負契約」とはある仕事を完成させることを約する契約を意味し、

「委任契約」「準委任契約」とは一定の仕事（法律行為や事務行為）を行うことを約する契約を意味します。また、「業務委託契約」とは法律上の規定はないが一定の業務を委託する契約を指します。

　このように他社から業務を受託してその業務を行う契約には複数の契約形態があります。

③　偽装請負について

　いわゆる「偽装請負」と呼ばれる行為については、「請負契約」のみならず、「委任契約」や「準委任契約」、「業務委託契約」の全ての契約形態が含まれます。

　「偽装請負」とは、簡単に言うと契約形態は「請負契約」、「委任契約」、「準委任契約」、「業務委託契約」の形を取っていても、実態は請負業者が請負契約等により受託した業務を独立して行うのではなく、注文主からの指揮命令を受けて業務を行うことをいいます。

　では、なぜこの「偽装請負」が問題になるのかというと、実態として注文主からの指揮命令を受けて業務を行った場合は労働者派遣と同じ形となり、許可を受けずに労働者派遣事業を行っているとみなされ労働者派遣法に抵触することとなるためです（図表1-2）。

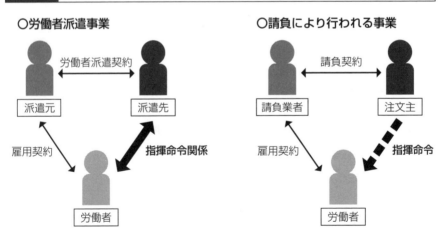

図表1-2　偽装請負

○労働者派遣事業

労働者派遣契約
派遣元 ⟷ 派遣先
雇用契約　指揮命令関係
労働者

○請負により行われる事業

請負契約
請負業者 ⟷ 注文主
雇用契約　指揮命令
労働者

※　請負契約であっても注文主から自社の労働者に対して指揮命令を受けて業務を行った場合は、労働者派遣と同じ形となるため労働者派遣事業の許可が必要となる。

（出典：厚生労働省「労働者派遣事業関係業務取扱要領」、一部加筆）

　このように、「労働者派遣事業」と「請負事業」とは非常に似ており、「請負事業」として行っているつもりであっても、知らずに偽装請負を行っていて労働局から労働者派遣法違反などで指導を受けることがあります。

④　請負事業を適正に行う判断基準

　労働者派遣事業に該当せず、請負事業を適正に行っていると判断されるためには、

- ・　第1に、当該労働者の労働力を当該事業主が自ら直接利用すること、すなわち、当該労働者の作業の遂行について、当該事業主が直接指揮監督の全てを行うとともに、
- ・　第2に、当該業務を自己の業務として相手方から独立して処理すること、すなわち、当該業務が当該事業主の業務として、その有する能力に基づき自己の責任の下に処理されること

が必要となりますが、具体的には次の基準に基づき判断を行わなければなりません。

労働者派遣事業と請負により行われる事業との区分に関する基準

（昭和61年4月17日　労働省告示第37号）

（最終改正　平成24年9月27日　厚生労働省告示第518号）

第1条　この基準は、労働者派遣事業の適正な運営の確保及び派遣労働者の保護等に関する法律（昭和60年法律第88号。以下「法」という。）の施行に伴い、法の適正な運用を確保するためには労働者派遣事業（法第2条第3号に規定する労働者派遣事業をいう。以下同じ。）に該当するか否かの判断を的確に行う必要があることに鑑み、労働者派遣事業と請負により行われる事業との区分を明らかにすることを目的とする。

第2条　請負の形式による契約により行う業務に自己の雇用する労働者を従事させることを業として行う事業主であつても、当該事業主が当該業務の処理に関し次の各号のいずれにも該当する場合を除き、労働者派遣事業を行う事業主とする。

一　次のイ、ロ及びハのいずれにも該当することにより自己の雇用する労働者の労働力を自ら直接利用するものであること。

　イ　次のいずれにも該当することにより業務の遂行に関する指示その他の管理を自ら行うものであること。

　　⑴　労働者に対する業務の遂行方法に関する指示その他の管理を自ら行うこ

と。

　　(2)　労働者の業務の遂行に関する評価等に係る指示その他の管理を自ら行う
　　　こと。

　ロ　次のいずれにも該当することにより労働時間等に関する指示その他の管理
　　を自ら行うものであること。

　　(1)　労働者の始業及び終業の時刻、休憩時間、休日、休暇等に関する指示そ
　　　の他の管理（これらの単なる把握を除く。）を自ら行うこと。

　　(2)　労働者の労働時間を延長する場合又は労働者を休日に労働させる場合に
　　　おける指示その他の管理（これらの場合における労働時間等の単なる把握
　　　を除く。）を自ら行うこと。

　ハ　次のいずれにも該当することにより企業における秩序の維持、確保等のた
　　めの指示その他の管理を自ら行うものであること。

　　(1)　労働者の服務上の規律に関する事項についての指示その他の管理を自ら
　　　行うこと。

　　(2)　労働者の配置等の決定及び変更を自ら行うこと。

二　次のイ、ロ及びハのいずれにも該当することにより請負契約により請け負つ
　た業務を自己の業務として当該契約の相手方から独立して処理するものである
　こと。

　イ　業務の処理に要する資金につき、すべて自らの責任の下に調達し、かつ、
　　支弁すること。

　ロ　業務の処理について、民法、商法その他の法律に規定された事業主として
　　のすべての責任を負うこと。

　ハ　次のいずれかに該当するものであつて、単に肉体的な労働力を提供するも
　　のでないこと。

　　(1)　自己の責任と負担で準備し、調達する機械、設備若しくは器材（業務上
　　　必要な簡易な工具を除く。）又は材料若しくは資材により、業務を処理す
　　　ること。

　　(2)　自ら行う企画又は自己の有する専門的な技術若しくは経験に基づいて、
　　　業務を処理すること。

第3条　前条各号のいずれにも該当する事業主であつても、それが法の規定に違反
　することを免れるため故意に偽装されたものであつて、その事業の真の目的が法
　第2条第1号に規定する労働者派遣を業として行うことにあるときは、労働者派
　遣事業を行う事業主であることを免れることができない。

（出典：厚生労働省「昭和61年労働省告示第37号」）

⑤　「労働者派遣・請負を適正に行うためのガイド」解説

　また、上記の「労働者派遣事業と請負により行われる事業との区分に関する基準」に関する具体的な判断基準や Q&A などを示した「労働者派遣・請負を適正に行うためのガイド」が厚生労働省のホームページ（https://www.mhlw.go.jp/file/06-Seisakujouhou-11600000-Shokugyouanteikyoku/0000078287.pdf）に掲載されています。

　この中で、多くの方が間違った認識をしているために労働局から行政指導を受けやすい箇所をいくつかご紹介したいと思います。

Q　管理責任者の兼任

　請負事業主の管理責任者が作業者を兼任する場合、管理責任者が不在になる場合も発生しますが、請負業務として問題がありますか？

A　偽装請負と判断される可能性があります

　請負事業主の管理責任者は、請負事業主に代わって、請負作業場での作業の遂行に関する指示、請負労働者の管理、発注者（注文主）との注文に関する交渉等の権限を有しているものですが、仮に作業者を兼任して通常は作業をしていたとしても、これらの責任も果たせるのであれば、特に問題はありません。

　また、管理責任者が休暇等で不在にすることがある場合には、代理の者を選任しておき、管理責任者の代わりに権限を行使できるようにしておけば、特に問題はありません。

　ただし、管理責任者が作業者を兼任しているために、当該作業の都合で、事実上は請負労働者の管理等ができないのであれば、管理責任者とはいえず、偽装請負と判断されることになります。

　さらに、**請負作業場に、作業者が1人しかいない場合で当該作業者が管理責任者を兼任している場合、実態的には発注者（注文主）から管理責任者への注文が、発注者から請負労働者への指揮命令となることから、偽装請負と判断される**ことになります。

　　　　　　　　（「労働者派遣・請負を適正に行うためのガイド」より引用）

! 筆者解説

　請負契約（委任、準委任、委託契約を含む）の場合、発注者（注文主）から請負労働者へ指揮命令を行うことは、実質的には労働者派遣と同じ形となり労働者派遣の許可を持っている事業所でなければ派遣法に抵触することとなります。

　ただし、現場に請負事業主側の管理責任者（「現場責任者」等名称は何でも構いません。要するに現場で請負労働者の管理等をする立場の者をいいます）がいる場合は、その管理責任者は「請負作業場での作業の遂行に関する請負労働者への指示」や「請負労働者の管理」、「発注者（注文主）との注文に関する交渉」等を行うことができます。

　この場合、発注者（注文主）から管理責任者への注文等の交渉については請負事業主としての立場で行っていることとみなされ、指揮命令には当たらず偽装請負にはなりません。

　この管理責任者は請負労働者の管理等を行う立場の者、いわゆる管理職的な立場ではあるけれども、これらの管理業務をきっちりと行えるのであれば、管理業務を行っていないときは現場の作業者として働くことも可能です。

図表1-3　管理責任者の兼任

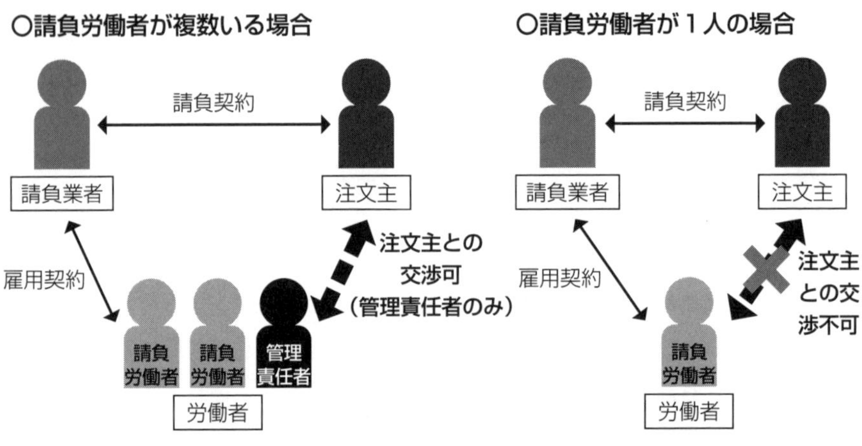

○請負労働者が複数いる場合

請負契約

請負業者　←→　注文主

雇用契約

請負労働者　請負労働者　管理責任者

労働者

注文主との交渉可（管理責任者のみ）

○請負労働者が1人の場合

請負契約

請負業者　←→　注文主

雇用契約

請負労働者

労働者

注文主との交渉不可

　※　請負労働者が複数おり、その中の1人を管理責任者としている場合は、注文主との注文に関する交渉は可能ですが、請負労働者が1人の場合は管理責任者との兼任は認められないため、注文主との交渉は認められず、もし交渉を行った場合は偽装請負とみなされる可能性があります。

ただし、**現場に請負労働者が1人しかいない場合、その者が「管理責任者兼作業者です」といくら主張しても、それは認められず、発注者（注文主）からその者への指揮命令（注文等の交渉を含む）を行った場合は偽装請負となります**（図表1-3）。

　もし、現場に請負労働者が1人しかおらず、発注者（注文主）が請負事業主に対して注文等の交渉を行いたいのであれば、現場の請負労働者ではなく、請負事業主の会社に電話等をして注文等の交渉を行う必要があります。

Q　作業工程の指示

　発注者が、請負業務の作業工程に関して、仕事の順序の指示を行ったり、請負労働者の配置の決定を行ったりしてもいいですか。また、発注者が直接請負労働者に指示を行わないのですが、発注者が作成した作業指示書を請負事業主に渡してそのとおりに作業を行わせてもいいですか。

A　偽装請負と判断される可能性があります

　適切な請負と判断されるためには、業務の遂行に関する指示その他の管理を請負事業主が自ら行っていること、請け負った業務を自己の業務として相手方から独立して処理することなどが必要です。

　したがって、**発注者が請負業務の作業工程に関して、仕事の順序・方法等の指示を行ったり、請負労働者の配置、請負労働者一人ひとりへの仕事の割付等を決定したりすることは、請負事業主が自ら業務の遂行に関する指示その他の管理を行っていないので、偽装請負と判断されることになります。**

　また、**こうした指示は口頭に限らず、発注者が作業の内容、順序、方法等に関して文書等で詳細に示し、そのとおりに請負事業主が作業を行っている場合も、発注者による指示その他の管理を行わせていると判断され、偽装請負と判断されることになります。**

（「労働者派遣・請負を適正に行うためのガイド」より引用）

！ 筆者解説

　この場合も先程と同様、発注者（注文主）から請負事業主の労働者に対する

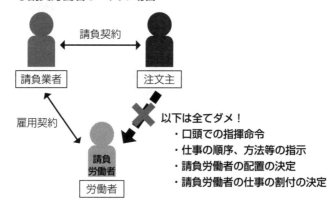

〇請負労働者が１人の場合

請負契約

請負業者　　　　注文主

雇用契約

請負
労働者

労働者

以下は全てダメ！
・口頭での指揮命令
・仕事の順序、方法等の指示
・請負労働者の配置の決定
・請負労働者の仕事の割付の決定

※　注文主（発注者）から請負労働者への指揮命令には、「口頭での指揮命令」のほか「請負労働者の仕事の順序・方法等を注文主が指示すること」や「請負労働者の配置を注文主が決定すること」、「請負労働者の仕事の割付を注文主が決定すること」も含まれます。

指揮命令とみなされ、派遣法に抵触するということで労働局からの指導対象となります。

　口頭、作業指示書、作業手順書などどのような形であれ発注者から請負事業主の労働者に対する作業の指示は偽装請負となる可能性があります（図表1-4）。

　したがって、発注者が請負事業主に対して何か要求したい場合は先程の管理責任者（現場責任者）を通すか、管理責任者を立てていない現場の場合は請負事業主の会社に直接連絡するようにしてください。

　多くの請負事業主の方は「そんなこといちいちやってられへんわ」と思われるかもしれません。しかし、何度も申し上げますが、偽装請負と判断された場合は労働局から行政指導を受けることになります。そうなると、その現場での作業を一時中断しなければならないなどの影響が発生する可能性があり、取引先など関係者への影響も生じてきます。

　そのようなことにならないためにも、発注者から請負事業主の労働者への指揮命令については重々ご注意ください。

3 「労働者派遣事業」と「出向」の違い

　請負事業と同様に労働者派遣事業と混同されるものとして「出向」があります。

　出向とは、出向元事業主と何らかの関係を保ちながら、出向先事業主との間において新たな雇用契約関係に基づき相当期間継続的に勤務する形態をいいます。

　出向は出向元事業主との関係から次の二者に分類されます。

①　在籍型出向

　出向元事業主及び出向先事業主双方との間に雇用契約関係がある出向を意味します（図表1-5）。

図表1-5　労働者派遣と在籍型出向との違い

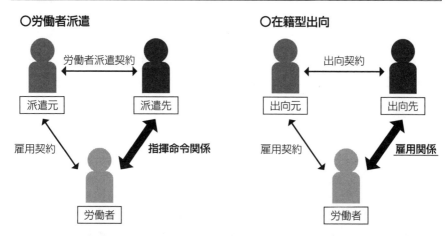

※　在籍型出向は労働者が出向元との雇用契約を締結しつつ、出向先とも雇用契約を締結（つまり二重の雇用契約を締結）し、主に出向先にて就業する働き方をいいます。

（出典：厚生労働省「労働者派遣事業関係業務取扱要領」）

　形態としては、出向中は休職となり、身分関係のみが出向元事業主との関係で残っていると認められるもの、身分関係が残っているだけでなく、出向中も出向元事業主が賃金の一部について支払い義務を負うもの等多様な形の出向形態があります。

なお、労働者保護関係法規等における雇用主としての責任は、出向元事業主、出向先事業主及び出向労働者三者間の取り決めによって定められた権限と責任に応じて、出向元事業主又は出向先事業主が負うこととなります。

② 移籍型出向

出向先事業主との間にのみ雇用契約関係がある出向を意味します。

なお、労働者保護法規等における雇用主としての責任は、出向先のみが負うこととなります。

移籍型出向については、出向元事業主との雇用契約関係は終了しており、労働者派遣には該当しません。

❹ 在籍型出向の要件

移籍型出向は上記で述べたとおり、出向元との雇用契約は終了して出向先との雇用契約のみを締結するという形になり、いわゆる「転籍」と呼ばれるものがこれに該当します。

出向でよく問題となるのは「在籍型出向」の方です。筆者も会社の方から「自社で雇用しながら他社で働かせることはできませんか？」という相談を受けることがあります。

そのような働かせ方で一番に思いつくのが「派遣」ですが、派遣をするには派遣事業の許可が必要となり、資産要件（資産総額から負債総額を控除した額が2,000万円以上必要とか、事業資金として自己名義の現預金の額が1,500万円以上必要等）などを満たさなければならず、簡単には取得できません。

次に、「では、出向はどうですか？」と聞かれます。

世間一般では、「出向」は親会社から子会社へ又はグループ企業内の人事異動の一環として行われているイメージを持っている方が多いようですが、「出向（在籍型出向）」が労働者供給(※)とみなされないためには、以下の要件を満たす必要があります。

(1) 出向元と出向先は出向契約を締結していること

(2) 出向労働者は出向元と雇用契約を締結していること

(3) 出向労働者は出向先とも雇用契約を締結していること

(4) 出向させることにより出向元は利益を得ていないこと

(5) 出向の目的が

① 労働者を離職させるのではなく、関係会社において雇用機会を確保するため

② 出向労働者による出向先企業の経営指導、技術指導のため

③ 出向労働者の職業能力開発の一環として行うため

④ 企業グループ内の人事交流の一環として行うため

等のいずれかであること

(※) 労働者供給とは「供給契約に基づいて労働者を他人の指揮命令を受けて労働に従事させることをいい、労働者派遣法第2条第1号に規定する労働者派遣に該当するものを含まないもの」をいいます(職業安定法第4条第7項)。

つまり、労働者供給事業とはすごく簡単に言うと、『自分の支配下(支配の形としては、雇用やお金を貸している、弱みを握っている等)にある労働者を供給先(つまり「他の会社」や「他人」のこと)に貸し出して、貸出料金を取得して利益を得る事業』を意味します(図表1-6)。

労働者供給事業は、職業安定法第44条で「何人も、法に規定する場合を除き、労働者供給事業を行い、又はその労働者供給事業を行う者から供給される労働者を自らの指揮命令の下に労働させてはならない。」と規定されており、禁止されています。

図表1-6　労働者供給

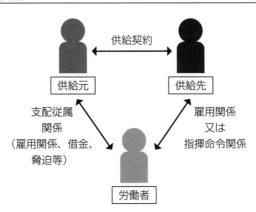

※ **労働者供給とは自分の支配下(支配の形としては雇用やお金を貸している、弱みを握っている等)にある労働者を供給先(つまり「他の会社」や「他人」のこと)に貸し出して、貸出料金等を取得することを意味します。**

(出典:厚生労働省「労働者派遣事業関係業務取扱要領」、一部加筆)

出向も労働者供給の一部に該当し、出向が業として行われている場合には労働者供給事業となり、本来、職業安定法で禁止されているのですが、上記の(1)〜(5)の要件を満たした場合は、職業安定法第44条に抵触しないと考えられています。

　出向が労働者供給とならないための要件のうち、(5)の出向の目的が非常に重要となってきます。

①　労働者を離職させるのではなく、関係会社において雇用機会を確保するため

　これは、出向元での経営難等により、「このままでは労働者のリストラをしなければいけない」となった時に、出向元の関係会社に出向させることによって労働者の雇用を継続させるために出向させる場合をいいます。

②　出向労働者による出向先企業の経営指導、技術指導のため

　これは、出向労働者に出向先企業での経営指導や技術指導を行わせるため出向させる場合をいいます。

③　出向労働者の職業能力開発の一環として行うため

　これは、出向先で出向労働者の職業能力の開発を行うために出向させる場合をいいます。

④　企業グループ内の人事交流の一環として行うため

　これは、出向元が所属する企業グループ内の人事交流の一環として出向させる場合をいいます。

　出向をさせる場合、上記の①〜④のいずれかの目的に基づいて出向させているかどうかとういうことが重要になります。「自分の会社の社員を他社で働かせたい」という目的では、上記の目的から外れることになり、労働者供給とみなされる可能性があります。

　また、出向にならないための要件の(4)出向させることにより出向元は利益を得ていないことについては、文字どおり、出向により出向元が利益を得た場合は労働者供給事業とみなされる可能性が高くなります。

　出向元は出向させた場合、出向先から徴収できるのは出向労働者の賃金額のみとなります。

2 労働者派遣法改正の内容

1 パートタイム・有期雇用労働法の改正と労働者派遣法の改正の違い

2020年4月1日より、働き方改革関連法案として短時間労働者及び有期雇用労働者の雇用管理の改善等に関する法律（以下「パートタイム・有期雇用労働法」という）及び労働者派遣法の2つの重要な法律が改正されました。

これらの法律の改正はいわゆる「同一労働同一賃金」の概念の下、仕事ぶりや能力が適正に評価され、意欲を持って働けるよう、正社員と同じ仕事をする非正規労働者（パートタイム労働者、有期雇用労働者及び派遣労働者）に対し、正社員と同様の待遇を求めるものです。

パートタイム・有期雇用労働法の改正は、会社内の正社員とパートタイム労働者又は正社員と有期雇用労働者（期間を定めて雇用される労働者）との賃金等の待遇について、今までのように『正社員は定年まで働いてくれて将来性もあるから交通費も全額支給するしボーナスも支給するが、パートタイム労働者や有期雇用労働者は非正規雇用労働者だから交通費もボーナスも支給しない』というような取扱いは認められず、「仕事内容や責任の程度等が同じであれば同じ賃金額を、仕事内容や責任の程度が異なるのであれば賃金額について差を設けてもいいけれども、仕事内容や責任の程度に見合った差にしなさいよ」というものです。

対して、労働者派遣法の改正については、今までは派遣労働者の賃金額については雇用主である派遣元（派遣会社）が自由に決めていましたが、改正後は、「派遣先（派遣労働者を受け入れる会社）の正社員と派遣労働者との賃金額について、派遣先の正社員と派遣労働者の仕事内容や責任の程度等が同じであれば同じ賃金額を、仕事内容や責任の程度が異なるのであれば賃金額について差を設けてもいいけれども、仕事内容や責任の程度に見合った差にしなさいよ」というものです。

パートタイム・有期雇用労働法の改正については2020年4月1日から大企業に適用され、2021年4月1日から中小企業に適用されます。

労働者派遣法の改正については、2020年4月1日より大企業・中小企業を

パートタイム・有期雇用労働法

会社内

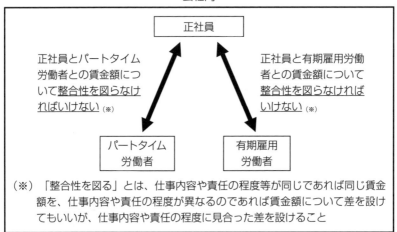

正社員

正社員とパートタイム
労働者との賃金額につ
いて整合性を図らなけ
ればいけない (※)

正社員と有期雇用労働
者との賃金額について
整合性を図らなければ
いけない (※)

パートタイム
労働者

有期雇用
労働者

（※）「整合性を図る」とは、仕事内容や責任の程度等が同じであれば同じ賃金
　　額を、仕事内容や責任の程度が異なるのであれば賃金額について差を設け
　　てもいいが、仕事内容や責任の程度に見合った差を設けること

※　**2020年4月1日から大企業に適用**
※　**2021年4月1日から中小企業にも適用**

労働者派遣法

派遣先

派遣元

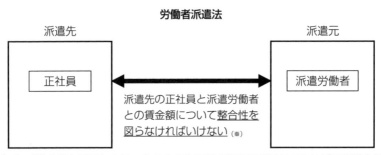

正社員

派遣労働者

派遣先の正社員と派遣労働者
との賃金額について整合性を
図らなければいけない (※)

（※）「整合性を図る」とは、仕事内容や責任の程度等が同じであれば同じ賃金額
　　を、仕事内容や責任の程度が異なるのであれば賃金額について差を設けてもい
　　いが、仕事内容や責任の程度に見合った差を設けること

※　**2020年4月1日から大企業・中小企業を問わず全ての派遣元、派遣先に適用**

問わず全ての派遣元・派遣先に適用されています。

2　同一労働同一賃金ガイドライン

　パートタイム・有期雇用労働法の改正及び労働者派遣法の改正で、正社員と

図表1-8　「同一労働同一賃金ガイドライン」の概要

○　このガイドラインは、**正社員**（無期雇用フルタイム労働者）**と非正規雇用労働者**（パートタイム労働者・有期雇用労働者・派遣労働者）**との間**で、待遇差が存在する場合に、**いかなる待遇差が不合理なものであり、いかなる待遇差は不合理なものでないのか**、原則となる考え方と具体例を示したもの。

○　基本給、昇給、ボーナス（賞与）、各種手当といった賃金にとどまらず、教育訓練や福利厚生等についても記載。

○　このガイドラインに記載がない退職手当、住宅手当、家族手当等の待遇や、具体例に該当しない場合についても、不合理な待遇差の解消等が求められる。このため、**各社の労使により、個別具体の事情に応じて待遇の体系について議論していくことが望まれる。**

⚠**不合理な待遇差の解消にあたり、次の点に留意。**

・　正社員の待遇を不利益に変更する場合は、原則として労使の合意が必要であり、就業規則の変更により合意なく不利益に変更する場合であっても、その変更は合理的なものである必要がある。ただし、正社員と非正規雇用労働者との間の不合理な待遇差を解消するにあたり、基本的に、**労使の合意なく正社員の待遇を引き下げることは望ましい対応とはいえない。**

・　雇用管理区分が複数ある場合（例：総合職、地域限定正社員など）であっても、**すべての雇用管理区分に属する正社員との間で不合理な待遇差の解消が求められる。**

・　正社員と非正規雇用労働者との間で**職務の内容等を分離した場合であっても、正社員との間の不合理な待遇差の解消が求められる。**

ガイドラインの構造

裁判で争い得る法律整備

パートタイム労働者・有期雇用労働者

①　基本給

・　**基本給**が、労働者の能力又は経験に応じて支払うもの、業績又は成果に応じて支払うもの勤続年数に応じて支払うものなど、その**趣旨・性格が様々である**現実を認めた上で、それぞれの趣旨・性格に照らして、**実態に違いがなければ同一の、違いがあれば違いに応じた支給を行わなければならない。**

- **昇給**であって、労働者の勤続による能力の向上に応じて行うものについては、同一の能力の向上には同一の、違いがあれば違いに応じた昇給を行わなければならない。

② 賞与
- **ボーナス（賞与）**であって、会社の業績等への労働者の貢献に応じて支給するものについては、同一の貢献には同一の、違いがあれば違いに応じた支給を行わなければならない。

③ 各種手当
- **役職手当**であって、役職の内容に対して支給するものについては、同一の内容の役職には同一の、違いがあれば違いに応じた支給を行わなければならない。
- そのほか、業務の危険度又は作業環境に応じて支給される**特殊作業手当**、交替制勤務などに応じて支給される**特殊勤務手当**、業務の内容が同一の場合の**精皆勤手当**、正社員の所定労働時間を超えて同一の時間外労働を行った場合に支給される**時間外労働手当の割増率**、深夜・休日労働を行った場合に支給される**深夜・休日労働手当の割増率**、**通勤手当・出張旅費**、労働時間の途中に食事のための休憩時間がある際の**食事手当**、同一の支給要件を満たす場合の**単身赴任手当**、特定の地域で働く労働者に対する補償として支給する**地域手当**等については、同一の支給を行わなければならない。

④ 福利厚生・教育訓練
- 食堂、休憩室、更衣室といった**福利厚生施設**の利用、転勤の有無等の要件が同一の場合の転勤者用社宅、**慶弔休暇**、健康診断に伴う勤務免除・有給保障については、同一の利用・付与を行わなければならない。
- **病気休職**については、無期雇用の短時間労働者には正社員と同一の、有期雇用労働者にも労働契約が終了するまでの期間を踏まえて同一の付与を行わなければならない。
- **法定外の有給休暇その他の休暇**であって、勤続期間に応じて認めているものについては、同一の勤続期間であれば同一の付与を行わなければならない。特に有期労働契約を更新している場合には、当初の契約期間から通算して勤続期間を評価することを要する。
- **教育訓練**であって、現在の職務に必要な技能・知識を習得するために実施するものについては、同一の職務内容であれば同一の、違いがあれば違いに応じた実施を行わなければならない。

⚠ 〈正社員とパートタイム労働者・有期雇用労働者との間で賃金の決定基準・ルールの相違がある場合〉
- 正社員とパートタイム労働者・有期雇用労働者との間で賃金に相違がある場合において、その要因として賃金の決定基準・ルールの違いがあるときは、「正社員とパートタイム労働者・有期雇用労働者は**将来の役割期待が異なるため、賃金の決定基準・ルールが異なる**」という主観的・抽象的説明ではなく、賃金の決定基準・ルールの相違は、職務内容、職務内容・配置の変更範囲、その他の事情の客観的・具体的な実態に照らして、不合理なものであってはならない。

⚠ 〈定年後に継続雇用された有期雇用労働者の取扱い〉
- **定年後に継続雇用された有期雇用労働者についても、パートタイム・有期雇用労**

働法が適用される。有期雇用労働者が**定年後に継続雇用された者であることは、待遇差が不合理であるか否かの判断にあたり、その他の事情として考慮されうる。**様々な事情が総合的に考慮されて、待遇差が不合理であるか否かが判断される。したがって、**定年後に継続雇用された者であることのみをもって直ちに待遇差が不合理ではないと認められるものではない。**

(出典:厚生労働省 (https://www.mhlw.go.jp/content/11650000/000470304.pdf))

非正規労働者(パートタイム労働者、有期雇用労働者及び派遣労働者)との待遇差で何が合理的で、何が不合理かということを示した「短時間・有期雇用労働者及び派遣労働者に対する不合理な待遇の禁止等に関する指針(以下「同一労働同一賃金ガイドライン」という)」が厚生労働省より公表されています。全文をご覧になりたい方は厚生労働省ホームページ (https://www.mhlw.go.jp/content/11650000/000469932.pdf) をご確認ください。

同一労働同一賃金ガイドラインでは、下記の内容が記載されています。

・　正社員(無期雇用フルタイム労働者)と非正規雇用労働者(パートタイム労働者、有期雇用労働者、派遣労働者)との間で、待遇差が存在する場合に、いかなる待遇差が不合理なものであり、いかなる待遇差は不合理なものでないのか、その原則となる考え方を示しています。

・　正社員と非正規雇用労働者の待遇差については、基本給、昇給、ボーナス(賞与)、各種手当等の賃金のみならず、教育訓練や福利厚生も含んだ全ての待遇が対象となります。

３　労働者派遣法の改正の内容

労働者派遣法の改正の概要については、前述のとおりですが、具体的には2020年4月1日以降、派遣元(派遣会社)は、派遣労働者の賃金等の待遇について「派遣先均等・均衡方式」か「労使協定方式」のいずれかの方式により賃金額等を決定しなければなりません。

①　派遣先均等・均衡方式
労働者派遣法では、派遣先均等・均衡方式は以下のとおり規定されています。

労働者派遣法第30条の3

　　派遣元事業主は、その雇用する派遣労働者の基本給、賞与その他の待遇のそれぞれについて、当該待遇に対応する派遣先に雇用される通常の労働者の待遇との間において、当該派遣労働者及び通常の労働者の職務の内容、当該職務の内容及び配置の変更の範囲その他の事情のうち、当該待遇の性質及び当該待遇を行う目的に照らして適切と認められるものを考慮して、不合理と認められる相違を設けてはならない。

2　派遣元事業主は、職務の内容が派遣先に雇用される通常の労働者と同一の派遣労働者であって、当該労働者派遣契約及び当該派遣先における慣行その他の事情からみて、当該派遣先における派遣就業が終了するまでの全期間において、その職務の内容及び配置が当該派遣先との雇用関係が終了するまでの全期間における当該通常の労働者の職務の内容及び配置の変更の範囲と同一の範囲で変更されることが見込まれるものについては、正当な理由がなく、基本給、賞与その他の待遇のそれぞれについて、当該待遇に対応する当該通常の労働者の待遇に比して不利なものとしてはならない。

上記の規定を非常に簡単に要約すると、次のとおりとなります。

　　派遣元は、派遣労働者の賃金等の待遇については、派遣先の正社員と仕事内容や責任の程度、人事異動の範囲、転勤の範囲が全く同じ派遣労働者については、その派遣先の正社員と全く同じ賃金額等にしなければいけません（労働者派遣法第30条の3第2項）（これを「均等待遇」といいます）。

　　派遣先の正社員と仕事内容や責任の程度、人事異動の範囲、転勤の範囲等に違いがある派遣労働者については派遣先の正社員と同じ賃金額等にしなくてもいいけれども、当然、その差は合理的な範囲内で収めないとだめですよ（労働者派遣法第30条の3第1項）（これを「均衡待遇」といいます）。

　つまり、「派遣先均等・均衡方式」とは、派遣契約を締結する前に、派遣先は派遣先で直接雇用される正社員の詳細な賃金等の情報（基本給や賞与、各種手当の金額やその金額を決定するにあたって考慮した事項等の情報）について、派遣元に

情報を提供し（これを「**比較対象労働者の待遇等に関する情報の提供**」といいます）、その情報を基に派遣元は派遣労働者の賃金を決定する方式です。

　この派遣先均等・均衡方式が原則の方式で、全ての派遣元はこの方法によって賃金額等を決定しなければならないのですが、更新を含めて派遣契約を締結するたびに、比較対象労働者の待遇等に関する情報の提供を派遣先から派遣元に行わなければならず、派遣先・派遣元ともにかなり煩雑な手続が必要となります。

②　労使協定方式

　労働者派遣法では、労使協定方式は以下のとおり規定されています。

労働者派遣法第30条の4

　派遣元事業主は、厚生労働省令で定めるところにより、労働者の過半数で組織する労働組合がある場合においてはその労働組合、労働者の過半数で組織する労働組合がない場合においては労働者の過半数を代表する者との書面による協定により、その雇用する派遣労働者の待遇（第40条第2項の教育訓練、同条第3項の福利厚生施設その他の厚生労働省令で定めるものに係るものを除く。以下この項において同じ。）について、次に掲げる事項を定めたときは、前条の規定は、第1号に掲げる範囲に属する派遣労働者の待遇については適用しない。ただし、第2号、第4号若しくは第5号に掲げる事項であって当該協定で定めたものを遵守していない場合又は第3号に関する当該協定の定めによる公正な評価に取り組んでいない場合は、この限りでない。

一　その待遇が当該協定で定めるところによることとされる派遣労働者の範囲

二　前号に掲げる範囲に属する派遣労働者の賃金の決定の方法（次のイ及びロ（通勤手当その他の厚生労働省令で定めるものにあっては、イ）に該当するものに限る。）

　イ　派遣労働者が従事する業務と同種の業務に従事する一般の労働者の平均的な賃金の額として厚生労働省令で定めるものと同等以上の賃金の額となるものであること。

　ロ　派遣労働者の職務の内容、職務の成果、意欲、能力又は経験その

他の就業の実態に関する事項の向上があった場合に賃金が改善されるものであること。

三　派遣元事業主は、前号に掲げる賃金の決定の方法により賃金を決定するに当たっては、派遣労働者の職務の内容、職務の成果、意欲、能力又は経験その他の就業の実態に関する事項を公正に評価し、その賃金を決定すること。

四　第1号に掲げる範囲に属する派遣労働者の待遇（賃金を除く。以下この号において同じ。）の決定の方法（派遣労働者の待遇のそれぞれについて、当該待遇に対応する派遣元事業主に雇用される通常の労働者（派遣労働者を除く。）の待遇との間において、当該派遣労働者及び通常の労働者の職務の内容、当該職務の内容及び配置の変更の範囲その他の事情のうち、当該待遇の性質及び当該待遇を行う目的に照らして適切と認められるものを考慮して、不合理と認められる相違が生じることとならないものに限る。）

五　派遣元事業主は、第1号に掲げる範囲に属する派遣労働者に対して第30条の2第1項の規定による教育訓練を実施すること。

六　前各号に掲げるもののほか、厚生労働省令で定める事項

2　前項の協定を締結した派遣元事業主は、厚生労働省令で定めるところにより、当該協定をその雇用する労働者に周知しなければならない。

上記の規定を非常に簡単に要約すると、次のとおりとなります。

　　派遣元は、厚生労働省令で定める一定の基準以上の賃金等の待遇を派遣労働者に図ることを定めた労使協定を労働組合又は労働者の過半数代表者と締結した場合は、労働者派遣法第30条の3（派遣先均等・均衡方式）の規定はその労使協定の対象となる派遣労働者には適用しなくても構いません。

　　ただし、労使協定で定めた賃金額以上の額を派遣労働者に支払わなかったり、派遣労働者の評価が公正に行われていなかったりした場合は、労使協定方式ではなく原則の派遣先均等・均衡方式を遡って適用しますからね。

つまり、「労使協定方式」は、「本来、同一労働同一賃金の概念からすると派遣先均等・均衡方式が原則ですが、派遣先均等・均衡方式にするとかなり煩雑

な手続を派遣契約（更新も含む）の都度派遣元も派遣先も行わなければいけません。毎回毎回そのような煩雑な手続はしてられないし、そもそも派遣先が情報を出したがらないので派遣先均等・均衡方式を取るのは無理」という派遣元に対して、「労使協定方式」という方式を選択できるようにしています。

　具体的には、厚生労働省の職業安定局長が毎年6〜7月頃に「派遣労働者専用の派遣労働者が従事する職種ごと能力ごとの賃金統計」（これを「**職業安定局長通達**」といいます）を公表するので、その賃金統計以上の賃金を派遣労働者に支払うことを定めた労使協定を労働組合又は派遣元の全ての労働者の過半数を代表する者と締結して、その締結した労使協定にしたがって派遣労働者の賃金額を決定することとなります。

　労使協定方式のメリットは、派遣先均等・均衡方式に比べて派遣先・派遣元ともに手続が楽であること、デメリットとしては派遣労働者の賃金額を政府の賃金統計に基づいて定めなければならないため、派遣先によってはその賃金統計で示す賃金額が高く、労使協定方式では派遣労働者の賃金が高くなりすぎて受け入れられなくなる可能性があることが挙げられます。

図表1-9　派遣先均等・均衡方式と労使協定方式

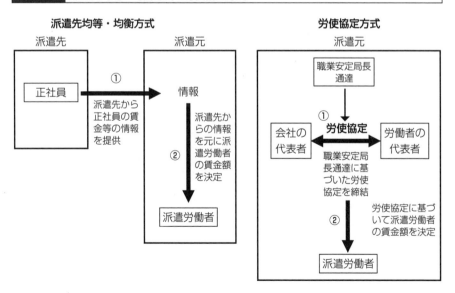

　派遣先均等・均衡方式及び労使協定方式の具体的な運用方法については次章以降で詳しく説明していきます。

第2章

労使協定方式

1 労使協定方式の意義

　労働者派遣事業関係業務取扱要領には、労使協定方式の意義について次のとおり記載されています。

　「派遣労働者については、その就業場所は派遣先であり、待遇に関する派遣労働者の納得感を考慮するためには、派遣先の通常の労働者との均等・均衡を確保するための措置を講ずることは重要な観点である。一方、この場合には、派遣先が変わるたびに派遣労働者の賃金水準が変わり、派遣労働者の所得が不安定になることが想定され、また、一般に賃金水準は大企業であるほど高く、小規模の企業であるほど低い傾向にあるが、派遣労働者が担う職務の難易度は、同様の業務であっても、大企業であるほど高度で、小規模の企業であるほど容易とは必ずしも言えず、結果として、派遣労働者個人の段階的かつ体系的なキャリアアップ支援と不整合な事態を招くことがあり得る。このため、派遣元事業主が、労使協定を締結した場合には、労使協定に基づき派遣労働者の待遇を決定することで、計画的な教育訓練や職務経験による人材育成を経て、段階的に待遇を改善するなど、派遣労働者の長期的なキャリア形成に配慮した雇用管理を行うことができるようにしたものである。」

　現在、日本が直面する「少子高齢化に伴う生産年齢人口の減少」、「働く方々のニーズの多様化」などの課題に対応するためには、投資やイノベーションによる生産性向上とともに、就業機会の拡大や意欲・能力を存分に発揮できる環境を作ることが必要であり、そのためには働く方々がそれぞれの事情に応じた多様な働き方を選択できる社会を実現しなければいけないということから「働き方改革」が行われることとなりました。

　働き方改革の主な施策として、❶長時間労働の是正及び❷雇用形態にかかわらない公正な待遇の確保が義務付けられました（厚生労働省「働き方改革〜一億総活躍社会の実現に向けて」パンフレットより一部抜粋）。

1 長時間労働の是正の施策（労働基準法関係）

長時間労働を是正するための施策として次のものがあります。

① 残業時間の上限規制

残業時間の上限を以下のとおりに規制することとなりました。

原則　月 45 時間　年 360 時間を上限

例外　年 720 時間以内　複数月平均 80 時間以内（休日労働を含む）　月 100
　　　時間未満（休日労働を含む）

② 「勤務間インターバル制度」の導入

勤務間インターバル制度とは、1 日の勤務終了後、翌日の出社までの間に、
一定時間以上の休息時間（インターバル）を確保する仕組みのことです。

③ 年 5 日間の年次有給休暇の取得の義務付け

会社が労働者の希望を聴き、年 5 日の年休を強制的に取得させることとなり
ました。

④ 月 60 時間超の残業の、割増賃金率引上げ

月 60 時間超の残業割増賃金率を大企業、中小企業ともに 50 ％とすることと
なりました（中小企業は令和 5 年 4 月より適用）。

⑤ 労働時間の客観的な把握

健康管理の観点から、裁量労働制が適用される労働者や管理監督者も含め、
全ての労働者の労働時間の状況を客観的な方法その他適切な方法で把握するよ
う法律で義務化されました。

⑥ 「フレックスタイム制」の拡充

労働時間の清算期間が改正前の 1 ヶ月から、改正後は 3 ヶ月になりました。

⑦ 「高度プロフェッショナル制度」を創設

「高度プロフェッショナル制度」とは、高度の専門的知識等を有し、職務の
範囲が明確で一定の年収要件を満たす労働者を対象として、労使委員会の決議
及び労働者本人の同意を前提として、年間 104 日以上の休日確保措置や健康管
理時間の状況に応じた健康・福祉確保措置等を講ずることにより、労働基準法
に定められた労働時間、休憩、休日及び深夜の割増賃金に関する規定を適用し
ない制度です。

⑧ 産業医・産業保健機能の強化

会社から産業医への情報提供を充実・強化等することとなりました。

❷　雇用形態にかかわらない公正な待遇の確保

　雇用形態にかかわらない公正な待遇を確保するための施策として次のものがあります。

① 会社内の正社員とパートタイム労働者又は正社員と有期雇用労働者の賃金等の待遇について整合性を図ることを義務化（パートタイム・有期雇用労働法）

② 派遣先の正社員と派遣労働者との賃金等の待遇について整合性を図ることを義務化（労働者派遣法）

　派遣労働者については、派遣先の正社員との賃金等の待遇について格差が見られたため、同一労働同一賃金の観点から、派遣労働者という立場で働こうが派遣先の正社員という立場で働こうが仕事内容や責任の程度等に応じて賃金額等の待遇が決定される仕組みとなるように、派遣契約を締結する前（派遣契約の更新も含む）に、派遣先は、派遣先で直接雇用される正社員の詳細な賃金等の情報（基本給や賞与、各種手当の金額やその金額を決定するにあたって考慮した事項等の情報）について、派遣元に情報を提供し、その情報を基に派遣元は、派遣労働者の賃金を決定することを義務付けた派遣先均等・均衡方式を派遣元に義務付けました（派遣先均等・均衡方式については第3章で詳しく説明します）。

　しかし、その一方で、派遣先均等・均衡方式では、派遣先が変わるたびに派遣労働者の賃金水準が変わることになり、同じ事務の仕事でも、賃金額が高い大企業などが派遣先の場合は、派遣労働者の賃金額も高くなるが、賃金額が低い会社が派遣先の場合は派遣労働者の賃金額も低くなることが想定され、派遣先均等・均衡方式では派遣労働者の賃金額が安定しないことが課題でした。

　そこで、国が、毎年1回、職種ごと・勤務年数ごとの正社員の賃金額の全国平均を示し、その全国平均額と同等以上の賃金額を派遣労働者に対して支払うことを定めた労使協定を、派遣元と労働者の代表者との間で締結して、その労使協定で定めた賃金額を派遣労働者に支払うことにより、一定の賃金水準及び安定した賃金額を確保することとしたものが労使協定方式となります。

2　労使協定方式における派遣事業の手続の流れ

　労使協定方式による派遣事業の手続の流れは図表2-1のとおりとなります。

■～⓰の各項目について説明していきたいと思います。

■　労使協定の締結　　◁派遣元▷

2020 年 4 月 1 日派遣法改正に伴い新規に追加

　労使協定方式を適用する場合に一番重要なことが、労使協定の締結です。

　労使協定とは、「労働者と使用者との間で締結される、書面による協定」を意味します。協定とは、「当事者間の合意」のことを指します。つまり、労使協定とは、「労働者と使用者との間で取り決めた約束事」を意味します。

　当然のことながら、労使協定方式を適用するためには労使協定を締結しなければいけません。例えば、2020 年 4 月 1 日から労使協定方式を適用するためには、2020 年 4 月 1 日時点で労使協定を締結していなければいけません。2020 年 9 月 1 日から労使協定方式を適用するためには、2020 年 9 月 1 日時点で労使協定を締結していることが必要となります。

　労使協定方式とは要するに「**派遣労働者専用の賃金規程を労使協定に記載して、それに基づいて派遣労働者に賃金を支払う方式**」です。したがって、労使協定の記載事項は一般の賃金規程に記載されている内容とよく似ています。

①　労使協定の締結事項

　労使協定で締結しなければならない事項は次のとおりとなります。

イ　労使協定の対象となる派遣労働者の範囲

　労使協定の対象となる派遣労働者の範囲を記載します。

ロ　派遣労働者の賃金の決定に関する事項

❶　派遣労働者が従事する業務と同種の業務に従事する一般の労働者の平均的な賃金（以下「一般賃金」とします）の額と同等以上の賃金の額となるものであること

　毎年、6 月～7 月頃に発出される職業安定局長通知（厚生労働省の中の職業安定局の局長が通知する文書）に示されている無期雇用フルタイム労働者の職種ごと・能力ごとの賃金平均額の表に示された額と同等以上の賃金テーブルを派遣元が作成し、労使協定に記載します。

図表2-1　労使協定方式における派遣事業の手続の流れ

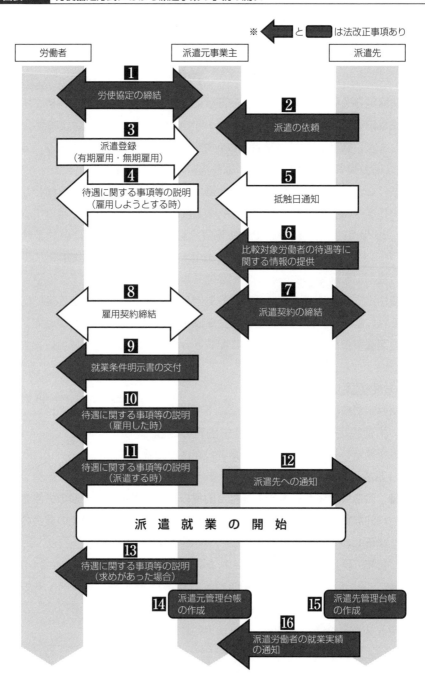

※ ← と ■ は法改正事項あり

労働者	派遣元事業主	派遣先

1 労使協定の締結

2 派遣の依頼

3 派遣登録（有期雇用・無期雇用）

4 待遇に関する事項等の説明（雇用しようとする時）

5 抵触日通知

6 比較対象労働者の待遇等に関する情報の提供

8 雇用契約締結

7 派遣契約の締結

9 就業条件明示書の交付

10 待遇に関する事項等の説明（雇用した時）

11 待遇に関する事項等の説明（派遣する時）

12 派遣先への通知

派 遣 就 業 の 開 始

13 待遇に関する事項等の説明（求めがあった場合）

14 派遣元管理台帳の作成

15 派遣先管理台帳の作成

16 派遣労働者の就業実績の通知

❷　派遣労働者の職務の内容、職務の成果、意欲、能力又は経験その他の就業の実態に関する事項の向上があった場合に賃金が改善されるものであること

　派遣労働者の賃金額について、派遣労働者の職務内容や職務の成果、意欲、能力又は経験その他の就業に関する事項の向上があった場合に改善されることを労使協定に記載します。つまり、派遣労働者の働きに応じて賃金額が改善される制度でなければいけないということです。

八　公正な評価に基づき賃金額を決定する旨

　派遣労働者の賃金額を決定する場合は公正な評価に基づき賃金額を決定する旨を記載します。例えば、「派遣労働者と面談を行い、成果目標を設定し、一定期間後に達成状況について改めて面談を行って評価を決める」というように、具体的な評価方法を記載します。

ニ　賃金以外の待遇の決定方法

　賃金額については、本章2 ■①□❶に記載したとおり、職業安定局長通知に示された額以上の額を支払えばいいので、それ以外の待遇（例えば、慶弔休暇や派遣元での福利厚生施設の利用等）について、「派遣元の派遣労働者以外の正社員」と「派遣労働者」との間で整合性が図られる待遇となるようにする旨を記載します。

ホ　段階的かつ体系的な教育訓練

　派遣事業の許可の申請の際に提出した「教育訓練計画」に基づいて、派遣労働者に対して教育訓練を行う旨を記載します。

ヘ　その他の事項

❶　労使協定の有効期間

　労使協定の有効期間を記載します。

❷　労使協定の対象となる派遣労働者の範囲を派遣労働者の一部に限定する場合には、その理由

　労使協定の対象となる派遣労働者については客観的な基準に基づいたものであれば限定することができます（例えば、職種ごとや有期雇用契約・無期雇用契約のいずれか等）。限定した場合は、その理由を労使協定に記載します。

❸ 特段の事情がない限り、一の労働契約の契約期間中に、当該労働契約に係る派遣労働者について、派遣先の変更を理由として、協定対象派遣労働者であるか否かを変更しないこと

　派遣労働者の待遇決定方式（派遣先均等・均衡方式又は労使協定方式のことを指します）が、派遣先の変更を理由として、一の労働契約期間中に変更されることは、派遣労働者の所得の不安定化を防ぎ、中長期的なキャリア形成を可能とする労使協定方式の制度の趣旨に反する恐れがあるため、特段の事情がない限り、一の労働契約期間中において、協定対象派遣労働者の範囲から除外しないことを記載します。

② 労使協定の締結事項の具体的な内容

イ 労使協定の対象となる派遣労働者の範囲

　労使協定の対象となる派遣労働者の範囲を記載します。記載方法は次のようになります。

全ての派遣労働者を労使協定方式の対象とする場合の記載例
労使協定の対象となる派遣労働者は、全ての派遣労働者を対象とする。

特定の職種に従事する派遣労働者のみを労使協定方式の対象とする場合の記載例
労使協定の対象となる派遣労働者は、プログラマーの職種に派遣する派遣労働者に限る。

派遣元と有期雇用契約を締結した派遣労働者のみを労使協定方式の対象とする場合の記載例
労使協定の対象となる派遣労働者は、有期雇用派遣労働者に限る。

　性別、国籍等、他の法令に照らして不適切な基準によることは認められません。
　例えば、
　　・　労使協定の対象となる派遣労働者は、女性の派遣労働者に限る
　　・　労使協定の対象となる派遣労働者は、日本国籍を有する者以外の派遣労働者に限る

などがこれに該当します。

また、恣意的に派遣労働者の賃金を下げるために労使協定の対象となる派遣労働者を限定することも法の趣旨に反するため認められません。

例えば、

- ・ 労使協定の対象となる派遣労働者は、賃金水準が高い企業に派遣する派遣労働者に限る
- ・ 労使協定の対象となる派遣労働者は、○○○○株式会社に派遣する派遣労働者に限る

などがこれに該当します。

上記の事項を踏まえた上で、実際にどのような範囲を定めるかは基本的に労使で話し合って決めることになります。上記のほかにも客観的な基準に基づいた上で、派遣労働者の範囲を限定することも可能です。

□ 派遣労働者の賃金の決定に関する事項

❶ 派遣労働者が従事する業務と同種の業務に従事する一般の労働者の平均的な賃金（以下「一般賃金」とします）の額と同等以上の賃金の額となるものであること

前述のとおり、毎年、6月～7月頃に発出される職業安定局長通知（厚生労働省の中の職業安定局の局長が通知する文書）に示されている無期雇用フルタイム労働者の職種ごと能力ごとの賃金平均額（これを「一般賃金」といいます）の表に示された額と同等以上の額の賃金テーブルを派遣元が作成し、労使協定に記載します。

上記の内容をもう少し具体的に説明すると、

- ㋑ 職業安定局長通知に示された「賃金額＋賞与額＋手当額（通勤手当・退職手当は除く）」と同等以上の額を派遣労働者に支払うことを定めた賃金テーブルを作成し、それを労使協定に記載する
- ㋺ 職業安定局長通知に示された「通勤手当額」と同等以上の額の通勤手当を派遣労働者に支払うことを労使協定に記載する
- ㋩ 職業安定局長通知で示された「退職手当」と同等以上の額の退職手当を派遣労働者に支払うことを労使協定に記載する

ということになります。

派遣先均等・均衡方式では、派遣先の正社員等に支払われている基本給や手当の種類及び額に応じて派遣労働者の基本給や手当の額等を支給する

こととなりますが、労使協定方式では、有無を言わせず、派遣労働者に対して、

イ　基本給＋賞与＋手当（通勤手当・退職手当を除く）

ロ　通勤手当

ハ　退職手当

を支給することが義務付けられることになります。

　派遣元から「うちは、派遣労働者以外の社員にも通勤手当や退職手当を支払っていないのに、派遣労働者にだけ通勤手当や退職手当を支払うのはおかしい！」と思われるかもしれませんが、上記のイ〜ハの賃金等を支給することが、労使協定方式を適用するための条件となっているため、もし、イ〜ハの賃金等のうち全部又は一部を支給しない内容の労使協定を締結した場合は、労使協定の内容としては不備となり、自動的にその派遣元では派遣先均等・均衡方式が適用されてしまう可能性があります。

　つまり、労使協定方式を適用するためには、必ず上記のイ〜ハの賃金を支払う内容を記載し、実際に派遣労働者に対して支払う必要があります。

　では、具体的にイ〜ハの事項の具体的な記載方法について説明します。

イ　職業安定局長通知に示された「賃金額＋賞与額＋手当額（通勤手当・退職手当は除く）」と同等以上の額を派遣労働者に支払うことを定めた賃金テーブルを作成し、それを労使協定に記載する

（ⅰ）　職業安定局長通知について

　令和元年7月8日に、職業安定局長通知が厚生労働省のホームページに公開されました。

　ちなみに、私は「職業安定局長通知」と記載していますが、正確には「職業安定局長通達」とされています。この「通知」と「通達」の違いは、一般的に「通達」は、国などの行政内部において、上級行政機関（例えば、厚生労働省）から下級行政機関（例えば、各都道府県労働局）に対して、法令の解釈・運用方針等を指示することであるとされています。一方、「通知」は、法的な指揮監督権限がない相手方への一定の事実、処分、意思を伝達する文書とされています。

　今回の「職業安定局長通知」については、上級行政機関から下級行政機関に対してというよりも、全国の派遣元に向けたものという性格が強く「不合理な待遇差解消のための点検・検討マニュアル（労働者派遣業界編）」

という厚生労働省が出しているパンフレットの中でも「職業安定局長通知」と記載されていることから、本書では「職業安定局長通知」と記載することにします。

職業安定局長通知は図表2-2から図表2-6のとおりとなります。全文を確認したい方は、厚生労働省のホームページを参照ください。

図表2-2【職業安定局長通知 本文】から図表2-6【職業安定局長通知 別添4】を合わせて、職業安定局長通知ということになります。

「職業安定局長通知に示された「賃金額＋賞与額＋手当額（通勤手当・退職手当は除く）」と同等以上の額を派遣労働者に支払うことを定めた賃金テーブルを作成し、それを労使協定に記載する」とは、【職業安定局長通知 別添1】(以下「別添1」とする)又は【職業安定局長通知 別添2】(以下「別添2」とする)に記載されている職種ごとの時給額に【職業安定局長通知 別添3】(以下「別添3」とする)の地域指数を乗じた額以上の時給を派遣労働者に支払うことを労使協定で定めることをいいます。

別添1の資料は、「賃金構造基本統計調査」により算出した賃金表となります。賃金構造基本統計調査とは、e-Stat（各府省が公表する統計データを1つにまとめ、統計データの検索をはじめとした、様々な機能を備えた政府統計のポータルサイト）によると「主要産業に雇用される労働者の賃金の実態を明らかにする統計調査で、雇用形態（正社員・正職員、正社員・正職員以外）、就業形態（一般労働者、短時間労働者）、職種、性別、年齢、学歴、勤続年数、経験年数など、労働者の属性別の賃金の結果を、産業、企業規模別などで示したもの」とされています。

具体的には、10人以上の常用労働者を雇用する事業所を対象とし、都道府県、産業及び事業所規模別に一定の方法で抽出した事業所に対して集計した賃金のデータとなっており、月の給与額、各種手当、賞与額も別添1の表に示されている時給額の中に含まれています。

別添2の資料は、「職業安定業務統計」により算出した賃金表となります。算出方法は、基準値(0年)は、平成30年度にハローワークで受理した無期雇用かつフルタイムの求人票の求人賃金（月給）の下限額（賃金額の記載で〇〇万円〜〇〇万円と記載されている場合の低い方の額）の平均を、一定の計算方法（月額×12÷52÷40）で時給換算し、賃金構造基本統計調査から計算した賞与指数(0年)を乗じて作成しており、各年の金額は、基準値

職　発　0708　第　2　号
令和元年7月8日

各都道府県労働局長　殿

厚生労働省職業安定局長
（　公　印　省　略　）

令和2年度の「労働者派遣事業の適正な運営の確保及び派遣労働者の保護等
に関する法律第30条の4第1項第2号イに定める「同種の業務に従事する
一般の労働者の平均的な賃金の額」」等について

　「働き方改革を推進するための関係法律の整備に関する法律」（平成30年法律
第71号）による改正後の「労働者派遣事業の適正な運営の確保及び派遣労働者の
保護等に関する法律」（昭和60年法律第88号。以下「法」という。）により、派遣
元事業主は、派遣労働者の公正な待遇を確保するため、派遣先に雇用される通常
の労働者との間の均等・均衡待遇（法第30条の3の規定に基づき、派遣先に雇用
される通常の労働者との間で不合理な待遇の禁止等に係る措置を講ずることを
いう。以下同じ。）の確保又は一定の要件を満たす労使協定による待遇の確保（以
下「労使協定方式」という。）のいずれかの待遇決定方式により、派遣労働者の
待遇を確保しなければならないこととされ、令和2年4月1日に施行される予
定である。
　労使協定方式においては、派遣労働者の賃金の決定の方法を労使協定に定め
ることとされ、当該方法については、「派遣労働者が従事する業務と同種の業務
に従事する一般の労働者の平均的な賃金（以下「一般賃金」という。）の額とし
て厚生労働省令で定めるものと同等以上の賃金の額となるものであること」等
の要件を満たすことが必要とされている。
　一般賃金等の取扱いについては、下記のとおりであるので、法の施行に遺漏な
きを期されたい。

記

図表2-3 職業安定局長通知 別添1

平成30年賃金構造基本統計調査による職種別平均賃金（時給換算） 別添1

無期雇用かつフルタイムの労働者について、（所定内給与＋特別給与÷12）÷所定内時間で時給換算したものを特別集計

企業規模計 （円）

職種	基準値（0年）	1年	2年	3年	5年	10年	20年	参考値(0年)（補正前）
		\<基準値に能力・経験調整指数を乗じた値\>						
0 産業計	1,227	1,423	1,557	1,618	1,703	2,006	2,503	1,466
201 自然科学系研究者	1,528	1,772	1,939	2,015	2,121	2,498	3,117	1,808
202 化学分析員	1,130	1,311	1,434	1,490	1,568	1,848	2,305	1,356
203 技術士	1,962	2,276	2,490	2,588	2,723	3,208	4,002	2,302
204 一級建築士	–	–	–	–	–	–	–	–
205 測量技術者	1,184	1,373	1,502	1,562	1,643	1,936	2,415	1,418
206 システム・エンジニア	1,427	1,655	1,811	1,882	1,981	2,333	2,911	1,694
207 プログラマー	1,221	1,416	1,549	1,610	1,695	1,996	2,491	1,459
208 医師	3,930	4,559	4,987	5,184	5,455	6,426	8,017	4,538
209 歯科医師	–	–	–	–	–	–	–	–
210 獣医師	1,578	1,830	2,002	2,081	2,190	2,580	3,219	1,865
211 薬剤師	1,742	2,021	2,211	2,298	2,418	2,848	3,554	2,051
212 看護師	1,382	1,603	1,754	1,823	1,918	2,260	2,819	1,642
213 准看護師	1,223	1,419	1,552	1,613	1,698	2,000	2,495	1,462
214 看護補助者	959	1,112	1,217	1,265	1,331	1,568	1,956	1,162
215 診療放射線・診療エックス線技師	1,382	1,603	1,754	1,823	1,918	2,260	2,819	1,642
216 臨床検査技師	1,263	1,465	1,603	1,666	1,753	2,065	2,577	1,507
217 理学療法士、作業療法士	1,257	1,458	1,595	1,658	1,745	2,055	2,564	1,500
218 歯科衛生士	1,096	1,271	1,391	1,446	1,521	1,792	2,236	1,318
219 歯科技工士	–	–	–	–	–	–	–	–
220 栄養士	1,054	1,223	1,338	1,390	1,463	1,723	2,150	1,270
221 保育士（保母・保父）	1,039	1,205	1,318	1,370	1,442	1,699	2,120	1,253
222 介護支援専門員（ケアマネージャー）	1,182	1,371	1,500	1,559	1,641	1,933	2,411	1,415
223 ホームヘルパー	1,123	1,303	1,425	1,481	1,559	1,836	2,291	1,348
224 福祉施設介護員	1,045	1,212	1,326	1,378	1,450	1,709	2,132	1,260
225 弁護士	–	–	–	–	–	–	–	–
226 公認会計士、税理士	–	–	–	–	–	–	–	–
227 社会保険労務士	–	–	–	–	–	–	–	–
228 不動産鑑定士	–	–	–	–	–	–	–	–
229 幼稚園教諭	996	1,155	1,264	1,314	1,382	1,628	2,032	1,204
230 高等学校教員	1,573	1,825	1,996	2,075	2,183	2,572	3,209	1,860
231 大学教授	3,745	4,344	4,752	4,940	5,198	6,123	7,640	4,328
232 大学准教授	2,893	3,356	3,671	3,816	4,015	4,730	5,902	3,359
233 大学講師	2,362	2,740	2,997	3,115	3,278	3,862	4,818	2,756
234 各種学校・専修学校教員	1,379	1,600	1,750	1,819	1,914	2,255	2,813	1,639
235 個人教師、塾・予備校講師	1,160	1,346	1,472	1,530	1,610	1,897	2,366	1,390
236 記者	1,533	1,778	1,945	2,022	2,128	2,506	3,127	1,814
237 デザイナー	1,179	1,368	1,496	1,555	1,636	1,928	2,405	1,412
301 ワープロ・オペレーター	1,109	1,286	1,407	1,463	1,539	1,813	2,262	1,332
302 キーパンチャー	991	1,150	1,258	1,307	1,376	1,620	2,022	1,198
303 電子計算機オペレーター	1,129	1,310	1,433	1,489	1,567	1,846	2,303	1,355
401 百貨店店員	1,000	1,160	1,269	1,319	1,388	1,635	2,040	1,208
402 販売店員（百貨店員を除く。）	988	1,146	1,254	1,303	1,371	1,615	2,016	1,195
403 スーパー店チェッカー	846	981	1,074	1,116	1,174	1,383	1,726	1,033
404 自動車外交販売員	1,099	1,275	1,395	1,450	1,525	1,797	2,242	1,321
405 家庭用品外交販売員	–	–	–	–	–	–	–	–
406 保険外交員	1,183	1,372	1,501	1,560	1,642	1,934	2,413	1,416
501 理容・美容師	871	1,010	1,105	1,149	1,209	1,424	1,777	1,062
502 洗たく工	858	995	1,089	1,132	1,191	1,403	1,750	1,047
503 調理士	1,034	1,199	1,312	1,364	1,435	1,691	2,109	1,247
504 調理士見習	850	986	1,079	1,121	1,180	1,390	1,734	1,038
505 給仕従事者	1,019	1,182	1,293	1,344	1,414	1,666	2,079	1,230
506 娯楽接客員	1,039	1,205	1,318	1,370	1,442	1,699	2,120	1,253
601 警備員	948	1,100	1,203	1,250	1,316	1,550	1,934	1,149
602 守衛	928	1,076	1,178	1,224	1,288	1,517	1,893	1,126
701 電車運転士	–	–	–	–	–	–	–	–
702 電車車掌	–	–	–	–	–	–	–	–
703 旅客掛	1,098	1,274	1,393	1,448	1,524	1,795	2,240	1,320
704 自家用乗用自動車運転者	827	959	1,049	1,091	1,148	1,352	1,687	1,012
705 自家用貨物自動車運転者	1,152	1,336	1,462	1,519	1,599	1,884	2,350	1,381
706 タクシー運転者	1,157	1,342	1,468	1,526	1,606	1,892	2,360	1,387
707 営業用バス運転者	1,199	1,391	1,522	1,581	1,664	1,960	2,446	1,435
708 営業用大型貨物自動車運転者	1,237	1,435	1,570	1,632	1,717	2,022	2,523	1,478
709 営業用普通・小型貨物自動車運転者	1,045	1,212	1,326	1,378	1,450	1,709	2,132	1,260
710 航空機操縦士	–	–	–	–	–	–	–	–
711 航空機客室乗務員	1,590	1,844	2,018	2,097	2,207	2,600	3,244	1,879
801 製鋼工	1,144	1,327	1,452	1,509	1,588	1,870	2,334	1,372
802 非鉄金属精錬工	1,089	1,263	1,382	1,436	1,512	1,781	2,222	1,309
803 鋳物工	950	1,102	1,206	1,253	1,319	1,553	1,938	1,152
804 型鍛造工	1,138	1,320	1,444	1,501	1,580	1,861	2,322	1,365
805 鉄鋼熱処理工	–	–	–	–	–	–	–	–
806 圧延伸張工	1,101	1,277	1,397	1,452	1,528	1,800	2,246	1,323

（出典：厚生労働省「平成30年賃金構造基本統計調査による職種別平均賃金（時給換算）（局長通達別添1）」、https://www.mhlw.go.jp/content/000526706.pdf）

職業安定業務統計の求人賃金を基準値とした一般基本給・賞与等の額（時給換算） 別添2

(円)

	基準値 （0年）	基準値に能力・経験調整指数を乗じた値						参考値(0年)
		1年	2年	3年	5年	10年	20年	
職業計	1,156	1,341	1,467	1,525	1,605	1,890	2,358	1,362
A 管理的職業	1,481	1,718	1,879	1,953	2,056	2,421	3,021	1,706
01管理的公務員	1,130	1,311	1,434	1,490	1,568	1,848	2,305	1,343
011管理的公務員	1,130	1,311	1,434	1,490	1,568	1,848	2,305	1,343
02法人・団体の役員	1,560	1,810	1,980	2,058	2,165	2,551	3,182	1,839
021会社役員	2,017	2,340	2,560	2,660	2,800	3,298	4,115	2,455
029その他の法人・団体の役員	1,315	1,525	1,669	1,734	1,825	2,150	2,683	1,511
03法人・団体の管理職員	1,509	1,750	1,915	1,990	2,094	2,467	3,078	1,735
031会社の管理職員	1,572	1,824	1,995	2,073	2,182	2,570	3,207	1,866
039その他の法人管理職員等	1,438	1,668	1,825	1,897	1,996	2,351	2,934	1,588
04その他の管理的職業	1,297	1,505	1,646	1,711	1,800	2,121	2,646	1,511
049その他の管理的職業	1,297	1,505	1,646	1,711	1,800	2,121	2,646	1,511
B 専門的・技術的職業	1,271	1,474	1,613	1,676	1,764	2,078	2,593	1,535
05研究者	1,243	1,442	1,577	1,640	1,725	2,032	2,536	1,528
051研究者	1,243	1,442	1,577	1,640	1,725	2,032	2,536	1,528
06農林水産技術者	1,075	1,247	1,364	1,418	1,492	1,758	2,193	1,244
061農林水産技術者	1,075	1,247	1,364	1,418	1,492	1,758	2,193	1,244
07開発技術者	1,235	1,433	1,567	1,629	1,714	2,019	2,519	1,614
071食品開発技術者	1,148	1,332	1,457	1,514	1,593	1,877	2,342	1,397
072電気・電子開発技術者等	1,259	1,460	1,598	1,661	1,747	2,058	2,568	1,651
073機械開発技術者	1,220	1,415	1,548	1,609	1,693	1,995	2,489	1,591
074自動車開発技術者	1,231	1,428	1,562	1,624	1,709	2,013	2,511	1,652
075輸送用機器開発技術者	1,150	1,334	1,459	1,517	1,596	1,880	2,346	1,506
076金属製錬・材料開発技術者	1,186	1,376	1,505	1,564	1,646	1,939	2,419	1,469
077化学品開発技術者	1,252	1,452	1,589	1,651	1,738	2,047	2,554	1,559
079その他の開発技術者	1,219	1,414	1,547	1,608	1,692	1,993	2,487	1,521
08製造技術者	1,232	1,429	1,563	1,625	1,710	2,014	2,513	1,563
081食品製造技術者	1,088	1,262	1,381	1,435	1,510	1,779	2,220	1,256
082電気・電子製造技術者等	1,283	1,488	1,628	1,692	1,781	2,098	2,617	1,664
083機械製造技術者	1,184	1,373	1,502	1,562	1,643	1,936	2,415	1,484
084自動車製造技術者	1,137	1,319	1,443	1,500	1,578	1,859	2,319	1,441
085輸送用機器製造技術者	1,134	1,315	1,439	1,496	1,574	1,854	2,313	1,354
086金属製錬・材料製造技術者	1,160	1,346	1,472	1,530	1,610	1,897	2,366	1,418
087化学品製造技術者	1,175	1,363	1,491	1,550	1,631	1,921	2,397	1,422
089その他の製造技術者	1,133	1,314	1,438	1,494	1,573	1,852	2,311	1,372
09建築・土木技術者等	1,382	1,603	1,754	1,823	1,918	2,260	2,819	1,788
091建築技術者	1,365	1,583	1,732	1,800	1,895	2,232	2,785	1,789
092土木技術者	1,436	1,666	1,822	1,894	1,993	2,348	2,929	1,819
093測量技術者	1,162	1,348	1,475	1,533	1,613	1,900	2,370	1,495
10情報処理・通信技術者	1,292	1,499	1,640	1,704	1,793	2,112	2,636	1,778
101システムコンサルタント	1,290	1,496	1,637	1,702	1,791	2,109	2,632	1,803
102システム設計技術者	1,322	1,534	1,678	1,744	1,835	2,161	2,697	1,840
103プロジェクトマネージャー	1,564	1,814	1,985	2,063	2,171	2,557	3,191	2,111
104ソフトウェア開発技術者	1,293	1,500	1,641	1,705	1,795	2,114	2,638	1,789

（出典：厚生労働省「職業安定業務統計の求人賃金を基準値とした一般基本給・賞与等の額（時給換算）（局長通達別添2）」、https://www.mhlw.go.jp/content/000526707.pdf）

別添3

平成30年度職業安定業務統計による地域指数

	都道府県別地域指数（※）
全国計	100.0
北海道	92.0
青森	83.6
岩手	86.7
宮城	96.8
秋田	85.5
山形	88.6
福島	92.3
茨城	99.9
栃木	98.5
群馬	98.5
埼玉	105.5
千葉	105.5
東京	114.1
神奈川	109.5
新潟	93.9
富山	97.5
石川	97.2
福井	97.2
山梨	98.3
長野	97.4
岐阜	99.9
静岡	100.0
愛知	105.4
三重	98.6
滋賀	98.7
京都	101.5
大阪	108.3
兵庫	101.8
奈良	100.4
和歌山	92.2
鳥取	88.9
島根	87.2
岡山	96.2
広島	97.7
山口	91.0
徳島	91.2
香川	95.9
愛媛	90.1
高知	87.5
福岡	91.8
佐賀	86.0
長崎	84.5
熊本	87.6
大分	89.9
宮崎	84.8
鹿児島	86.4
沖縄	84.4

※ 平成30年度にハローワークで受理した無期かつフルタイムの求人に係る求人賃金（月給）の上限額と下限額の中間値の平均の全国計を100として、職業大分類の構成比の違いを除去して指数化

（出典：厚生労働省「平成30年度職業安定業務統計による地域指数（局長通達別添3）」、https://www.mhlw.go.jp/content/000526708.pdf）

別添4

退職手当制度がある企業の割合

８０．５％（平成３０年就労条件総合調査（厚生労働省））
９１．１％（平成２９年賃金事情等総合調査（中央労働委員会））
９２．６％（平成２８年民間企業退職給付調査（人事院））
７１．３％（平成３０年中小企業の賃金・退職金事情（東京都））

退職手当の受給に必要な所要年数

退職一時金の受給に必要な最低勤続年数階級別企業数割合（調査産業計）　　　　（％）

	１年未満	１年以上 ２年未満	２年以上 ３年未満	３年以上 ４年未満	４年以上 ５年未満	５年以上
会社都合	8.5	21.8	8.7	42.2	1.1	9.3
自己都合	3.2	15.0	9.7	56.2	1.6	10.9

平成３０年就労条件総合調査（厚生労働省）

退職一時金受給資格付与に要する最低勤続年数（調査産業計）　　（％）

	１年未満	１年以上 ２年未満	２年以上 ３年未満	３年以上
会社都合	38.4	30.8	7.6	12.4
自己都合	5.4	24.9	16.8	51.4

平成２９年賃金事情等総合調査（中央労働委員会）

退職一時金受給のための最低勤続年数（調査産業計）　　　　　　　　　　（％）

	１年未満	１年	２年	３年	４年	５年以上	無記入
会社都合	2.9	24.7	7.9	29.5	2.3	7.0	25.8
自己都合	0.7	17.3	11.9	48.8	3.8	9.7	7.8

平成３０年中小企業の賃金・退職金事情（東京都）

（出典：厚生労働省「退職手当制度（局長通達別添4）」、https://www.mhlw.go.jp/content/000526709.pdf）

（0年）に賃金構造基本統計調査から計算した能力・経験調整指数を乗じて作成しています。要するに、平成30年度に全国のハローワークで受理した正社員（厳密には正社員以外の無期雇用フルタイム労働者も含む）の賃金額を元に算定した基本給＋各種手当＋賞与額を含んだ賃金表ということになり

ます。

　賃金構造基本統計調査（別添1）は、職業安定業務統計（別添2）に比べ、職種の数がかなり少ない数となっていますが、これは各統計のルールに基づいたものとなります。

（ii）　賃金テーブル作成の注意点

　自社の賃金テーブルを作る際は、別添1、別添2のいずれかの統計に基づいて作成しなければなりません。基本的には派遣労働者の従事する業務内容と最も近いと考えられるものを別添1又は別添2の職種の中から選択するのですが、どちらの統計を使うかは労使（派遣元と労働者代表）で話し合って決めていただいて結構です。ただし、職種によって統計を使い分ける場合（例えば、プログラマーは別添1の統計を使うが、システムエンジニアは別添2の統計を使うなど）は、労使協定を使い分ける理由を明記する必要があります。

　では、どのように労使協定に定めるかというと、現在派遣元に在籍している派遣労働者一人ひとりの賃金額が別添1又は別添2に記載されている時給額よりも高いかどうかを定めるのではなく、別添1（又は別添2）に記載されている時給よりも高い時給となるように派遣労働者専用の賃金テーブルを作成し、それを各派遣労働者に適用する形となります。

　最終的には、図表2-7のような賃金テーブルを労使協定に記載することとなります。

（iii）　賃金テーブル作成方法

　では、この賃金テーブルをどのように作成するかというと、まずは、自社の派遣労働者の賃金額の現状を把握することから始めます。

　まずは、図表2-8個人別賃金一覧表のA部分（派遣労働者の社内職種と賃金）に自社の派遣労働者の賃金額を記載していきます（特に個人別賃金一覧表の様式などは決まっていないので、どのような様式で作成していただいても結構です。ただし、項目は別添1や別添2との比較の際に重要となってきますので、図表2-8と合わせた方がよいでしょう）。

　この個人別賃金一覧表は、厚生労働省のホームページにエクセルの様式が用意されているので、そちらをご利用ください（厚生労働省「派遣労働者の同一労働同一賃金について」図表4-12　個人別賃金一覧表）。

　労使協定の賃金テーブルは職種ごとに作成するのでA「派遣労働者の社

別表1　同種の業務に従事する一般の労働者の平均的な賃金の額（基本給及び賞与の関係）

			基準値及び基準値に能力・経験調整指数を乗じた値						
			0年	1年	2年	3年	5年	10年	20年
1	プログラマー ※1	通達に定める賃金構造基本統計調査	1,160	1,349	1,449	1,538	1,632	1,885	2,339
2	地域調整 ※2	（北海道） 91.7	1,064	1,237	1,329	1,410	1,497	1,729	2,145

記入上の注意
※1　賃金構造基本統計調査又は職業安定業務統計の対応する職種について、基準値及び基準値に能力・経験調整指数を乗じた値別の数値を記載
※2　派遣先事業所の所在する場所に応じて、通達に定める地域指数を乗じた数値を記載

別表2　対象従業員の基本給及び賞与の額

等級	職務の内容	基本給額（※1）	賞与額（※2）	合計額（※4）		対応する一般の労働者の平均的な賃金の額（※3）	対応する一般の労働者の能力・経験
Aランク	上級プログラマー（AI関係等高度なプログラム言語を用いた開発）	1,600～	320	1,920	≧	1,729	10年
Bランク	中級プログラマー（Webアプリ作成等の中程度の難易度の開発）	1,250～	250	1,500		1,410	3年
Cランク	初級プログラマー（Excelのマクロ等、簡易なプログラム言語を用いた開発）	1,000～	200	1,200		1,064	0年

（備考）
1　賞与については、半期ごとの勤務評価の結果により、A評価（標準より優秀）であれば基本給額の25％相当、B評価（標準）であれば基本給額の20％相当、C評価（標準より物足りない）であれば基本給額の15％相当を支給する。
2　未だ勤務評価を実施していない対象従業員については、C評価（標準より足りない）とみなして支給する。
3　同種の業務に従事する一般の労働者の平均的な賃金の額と比較するに当たっては、賞与額は標準的な評価であるB評価の場合の額によることとする。
記入上の注意
※1　派遣労働者の基本給及び各種手当（賞与、超過勤務手当、通勤手当（分離して比較する場合）及び退職手当を除く）の合計を時給換算したものを記載。勤務評価の結果、その経験の蓄積・能力の向上が認められた場合には、1～3％の範囲で能力手当を加算
※2　賞与額は半期ごとの支給であったとしても時給換算したものを記載
※3　それぞれの等級の職務の内容が何年の能力・経験に相当するかの対応関係を労使で定め、それに応じた同種の業務に従事する一般の労働者の平均的な賃金の額を記載
※4　基本給額と賞与の合計額を記載。この合計額が対応する同種の業務に従事する一般の労働者の平均的な賃金の額と同額以上になっていることを確認

※　協定締結後に厚労省が公表する賃金データが改訂された場合、別表2と別表4に定める賃金の額は、改訂後の同種の業務に従事する一般の労働者の平均的な賃金の額と同額以上であることを確認した旨の書面を添付すること。

別表3　同種の業務に従事する一般の労働者の平均的な賃金の額（退職手当の関係）

	勤続年数	3年	5年	10年	15年	20年	25年	30年	33年
支給率 （月数）	自己都合退職	0.8	1.3	2.9	5.0	7.2	10.1	12.4	14.0
	会社都合退職	1.2	1.8	3.8	6.2	8.7	11.6	14.1	15.7

（資料出所）　「平成28年中小企業の賃金・退職金事情」（東京都）における退職金の支給率（モデル退職金・大学卒）に、同調査において退職手当制度があると回答した企業の割合を乗じて通達で定めたもの

別表4　対象従業員の退職手当の額

	勤続年数	3年以上 5年未満	5年以上 10年未満	10年以上 15年未満	15年以上 25年未満	25年以上 35年未満
支給月数	自己都合退職	1.0	3.0	7.0	10.0	15.0
	会社都合退職	2.0	5.0	9.0	12.0	17.0

別表3　（再掲）　　　　　　　　　　　　　　Ⅳ

	勤続年数	3年	5年	10年	15年	20年	25年	30年	33年
支給率 （月数）	自己都合退職	0.8	1.3	2.9	5.0	7.2	10.1	12.4	14.0
	会社都合退職	1.2	1.8	3.8	6.2	8.7	11.6	14.1	15.7

（備考）
1　退職手当については、退職時の基本給額に退職手当の支給月数を乗じて得た額を支給する。
2　退職手当の受給に必要な最低勤続年数は3年とし、退職時の勤続年数が3年未満の場合は支給しない。

※　協定締結後に厚労省が公表する賃金データが改訂された場合、別表2と別表4に定める賃金の額は、改訂後の同種の業務に従事する一般の労働者の平均的な賃金の額と同額以上であることを確認した旨の書面を添付すること。

（出典：厚生労働省「不合理な待遇差解消のための点検・検討マニュアル（労働者派遣業界編）」、https://www.mhlw.go.jp/content/11909000/000501271.pdf）

図表 2-8 個人別賃金一覧表

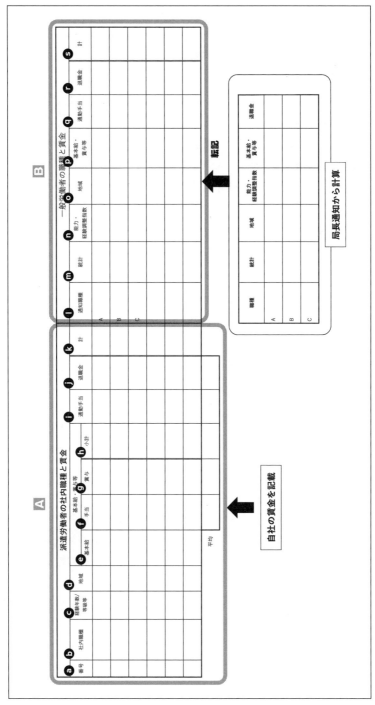

（出典：厚生労働省「不合理な待遇差解消のための点検・検討マニュアル（労働者派遣業界編）」, https://www.mhlw.go.jp/content/11909000/000501271.pdf）

内職種と賃金」の欄を記載していく場合も職種ごとに記載してください
（例えば、プログラマーならプログラマーの職種の労働者の情報を記載する等）。

　記載項目は🅰左から以下の内容となります。

ⓐ　番号

　社員番号等を記載します。特になければ空白のままで結構です。

ⓑ　社内職種

　各社員の職種を記載します。

ⓒ　経験年数／等級等

　その派遣労働者の経験年数や既に社内に賃金テーブルがある場合は、その賃金等級（例えば「2号棒6等級」等）を記載します。

ⓓ　地域

　地域は以下のいずれかを記載します。

　・　その派遣労働者が派遣されている派遣先の事業所の所在地の県名

　・　その派遣労働者が派遣されている派遣先の事業所を管轄するハローワーク名（派遣先の事業所の所在地を管轄するハローワークの調べ方はインターネット等で「（派遣先の事業所の所在地の）市町村名　ハローワーク管轄」と検索すると出てきます）を別添3から選択

　例えば、派遣先の事業所の所在地が「大阪府大阪市北区」であれば管轄するハローワークはハローワーク梅田となるため、地域欄には「大阪府」と記載するか、別添3から「2702　梅田計」と記載します。

　地域指数は、「各県の地域指数」を使うか「派遣先の事業所を管轄するハローワークの地域指数」を使うかは労使で話し合って決めていただければ結構です。

　ただし、職種によって地域指数を使い分ける場合、例えば、大阪府大阪市北区にある派遣先にプログラマーとシステムエンジニアをそれぞれ派遣する場合で、プログラマーの職種では「大阪府の地域指数」を使用し、システムエンジニアの職種では「2702　梅田計」を使用するというように地域指数を職種ごとに使い分ける場合は、労使協定に使い分ける理由を明記しなければいけません。

ⓔ　基本給

　その派遣労働者の基本給を時給換算した額を記載します。

　時給換算の方法は、以下のとおりです。

$$\boxed{\text{基本給} \quad \times \quad 12\text{ヶ月} \quad \div \quad 52\text{週} \quad \div \quad \text{週の所定労働時間}}$$
（1円未満切捨て、以下同じ）

会社の就業規則で月の所定労働時間が決まっている場合の算定方法は以下のとおりです。

$$\boxed{\text{基本給} \quad \div \quad \text{月の所定労働時間}}$$

❺ 手当

通勤手当、退職手当、固定残業代、時間外手当（時間外、休日、深夜）以外の手当を時給換算した額を記載します。

時給換算の方法は基本給と同じです。手当が全くない場合（基本給しか支給していない場合）は「0円」と記載します。

❻ 賞与

その派遣労働者の年間の賞与額（昨年度分）を時給換算した額を記載します。

時給換算の方法は以下のとおりです。

$$\boxed{1\text{年間の賞与額} \quad \div \quad 52\text{週} \quad \div \quad \text{週の所定労働時間}}$$

賞与を支給していない場合は「0円」と記載します。

❼ 小計

上記の「❹基本給」「❺手当」「❻賞与」の時給換算した額を合計した金額を記載します。

❽ 通勤手当

その派遣労働者の通勤手当を会社が全額支給している場合は、「72円」と記載します（なぜ「72円」なのかは、後程説明します）。

その派遣労働者の通勤手当を会社が全額支給していない場合（つまり、派遣労働者が通勤手当を少しでも自己負担している場合）は、会社が設定している通勤手当の上限額（例えば、「通勤手当の上限額は3万円までとする」と就業規則等で規定している場合は「3万円」）を、基本給と同じ方法で時給換算し、その額が「72円以上の場合は、「72円」と記載し、「72円」未満の場合は、その額を記載します。

❿ 退職金

既に、派遣労働者に対して退職金制度（〇年働いて退職した労働者には〇ヶ月分の退職手当を支給するという制度）がある場合は、「退職金制度」と文字で記載してください。

既に、派遣労働者に対して退職金を毎月の賃金に含めている場合（いわゆる「退職金前払い制度」）を採用している場合は、その者の月々の退職金として支給している金額を基本給と同じ方法で時給換算した額を記載します。

中小企業退職金共済制度や確定拠出年金又は確定給付企業年金等に加入している場合は「中小企業退職金共済制度」「確定拠出年金」「確定給付企業年金」と記載します。

ⓚ 計

先程の小計と通勤手当、退職金を合計した金額を記載します。

では、具体例を挙げて説明しましょう。
派遣労働者　田中さんの賃金額の内訳は以下のとおりとなります。

- ・　基本給：20万円／月額
- ・　通勤手当：3万円／月額（全額会社が負担）
- ・　家族手当：2万円／月額
- ・　住宅手当：2万円／月額
- ・　賞与：昨年1年間の賞与額　60万円
- ・　退職金：前払い退職手当及び退職金制度の適用はなし

上記の賃金額を時給に換算します。

- ・　基本給
  20万円×12ヶ月÷52週÷週の所定労働時間（40時間）
  ＝1,153.846… → 1,153円（1円未満は切捨て）
  → ⓔ基本給の欄に「1,153円」と記載
- ・　家族手当2万円及び住宅手当2万円
  （2万円＋2万円）×12ヶ月÷52週÷週の所定労働時間（40時間）

$=230.769\cdots$　→　230円（1円未満は切捨て）

　→　❺手当の欄に「230円」と記載

・　賞与：昨年1年間の賞与額60万円

　60万円÷52週÷週の所定労働時間（40時間）

　$=288.461\cdots$　→　288円（1円未満は切捨て）

　→　❻賞与の欄に「288円」と記載

・　通勤手当：3万円（会社が全額負担）

　3万円×12ヶ月÷52週÷週の所定労働時間（40時間）

　$=173.076\cdots$　→　173円

　→　72円以上なので72円

　→　❼通勤手当の欄に「72円」と記載

・　退職金

　前払い退職手当、退職金制度及び中小企業退職金共済制度もなし

　→　❽退職金の欄に「0円」と記載

上記の金額を記載した個人別賃金一覧表が図表2-9となります。

次に、図表2-8個人別賃金一覧表の**B**部分（一般労働者の職種と賃金）に職業安定局長通知の賃金額等を記載していきます。

記載項目は**B**の左から以下の内容となります。

❾　通知職種

　職業安定局長通知の別添1の「賃金構造基本統計調査」か別添2の「職業安定業務統計」の職種から、各派遣労働者の職種に一番近いものを選びます。

❿　統計

　通知職種を別添1の「賃金構造基本統計調査」か別添2の「職業安定業務統計」のいずれの数値を用いたかを記載します。

⓫　能力・経験調整指数

　各派遣労働者の能力・経験度合いが、別添1及び別添2の「基準値／基準値に能力・経験調整指数を乗じた値」に記載されている「0年、1年、2年、3年、5年、10年、20年」のいずれに該当するかを記載します。

　この「能力・経験調整指数」の年数ですが、これは、その派遣労働者

派遣労働者の社内職種と賃金 Ⓐ

ⓐ番号	ⓑ社内職種	ⓒ経験年数/等級等	ⓓ地域	ⓔ基本給	ⓕ手当	ⓖ賞与等	ⓗ小計	ⓘ通勤手当	ⓙ退職金	ⓚ計
	プログラマー	5年	大阪府	1,153	230	288	1,671	72	0	1,743
平均					230	288	1671	72	72	0	0

自社の賃金を記載

一般労働者の職種と賃金

通知職種	統計	能力・経験調整指数	地域	基本給・賞与等	通勤手当	退職金	計

転記

職種	統計	地域	能力・経験調整指数	基本給・賞与等	退職金
A					
B					
C					

局長通知から計算

のその職種における経験年数ではなく、能力値を指しています。したがって、その派遣労働者がその職種に10年間従事していたからといって、10年と記載する必要はなく、その派遣労働者の仕事内容や能力値に見合った年数を記載します。

　例えば、その職務に10年間従事している派遣労働者であっても、やっている仕事内容や能力値がその業界の平均値で換算すると3年目に相当するような仕事内容や能力値であれば「3年」と記載します。

ⓞ　地域

　「派遣労働者の社内職種と賃金」と同じ内容（🅐ⓓ）を記載します。

ⓟ　基本給・賞与等

　上記で選んだ「ⓛ通知職種」「ⓜ統計」「ⓝ能力・経験調整指数」及び「ⓞ地域」を踏まえた時給額を記載します。

　例えば、

　通知職種：ソフトウェア開発技術者

　統計：職業安定業務統計（別添2）

　能力・経験調整指数：3年

　地域：大阪府（地域指数：108.3）（職業安定局長通知別添3から地域指数を
　　　調べます）

の派遣労働者であれば、

　時給1,705円（別添2のソフトウェア開発技術者の能力値3年の時給額）×108.3＝1,846.515円　→　1,847円（1円未満切り上げ）

となります。

　この1,847円には「基本給」「賞与」「通勤手当、退職手当、時間外労働手当、休日労働手当、深夜労働手当以外の全ての手当額」が含まれています。

ⓠ　通勤手当

　「72円」と記載します。この「72円」は簡単に言うと、通勤手当の全国平均額を元に算定した金額となります。

ⓡ　退職金

　退職金については、労使協定方式を取る場合は必ず派遣労働者に支払わなければならないのですが、支払い方は次の3つの方法から労使で話し合って決めることになります。

① 退職手当制度を設ける場合（派遣元が、職業安定局長通知の別添4に示されている退職手当の統計の数値以上の退職手当制度を設けた上、実際に派遣労働者に適用する場合）

② 退職手当分を毎月の賃金に「前払い退職手当」として含めて支給する場合

③ 一定の掛け金を会社が支払って中小企業退職金共済等（中小企業退職金共済のほかに、確定給付企業年金、確定拠出年金等があります）に加入する場合

個人別賃金一覧表には、「②退職手当分を毎月の賃金に手当として支給する場合（前払い退職金として支給する場合)」のみ、個人別賃金一覧表の右部分の退職金の欄に金額を記載（計算方法は❶と同じ）し、「①退職手当制度を設ける場合」や「③一定の掛け金を会社が支払って中小企業退職金共済制度等に加入する場合」は、個人別賃金一覧表の退職金欄には「退職金制度」又は「中小企業退職金共済」と文字で記載します。

❶〜❶の金額を記載した個人別賃金一覧表が図表2-10です。

図表2-10の場合は、A（派遣労働者の社内職種と賃金。つまり、実際の派遣労働者の賃金額）の合計額（❶1,743円）が、B（一般労働者の職種と賃金。つまり職業安定局長通知で示されている賃金額）の合計額（❶1,919円）よりも下回っているので、この労働者については賃金の改善が必要となります。

上記の手順で、プログラマーの職種に就いている他の派遣労働者についても同じように記載し、自社の現在のプログラマー業務に従事する派遣労働者の賃金の分布を確認します。

賃金分布が確認できたら、次は、それを元に派遣労働者専用の職種ごと・地域ごとの賃金テーブルを作成していきます。

賃金テーブルの作成の方法については、基本的に自由に作成していただいて結構です。ただし、以下のことは必ず守るようにしてください。

・ 職業安定局長通知に示された「賃金額＋賞与額＋手当額（通勤手当・退職手当を除く）」（以下「賃金額」とします）と同等以上の額を派遣労働者に支払う賃金テーブルを作成してください。

・ 職業安定局長通知で示された「通勤手当額」と同等以上の額の通勤手当を派遣労働者に支払うことを労使協定に定めてください。

図表2-10 個人別賃金一覧表「一般労働者の職種と賃金」記載例

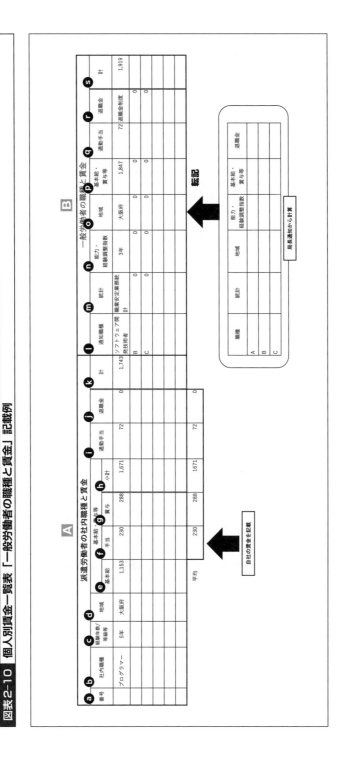

A　派遣労働者の社内職種と賃金

ⓐ番号	ⓑ社内職種	ⓒ経験年数/等級等	ⓓ地域	ⓔ基本給	ⓕ手当	ⓖ賞与等	ⓗ小計	ⓘ通勤手当	ⓙ退職金	ⓚ計
①	プログラマー	5年	大阪府	1,153	230	288	1,671	72	0	1,743
平均				230	288	1671	72	0		

自社の賃金を記載

B　一般労働者の職種と賃金

ⓛ通知職種	ⓜ統計	ⓝ能力 経験調整指数	ⓞ地域	ⓟ基本給・賞与等	ⓠ通勤手当	ⓡ退職金	ⓢ計
ソフトウェア開発技術者	職業安定業務統計 計	3年	大阪府	1,847	0	72 退職金制度	1,919
B	0	0	0	0			
C	0	0	0	0			

転記

職種	統計	能力 経験調整指数	地域	基本給・賞与等	退職金
A					
B					
C					

局長通知から計算

051

これは、通勤手当単体で同等以上の額でなくても「賃金額＋通勤手当」が、職業安定局長通知で示された「賃金額＋通勤手当」と同等以上の額であれば結構です。

- 　職業安定局長通知で示された「退職手当」と同等以上の額の退職手当を派遣労働者に支払うことを労使協定に定めてください。

　「前払い退職金」として毎月の賃金額に退職金部分を含めて支給する場合は、「賃金額＋通勤手当＋前払い退職金」が職業安定局長通知で示された「賃金額＋通勤手当＋前払い退職金（一般賃金の６％で算定した額）」と同等以上であれば結構です。

　「前払い退職金」以外の方法（「退職手当制度を設ける場合」及び「一定の掛金を会社が支払って中小企業退職金共済（ほかに、確定給付企業年金や確定拠出年金の場合も可）に加入する場合」）については、「賃金額＋通勤手当＋前払い退職金」とはせず、「賃金額＋通勤手当」として、退職金部分だけ別途、以下の比較が必要となります。

- 　退職手当制度（〇年働いて退職した労働者には〇ヶ月分の退職手当を支給するという制度）の場合

> 派遣労働者の退職金制度
> 　　≧　職業安定局長通知の別添４の退職金制度

- 　中小企業退職金共済制度等（確定給付企業年金及び確定拠出年金も含む）に加入する場合

> 派遣労働者の中小企業退職金共済制度の掛金額
> 　　≧　一般賃金×６％

- 　派遣労働者の賃金テーブルは派遣労働者の頑張りに応じて昇給するような仕組みとなるように定めてください。

　上記のことを踏まえて賃金テーブルを作成します。

- ◎　職業安定局長通知に示された「通勤手当額」と同等以上の額の通勤手当を派遣労働者に支払うことを労使協定に記載する

　労使協定方式を採用する場合は、派遣労働者に対して必ず通勤手当を支給しなければいけません。

　職業安定局長通知では、時給換算で72円以上（月額換算で12,480円以上。

72円×40時間（週の所定労働時間）×52週（年間の週数）÷12ヶ月により算定）の通勤手当を支給することが定められました。

　したがって、今まで派遣労働者に対して、通勤手当を全く支給していなかった、又は派遣労働者に対して通勤手当は支給していたが、実際の通勤に要する費用の一部しか支給しておらず、その額が時給換算で72円より少ない額だった場合（具体的には通勤手当の上限を設定している場合で、その上限額が月額12,480円未満の場合を指します）は、派遣元は派遣労働者に対して時給換算で72円以上の通勤手当を支給しなければなりません。

　ただし、自宅から派遣先までの距離が近く、通勤手当が時給換算で72円もかからない派遣労働者に対しては実際に通勤に要する費用分の通勤手当を支給すれば結構です（通勤費用が時給換算で72円もかからない派遣労働者に対してまで72円の通勤手当を支給する必要はありません）。

　今までも派遣労働者に対して通勤手当を全額支給している派遣元については、労使協定に「通勤手当は全額支給する」旨記載すれば結構です。

　今までは、派遣労働者に対して通勤手当を全く支給していない、又は支給しているが通勤に要する費用の一部しか支給しておらず、その額が時給換算で72円より少ない額だった場合は、72円まで支給する必要があります。

　ただし、この通勤手当については、単体で通勤手当の額が72円以上でなくても、「基本給＋賞与＋手当（通勤手当・退職手当を除く）」と「通勤手当」の合計額が、職業安定局長通知に定める基本給等（「別添1又は別添2の時給額に地域指数を掛けた額」＋「通勤手当（72円）」）の合計額以上であれば問題ありません。

⑻　職業安定局長通知で示された「退職手当」と同等以上の額の退職手当を派遣労働者に支払うことを労使協定に記載する

　労使協定方式を採用する場合は、派遣労働者に対して必ず退職手当を支給しなければいけません。

　退職手当の支給方法については、以下の3つの方法のいずれかを選択します。

（ⅰ）　退職金制度（○年働いて退職した労働者には○ヶ月分の退職手当を支給するという制度）で支給する方法（以下「退職金制度」とする）

（ⅱ）　前払い退職手当として毎月の賃金額に含めて支給する方法（以下

「前払い退職手当」とする）

（ⅲ）　中小企業退職金共済制度、確定給付企業年金、確定拠出年金等に一般賃金の６％以上の掛金を会社負担で支払って加入する方法（以下「中退共への加入」とする）

（ⅰ）　退職金制度

退職金制度の場合は、派遣労働者に適用する退職金制度を作成して、その退職金制度に基づいて派遣労働者に対して退職手当を支払う方法です。

ポイントとしては、以下の事項が挙げられます。

・　職業安定局長通知の別添４に示している退職金制度の統計以上の退職金制度を作成しなければなりません。

・　もともと自社に退職金制度がある場合であっても、別添４の統計以上の退職金制度でなければ、改めて作成（又はもともとある退職金制度を修正）しなければなりません。

・　もともと自社に退職金制度がない場合は、上記の退職金制度を作成し、少なくとも派遣労働者（正社員である派遣労働者、パートタイマーである派遣労働者、有期雇用労働者である派遣労働者の全ての派遣労働者が対象となります）に、その退職金制度を適用しなければなりません。

退職金制度の作り方ですが、まず、【職業安定局長通知　別添４】をご覧ください（図表2-11）。

図表2-11　職業安定局長通知　別添４

別添４

❶ 退職手当制度がある企業の割合

Ⓐ 80.5％（平成30年就労条件総合調査（厚生労働省））
Ⓑ 91.1％（平成29年賃金事情等総合調査（中央労働委員会））
Ⓒ 92.6％（平成28年民間企業退職給付調査（人事院））
Ⓓ 71.3％（平成30年中小企業の賃金・退職金事情（東京都））

❷ 退職手当の受給に必要な所要年数

A 退職一時金の受給に必要な最低勤続年数階級別企業数割合（調査産業計）

(%)

	1年未満	1年以上 2年未満	2年以上 3年未満	3年以上 4年未満	4年以上 5年未満	5年以上
会社都合	8.5	21.8	8.7	42.2	1.1	9.3
自己都合	3.2	15.0	9.7	56.2	1.6	10.9

平成 30 年就労条件総合調査（厚生労働省）

B 退職一時金受給資格付与に要する最低勤続年数（調査産業計）

(%)

	1年未満	1年以上 2年未満	2年以上 3年未満	3年以上
会社都合	38.4	30.8	7.6	12.4
自己都合	5.4	24.9	16.8	51.4

平成 29 年賃金事情等総合調査（中央労働委員会）

D 退職一時金受給のための最低勤続年数（調査産業計）

(%)

	1年未満	1年	2年	3年	4年	5年以上	無記入
会社都合	2.9	24.7	7.9	29.5	2.3	7.0	25.8
自己都合	0.7	17.3	11.9	48.8	3.8	9.7	7.8

平成 30 年中小企業の賃金・退職金事情（東京都）

❸ 退職手当の支給月数

A 勤続 20 年以上かつ 45 歳以上の定年退職者

(月)

	大学・大学院卒 （管理・事務・ 技術職）	高校卒 （管理・事務・ 技術職）	高校卒 （現業職）	中学卒 （現業職）
計	38.6	40.6	36.3	34.3
20～24 年	26.0	16.8	15.5	12.1
25～29 年	26.3	21.4	22.4	18.7
30～34 年	35.4	26.8	27.2	26.2
35 年以上	42.2	46.3	46.1	43.0

平成 30 年就労条件総合調査（厚生労働省）

勤続 20 年以上かつ 45 歳以上の会社都合退職者 (月)

	大学・大学院卒 (管理・事務・ 技術職)	高校卒 (管理・事務・ 技術職)	高校卒 (現業職)	中学卒 (現業職)
計	35.3	39.5	33.8	―
20〜24 年	13.5	9.2	19.8	―
25〜29 年	30.7	34.3	24.0	―
30〜34 年	39.5	39.7	33.4	―
35 年以上	38.3	48.9	46.3	―

平成 30 年就労条件総合調査（厚生労働省）

勤続 20 年以上かつ 45 歳以上の自己都合退職者 (月)

	大学・大学院卒 (管理・事務・ 技術職)	高校卒 (管理・事務・ 技術職)	高校卒 (現業職)	中学卒 (現業職)
計	29.6	29.7	23.9	13.6
20〜24 年	18.9	12.3	12.5	8.6
25〜29 年	24.2	21.1	21.9	9.6
30〜34 年	40.1	29.7	31.0	10.7
35 年以上	42.5	47.0	38.6	26.5

平成 30 年就労条件総合調査（厚生労働省）

勤続 20 年以上かつ 45 歳以上の早期優遇退職者 (月)

	大学・大学院卒 (管理・事務・ 技術職)	高校卒 (管理・事務・ 技術職)	高校卒 (現業職)	中学卒 (現業職)
計	43.4	50.8	48.6	46.8
20〜24 年	29.6	20.4	21.5	―
25〜29 年	37.6	39.5	42.2	―
30〜34 年	46.0	46.6	54.8	―
35 年以上	46.9	60.1	55.7	―

平成 30 年就労条件総合調査（厚生労働省）

B 退職事由、勤続年数別モデル退職金月収換算月数

勤続年数	大卒（総合職）事務・技術労働者		大卒（一般職）事務・技術労働者	
	会社都合	自己都合	会社都合	自己都合
3	2.9	1.3	2.6	1.5
5	4.5	2.3	4.1	2.4
10	9.4	5.5	9.0	5.9
15	14.9	10.2	14.1	10.0
20	20.1	16.5	21.1	16.6
25	27.8	24.0	27.8	23.9
30	35.6	31.9	37.7	35.3
35	43.4	40.2	42.9	42.0
38	45.7	42.7	50.1	49.3
定年	46.7		42.9	

平成29年賃金事情等総合調査（中央労働委員会）

退職事由、勤続年数別モデル退職金月収換算月数

勤続年数	短大・高専卒（総合職）事務・技術労働者		短大・高専卒（一般職）事務・技術労働者	
	会社都合	自己都合	会社都合	自己都合
3	2.2	0.9	2.5	0.9
5	4.5	2.1	4.0	1.8
10	8.3	4.5	8.5	5.0
15	14.4	9.7	14.9	10.3
20	20.7	17.0	20.4	17.0
25	28.8	25.1	28.0	24.5
30	37.3	33.9	36.9	33.6
35	42.2	40.7	42.3	41.4
40	44.4	39.4	45.5	44.6
定年	46.9		38.4	

平成29年賃金事情等総合調査（中央労働委員会）

退職事由、勤続年数別モデル退職金月収換算月数

勤続年数	高校卒（総合職）事務・技術労働者		高校卒（一般職）事務・技術労働者		高校卒 生産労働者	
	会社都合	自己都合	会社都合	自己都合	会社都合	自己都合
3	2.9	1.4	2.6	1.2	3.0	1.2
5	4.8	2.5	4.4	2.3	5.1	2.3
10	9.5	5.7	9.2	5.3	9.9	5.1
15	15.4	10.5	14.3	10.0	15.4	9.7
20	22.1	18.1	21.8	17.6	22.6	17.2
25	29.9	26.1	29.4	25.4	30.4	25.3
30	37.6	33.7	36.6	33.5	37.2	32.5
35	43.6	41.1	45.2	42.3	45.1	41.6
42	53.5	48.9	53.0	51.4	51.0	50.9
定年	57.0		48.5		45.7	

平成 29 年賃金事情等総合調査（中央労働委員会）

D モデル退職金（調査産業計）   (月)

勤続年数	高校卒（自己都合）	高校卒（会社都合）	勤続年数	高専・短大卒（自己都合）	高専・短大卒（会社都合）	勤続年数	大学卒（自己都合）	大学卒（会社都合）
1	0.4	0.6	1	0.4	0.7	1	0.4	0.7
3	1.0	1.5	3	1.0	1.6	3	1.1	1.7
5	1.7	2.5	5	1.8	2.6	5	1.9	2.7
10	3.8	5.2	10	4.3	5.5	10	4.4	5.7
15	6.5	8.6	15	7.1	8.8	15	7.4	9.1
20	9.7	11.9	20	10.6	12.3	20	10.7	12.5
25	13.4	16.0	25	14.5	16.5	25	14.8	16.5
30	16.7	19.6	30	18.4	20.5	30	18.7	20.3
35	20.2	23.2	35	21.8	23.8	33	21.5	23.3
37	21.2	24.1	定年	—	27.9	定年	—	28.0
定年	—	29.0						

平成 30 年中小企業の賃金・退職金事情（東京都）

E 標準者退職金の支給月数　　　　　　　　　　　　　　　　　　　　　（月）

勤続年数	大学卒 （管理・事務・技術職）（会社都合）	勤続年数	高校卒 （管理・事務・技術職）（会社都合）	勤続年数	高校卒 （現業職） （会社都合）
1	1.1	1	1.1	1	1.1
3	2.7	3	2.3	3	2.7
5	4.6	5	3.7	5	4.5
10	9.2	10	7.5	10	9.1
15	12.4	15	12.0	15	13.9
20	17.6	20	16.8	20	19.7
25	22.8	25	23.0	25	25.9
30	29.3	30	28.5	30	32.3
33	32.9	35	34.1	35	38.7
35	35.0	37	37.4	37	41.4
38	38.2	39	37.7	39	41.8
		42	41.6	42	46.0

2018年9月度退職金・年金に関する実態調査結果（日本経済団体連合会）

❹ 退職手当の支給金額

A 勤続20年以上かつ45歳以上の定年退職者　　　　　　　　　　　　　（万円）

	大学・大学院卒 （管理・事務・技術職）	高校卒 （管理・事務・技術職）	高校卒 （現業職）	中学卒 （現業職）
計	1,983	1,618	1,159	965
20〜24年	1,267	525	421	268
25〜29年	1,395	745	610	453
30〜34年	1,794	928	814	728
35年以上	2,173	1,954	1,629	1,321

平成30年就労条件総合調査（厚生労働省）

勤続 20 年以上かつ 45 歳以上の会社都合退職者　　　　　　　　　　　（万円）

	大学・大学院卒 （管理・事務・技術職）	高校卒 （管理・事務・技術職）	高校卒 （現業職）	中学卒 （現業職）
計	2,156	1,969	1,118	－
20〜24 年	634	415	545	－
25〜29 年	1,786	1,809	758	－
30〜34 年	2,572	1,967	1,109	－
35 年以上	2,403	2,467	1,704	－

平成 30 年就労条件総合調査（厚生労働省）

勤続 20 年以上かつ 45 歳以上の自己都合退職者　　　　　　　　　　　（万円）

	大学・大学院卒 （管理・事務・技術職）	高校卒 （管理・事務・技術職）	高校卒 （現業職）	中学卒 （現業職）
計	1,519	1,079	686	372
20〜24 年	780	354	336	226
25〜29 年	1,399	754	630	239
30〜34 年	2,110	1,039	939	306
35 年以上	2,116	2,047	1,177	801

平成 30 年就労条件総合調査（厚生労働省）

勤続 20 年以上かつ 45 歳以上の早期優遇退職者　　　　　　　　　　　（万円）

	大学・大学院卒 （管理・事務・技術職）	高校卒 （管理・事務・技術職）	高校卒 （現業職）	中学卒 （現業職）
計	2,326	2,094	1,459	1,300
20〜24 年	1,402	947	409	－
25〜29 年	1,995	1,522	1,210	－
30〜34 年	2,522	1,897	1,680	－
35 年以上	2,530	2,521	1,955	－

平成 30 年就労条件総合調査（厚生労働省）

B 退職事由、勤続年数別モデル退職金総額　　　　　　　　　　　　　　（千円）

勤続年数	大卒（総合職）事務・技術労働者		大卒（一般職）事務・技術労働者	
	会社都合	自己都合	会社都合	自己都合
3	721	317	572	324
5	1,244	615	958	541
10	3,297	1,915	2,344	1,527
15	6,287	4,312	4,372	3,104
20	10,106	8,224	6,903	5,423
25	15,080	13,011	10,041	8,641
30	21,836	19,707	15,228	14,252
35	25,910	24,346	17,028	16,681
38	28,005	26,320	19,825	19,505
定年	26,947		15,195	

平成 29 年賃金事情等総合調査（中央労働委員会）

退職事由、勤続年数別モデル退職金総額　　　　　　　　　　　　　　（千円）

勤続年数	短大・高専卒（総合職）事務・技術労働者		短大・高専卒（一般職）事務・技術労働者	
	会社都合	自己都合	会社都合	自己都合
3	509	206	484	175
5	1,047	483	843	369
10	2,525	1,359	2,080	1,226
15	5,054	3,437	4,253	2,936
20	7,849	6,353	6,710	5,609
25	11,739	10,200	9,759	8,581
30	17,304	15,683	13,797	12,729
35	21,245	20,324	16,946	16,570
40	26,382	23,316	19,131	18,883
定年	25,963		16,037	

平成 29 年賃金事情等総合調査（中央労働委員会）

退職事由、勤続年数別モデル退職金総額　　　　　　　　　　　　　　　　（千円）

勤続年数	高校卒（総合職）事務・技術労働者		高校卒（一般職）事務・技術労働者		高校卒 生産労働者	
	会社都合	自己都合	会社都合	自己都合	会社都合	自己都合
3	553	270	473	218	540	222
5	994	519	869	452	994	447
10	2,468	1,454	2,139	1,244	2,386	1,233
15	4,737	3,237	3,893	2,727	4,403	2,751
20	7,675	6,211	6,862	5,545	7,350	5,606
25	11,595	10,088	10,068	8,701	11,013	9,144
30	15,547	13,998	13,556	12,414	14,712	12,836
35	19,996	18,834	17,538	16,454	18,492	17,013
42	25,781	23,523	20,306	19,901	20,614	20,626
定年	24,779		19,025		18,408	

平成 29 年賃金事情等総合調査（中央労働委員会）

D　モデル退職金（調査産業計）　　　　　　　　　　　　　　　　　　　（千円）

勤続年数	高校卒（自己都合）	高校卒（会社都合）	勤続年数	高専・短大卒（自己都合）	高専・短大卒（会社都合）	勤続年数	大学卒（自己都合）	大学卒（会社都合）
1	76	114	1	76	139	1	90	157
3	184	280	3	210	312	3	237	379
5	346	517	5	393	571	5	439	640
10	898	1,227	10	1,060	1,365	10	1,215	1,574
15	1,702	2,230	15	1,949	2,432	15	2,298	2,836
20	2,796	3,441	20	3,219	3,765	20	3,733	4,358
25	4,235	5,049	25	4,844	5,541	25	5,697	6,363
30	5,779	6,778	30	6,707	7,490	30	7,852	8,523
35	7,530	8,629	35	8,459	9,244	33	9,293	10,083
37	8,095	9,215	定年	—	11,066	定年	—	12,034
定年	—	11,268						

平成 30 年中小企業の賃金・退職金事情（東京都）

E 標準者退職金の支給額 (千円)

勤続年数	大学卒 （管理・事務・技術職）（会社都合）	勤続年数	高校卒 （管理・事務・技術職）（会社都合）	勤続年数	高校卒 （現業職） （会社都合）
1	249	1	191	1	185
3	658	3	445	3	500
5	1,267	5	786	5	886
10	3,079	10	1,917	10	2,120
15	4,880	15	3,582	15	3,902
20	8,094	20	5,787	20	6,238
25	11,817	25	8,951	25	8,963
30	16,298	30	12,220	30	12,086
33	19,599	35	15,619	35	15,182
35	20,381	37	17,818	37	16,139
38	22,558	39	18,509	39	16,454
		42	20,377	42	18,172

2018年9月度退職金・年金に関する実態調査結果（日本経済団体連合会）

C 退職事由別平均退職給付額 (千円)

勤続年数	定年退職	会社都合退職	勤続年数	定年退職	会社都合退職
20年	6,618	9,704	33年	20,210	27,279
21年	7,647	14,067	34年	22,193	27,501
22年	8,149	15,691	35年	24,224	27,811
23年	8,712	15,965	36年	25,308	27,858
24年	9,536	17,331	37年	25,150	27,857
25年	10,628	19,318	38年	24,598	27,714
26年	11,749	20,911	39年	22,465	27,473
27年	12,124	22,266	40年	23,764	25,015
28年	12,571	24,355	41年	23,681	23,522
29年	12,725	27,855	42年	23,755	23,169
30年	13,623	28,248	43年	23,287	22,183
31年	14,499	28,481	44年	25,859	—
32年	16,833	27,315	45年以上	28,642	51,480

平成28年民間企業退職給付調査（人事院）

❺ 退職給付等の費用

	労働費用総額	現金給与額	現金給与以外の労働費用	うち退職給付等の費用
調査計	416,824	337,192	79,632	18,834
1,000 人以上	481,077	375,888	105,189	29,016
300〜999 人	423,825	349,632	74,193	17,792
100〜299 人	374,117	309,863	64,254	12,712
30〜99 人	338,909	284,469	54,439	7,797

平成 28 年就労条件総合調査（厚生労働省）

（出典：厚生労働省「退職手当制度（局長通達別添 4）」https://www.mhlw.go.jp/content/000526709.pdf）

別添 4 には、以下の項目が記載されています。

❶ 退職手当制度がある企業の割合（Ａ〜Ｅは統計の種類を示しています。別添 4 にはＡ〜Ｅの記載はないですが、今回は説明の便宜上、記載しています）

　Ａ　平成 30 年就労条件総合調査（厚生労働省）

　Ｂ　平成 29 年賃金事情等総合調査（中央労働委員会）

　Ｃ　平成 28 年民間企業退職給付調査（人事院）

　Ｄ　平成 30 年中小企業の賃金・退職金事情（東京都）

❷ 退職手当の受給に必要な所要年数

　Ａ　平成 30 年就労条件総合調査（厚生労働省）

　Ｂ　平成 29 年賃金事情等総合調査（中央労働委員会）

　Ｄ　平成 30 年中小企業の賃金・退職金事情（東京都）

❸ 退職手当の支給月数

　Ａ　平成 30 年就労条件総合調査（厚生労働省）

　Ｂ　平成 29 年賃金事情等総合調査（中央労働委員会）

　Ｄ　平成 30 年中小企業の賃金・退職金事情（東京都）

　Ｅ　2018 年 9 月度退職金・年金に関する実態調査結果（日本経済団体連合会）

❹ 退職手当の支給金額

　Ａ　平成 30 年就労条件総合調査（厚生労働省）

B　平成29年賃金事情等総合調査（中央労働委員会）

D　平成30年中小企業の賃金・退職金事情（東京都）

E　2018年9月度退職金・年金に関する実態調査結果（日本経済団体連合会）

C　平成28年民間企業退職給付調査（人事院）

❺　退職給付等の費用

これらの資料を使って退職金制度を作成していきます。

まずは、「❸退職手当の支給月数」又は「❹退職手当の支給金額」に示されている統計のうち、どの統計を使うかを労使で話し合って決めます。「❸退職手当の支給月数」と「❹退職手当の支給金額」の違いは、❸は「退職金を給与の○ヶ月分で支払う」と規定し、❹は「退職金を○○○○円支払う」と規定するかの違いとなります。どちらを選んでも結構です。

今回は、「❸退職手当の支給月数」のうちの「D平成30年中小企業の賃金・退職金事情（東京都）」の統計を使って説明します（p58参照）。

「D平成30年中小企業の賃金・退職金事情（東京都）」を見てみると、

・　高校卒（自己都合）＋高校卒（会社都合）

・　高専・短大卒（自己都合）＋高専、短大卒（会社都合）

・　大学卒（自己都合）＋大学卒（会社都合）

のそれぞれの勤続年数ごとに退職金の支給月数が表で示されています。

この表のとおり、派遣労働者の学歴（高校卒、高専・短大卒、大卒）によって退職金の支給月数を分けていただいてもいいですし、退職金の計算が煩雑になることを避けるため、例えば、「大学卒（又は高校卒、高専・短大卒）の統計を一律に適用する（派遣労働者の学歴に関係なく適用するという意味）」として、大学卒（又は高校卒、高専・短大卒）の統計のみを退職金制度に使用しても結構です。その辺りも、労使で話し合って決めてください。今回は「大学卒（自己都合）＋大学卒（会社都合）」の数値を使うことにします。

次に「いつから退職金を支払うのか？」を決めます。

これは「❷退職手当の受給に必要な所要年数」の統計の中から選択します。「❷退職手当の受給に必要な所要年数」の中の以下のA、B、Dの統計のうち1つを選択します（p55参照）。

A　平成30年就労条件総合調査（厚生労働省）

B　平成29年賃金事情等総合調査（中央労働委員会）

D　平成30年中小企業の賃金・退職金事情（東京都）

　こちらもどれを選択していただいても結構です。労使で話し合って決めてください（先程の退職手当の支給月数で「D平成30年中小企業の賃金・退職金事情（東京都）」を選択したからといって、今回も「D平成30年中小企業の賃金・退職金事情（東京都）」を選択しなければいけないわけではありません）。

　今回は「D平成30年中小企業の賃金・退職金事情（東京都）」の統計を使用することとします。

　「D平成30年中小企業の賃金・退職金事情（東京都）」の統計では、自己都合、会社都合とも勤続年数が3年から退職手当を支給している会社の割合が一番高いので、支給年数は「勤続年数3年以上」とします（「❷退職手当の受給に必要な所要年数」の統計では、いつから退職金を支給しはじめているかを調査した統計となります。退職金制度も職業安定局長通知の基準以上の退職金を支払うことが必要となるため、ここでも選択した統計の中から、基本的には一番支給年数の割合が高いものを選択することとなります）。

　最後に、「在職○年でいくらの退職金を支払うのか」ということを決めます。

　冒頭で、❸退職金の支給月数については、「D平成30年中小企業の賃金・退職金事情（東京都）」の統計の「大学卒（自己都合）＋大学卒（会社都合）」の支給月数を派遣労働者の学歴に関係なく一律に適用することを決めたので、こちらの支給月数を使うのですが、この表に記載されている支給月数をそのまま使用してもいいですし、「❶退職手当制度がある企業の割合」のA～Dの中からいずれか1つを選択し、「大学卒（自己都合）＋大学卒（会社都合）」の支給月数に乗じて算出した支給月数を使用しても構いません。

　職業安定局長通知の数値だと、大学卒の自己都合及び会社都合の場合の支給月数は、以下のとおりとなります（先程、退職金の支給開始年数は勤続年数が3年以上と決めたので、今回の記載も勤続年数3年以上のもののみを記載しています。p58参照）。

勤続年数	大学卒（自己都合）	大学卒（会社都合）
3 年	1.1ヶ月分	1.7ヶ月分
5 年	1.9ヶ月分	2.7ヶ月分
10 年	4.4ヶ月分	5.7ヶ月分
15 年	7.4ヶ月分	9.1ヶ月分
20 年	10.7ヶ月分	12.5ヶ月分
25 年	14.8ヶ月分	16.5ヶ月分
30 年	18.7ヶ月分	20.3ヶ月分
33 年	21.5ヶ月分	23.3ヶ月分
定年まで		28.0ヶ月分

上記の数値に「❶退職手当制度がある企業の割合」

A 平成 30 年就労条件総合調査（厚生労働省）　　　80.5 ％

B 平成 29 年賃金事情等総合調査（中央労働委員会）　91.1 ％

C 平成 28 年民間企業退職給付調査（人事院）　　　92.6 ％

D 平成 30 年中小企業の賃金・退職金事情（東京都）　71.3 ％

のいずれかの割合を乗じて算出した月数を支給月数としても構いません。

　これは、どういうことかというと、「「退職金の支給月数（又は支給金額）」の表に記載されている退職金額をそのまま支払ってもらいたいが、しかし、そもそも退職金制度が全ての企業にあるわけではないので、退職金制度がある企業の割合を乗じた月数分（又は金額分）の退職金を支払ってもらえればいいですよ」ということのようです。

　今回は「D 平成 30 年中小企業の賃金・退職金事情（東京都）」の 71.3 ％を乗じて算出した支給月数を退職金の支給月数とします。上記の表に71.3 ％を乗じた月数は以下のとおりとなります（上記の月数に 71.3 ％を乗じて、小数点 1 位未満を切上げ）。

勤続年数	大学卒（自己都合）	大学卒（会社都合）
3 年	0.8ヶ月分	1.3ヶ月分
5 年	1.4ヶ月分	2.0ヶ月分
10 年	3.2ヶ月分	4.1ヶ月分
15 年	5.3ヶ月分	6.5ヶ月分
20 年	7.7ヶ月分	9.0ヶ月分
25 年	10.6ヶ月分	11.8ヶ月分
30 年	13.4ヶ月分	14.5ヶ月分
33 年	15.4ヶ月分	16.7ヶ月分

　上記以上の退職金制度を作成し、それを派遣労働者に適用すれば結構です。

（ⅱ）　前払い退職手当

　前払い退職手当の場合は、「職業安定局長通知に示された前払い退職手当の額」以上の額を派遣労働者に支払うことを労使協定に定めます。

　「職業安定局長通知に示された前払い退職手当の額」とは、「職業安定局長通知に示された「賃金額＋賞与額＋手当額（通勤手当・退職手当は除く）」」の６％以上の額を意味します。

　「職業安定局長通知に示された「賃金額＋賞与額＋手当額（通勤手当・退職手当は除く）」」とは、別添１又は別添２に記載されている職種ごとの時給額に別添３の地域指数を乗じた額のことです。

　つまり、「派遣元が派遣労働者に支払う前払い退職手当の額」が、「別添１の時給額（又は別添２の時給額）」×「別添３の地域指数」×６％以上の額となればいいわけです。

　前払い退職手当については、単体で前払い退職手当の額が、「別添１の時給額（又は別添２の時給額）」×「別添３の地域指数」×６％以上でなくても、「基本給＋賞与＋手当（通勤手当・退職手当を除く）」と「前払い退職手当」の合計額が、「職業安定局長通知に定める基本給等（別添１又は別添２の時給額に地域指数を掛けた額）」＋「別添１の時給額（又は別添２の時給額）」×「別添３の地域指数」×６％の合計額以上であれば問題ありません。

　通勤手当も合算する場合は、「基本給＋賞与＋手当（通勤手当・退職手当を

除く）」と「通勤手当」及び「前払い退職手当」の合計額が、「職業安定局長通知に定める基本給等（別添1又は別添2の時給額に地域指数を掛けた額）」＋「72円（通勤手当）」＋「別添1の時給額（又は別添2の時給額）」×「別添3の地域指数」×6％の合計額以上であれば問題ありません（図表2-12参照）。

図表2-12　賃金テーブルの記載例

別表1　同種の業務に従事する一般の労働者の平均的な賃金の額（基本給、手当及び賞与の額）

			基準値及び基準値に能力・経験調整指数を乗じた値						
			0年	1年	2年	3年	5年	10年	20年
1	ソフトウェア開発技術者	通達に定める職業安定業務統計の金額（104）	1,293	1,500	1,641	1,705	1,795	2,114	2,638
2	地域調整	大阪府（108.3）	1,401	1,625	1,778	1,847	1,944	2,290	2,857

A

別表2　対象従業員の基本給、手当及び賞与の額

　　　　下記の要件の場合

- 賃金等級：3等級に区分
- 賞与：支給なし
- 通勤手当：上限あり（上限1万円）
- 退職金：前払い退職手当を毎月の賃金額で支給

等級	職務の内容	B 基本給額	C 通勤手当	D 前払い退職手当	E 合計額		職業安定局長通知の一般賃金額	左記の対応年数	通勤手当	D 前払い退職手当	E 合計額
Aランク	上級ソフトウェア開発技術者（AI関係等高度なプログラム言語を用いた開発）	2,305	57	138	2,500		2,290	10年	72	138	2,500
Bランク	中級ソフトウェア開発技術者（Webアプリ作成等の中程度の難易度の開発）	1,862	57	111	2,030	≧	1,847	3年	72	111	2,030
Cランク	初級ソフトウェア開発技術者（Excelのマクロ等、簡易なプログラム言語を用いた開発）	1,416	57	85	1,558		1,401	0年	72	85	1,558

✎ Point

A 別表1の2の数値は1の時給額に大阪府の地域指数（108.3％）を乗じて算定（1円未満の端数は切上げ）します。

B 基本給額には派遣労働者の基本給及び各種手当（賞与、超過勤務手当、通勤手当及び退職手当を除く）の合計を時給換算したものを記載します。

C 通勤手当の算出方法は以下のとおりです。

10,000円×12ヶ月÷52週÷週の所定労働時間（40時間）＝57.6923…
　→　57円（1円未満の端数は切捨て）

D 前払い退職手当の算出方法は以下のとおりです。

職業安定局長通知の一般賃金額（別表1の2の金額）×6％（1円未満の端数は切上げ）

E 左の合計額が右の合計額以上となるように、基本給額等を調整していただければ結構です。例えばAランクの等級の場合、右の欄の合計額である2,500円以上であれば**B**が2,500円で**C**・**D**が0円でも構いません（局長通知本文（p36）の第3の4に『「基本給・賞与・手当等」、「通勤手当」、「退職金」の全部又は一部を合算する場合の取扱い』にそのことが規定されています）。

（iii）　中退共への加入

これは、派遣元が「中小企業退職金共済制度」「確定給付企業年金」「確定拠出年金」等に加入して、各派遣労働者の掛け金として「職業安定局長通知に示された「賃金額＋賞与額＋手当額（通勤手当・退職手当は除く）」」の6％以上の額の掛け金を派遣元が支払っていればいいということです。「中小企業退職金共済制度」「確定給付企業年金」「確定拠出年金」のほか、派遣元が独自に設けている企業年金制度も含まれます。しかし、該当しないものもあるので派遣元が独自に設けている企業年金制度の場合は各都道府県労働局の需給調整事業部（課）にご確認ください。

既に中小企業退職金共済に加入している場合で、掛け金が6％より少ない場合は、掛け金を増やすか、差額を「前払い退職手当」として毎月の賃金額に含めて支給する方法でも構いません。

労使協定の記載例（掛け金が6％以上の場合）

第○条　労使協定の対象となる派遣労働者の退職手当は、独立行政法人勤
　　　　労者退職金共済機構・中小企業退職金共済事業本部との間に退職金
　　　　共済契約を締結するものとする。

　　2　前項の掛金月額は、別表○の一般基本給・賞与等の総額の6％の
　　　　額以上の掛金拠出とし、支給方法などを含む詳細は退職金規則の定
　　　　めによるものとする。

労使協定の記載例（掛金が6％未満の場合で、差額を前払い退職手当として支給する場合）

第○条　労使協定の対象となる派遣労働者の退職手当は、独立行政法人勤
　　　　労者退職金共済機構・中小企業退職金共済事業本部との間に退職金
　　　　共済契約を締結するものとする。

　　2　前項の掛金月額は、別表○の一般基本給・賞与等の総額の4％の
　　　　額以上の掛金拠出とし、支給方法などを含む詳細は退職金規則の定
　　　　めによるものとする。

　　3　別表○の一般基本給・賞与等の額の6％の額と前項の掛金の額と
　　　　の差額については、前払い退職手当として支払うものとする。

---

❷　**派遣労働者の職務の内容、職務の成果、意欲、能力又は経験その他の就業の実態に関する事項の向上があった場合に賃金が改善されるものであること**

これまで、派遣労働者が同じ派遣先で何年働こうが、派遣労働者の賃金額が変わらないということがよく見受けられました。

しかし、派遣労働者以外の正社員等の場合は、一般的に、勤務年数や能力により昇給する場合がほとんどです。

そこで、派遣労働者の賃金額についても、職務の内容、職務の成果、意欲、能力等においてその向上が見られた場合は、賃金を改善する旨、労使協定に記載することが義務付けられました。

八　公正な評価に基づき賃金額を決定する旨

　上記で、「派遣労働者の賃金額について、職務の内容、職務の成果、意欲、
能力等においてその向上が見られた場合は、賃金が改善されること」を記載
しなければならないことを説明しましたが、能力等の向上が見られたかどう
かを判定するためには、派遣労働者に対して公正な評価が行われなければな
りません。

　そこで、「公正な評価に基づき賃金額を決定する旨」について、労使協定
に記載することとなりました。

　評価の具体的な方法としては、様々なものが考えられますが、例えば、

・　キャリア（スキル）マップを整備し、一定期間ごとに能力評価、派遣就
　　業の状況の確認等により、派遣労働者の就業の実態に当てはめて行う方
　　法
・　派遣労働者と面談して成果目標を設定し、一定期間後に達成状況につ
　　いて改めて面談を行って評価を決める方法

などが挙げられます。

労使協定の記載例（能力の向上が見られた場合に、その能力に応じた就業の機会を提示する場合）

第○条　基本給の決定は、半期ごとに行う勤務評価を活用する。勤務評価の方法は対象従業員と会社の上司との面談にて対象従業員の意欲、勤務態度、技術力、スキルアップ度合等を評価することにより行う。当該勤務評価の結果に基づき、労使協定第○条第○項に示す通り、その能力に応じた派遣就業の機会を提示するよう努めるものとする。

二　賃金以外の待遇の決定方法

　賃金額については、「派遣労働者の賃金の決定に関する事項（本章2 **1**②ロ）」で説明したとおり、職業安定局長通知に示された額以上の額を支払っていれば問題ありません。

　賃金以外の派遣労働者の待遇については、「派遣元の派遣労働者以外の正社員」と「派遣労働者」との間で整合性を図らなければならないこととされており、その旨、労使協定に記載します。

　賃金以外の待遇としては、「転勤者用住宅」「慶弔休暇」「制服の貸与、支給」「健康診断時の給与の補償」などが挙げられます。

　なお、2020年4月1日以降、「派遣先が派遣先の直接雇用の労働者に対して行う業務の遂行に必要な能力を付すための教育訓練」「派遣先の給食施設・休憩室・更衣室」については、労働者派遣法第40条第2項及び第3項にて、派遣労働者に対しても実施及び使用させなければならないこととなりました。

　したがって、上記の派遣先で実施する教育訓練、派遣先の給食施設・休憩室・更衣室の派遣労働者への実施及び使用させることについては、法律上、当然のことであるため、労使協定への記載は不要とされています。

労使協定の記載例

第○条　教育訓練（次条に定めるものを除く）、福利厚生その他の賃金以外の待遇については派遣元の正社員との間で不合理な待遇差が生じることとならないようにする。

ホ　段階的かつ体系的な教育訓練

　派遣元が労働者派遣事業の許可申請の際に提出している「教育訓練計画」に基づいて、派遣労働者に対して教育訓練を実施する旨を記載します。

第○条　労働者派遣法第30条の2に規定する教育訓練については、労働者派遣法に基づき別途定める「教育訓練計画」に従って、着実に実施する。

ヘ　その他の事項

❶　労使協定の有効期間

　労使協定の有効期間を記載します。

　有効期間の長さについては、労働者派遣法上、特に規定されていないので、「5年」や「10年」と定めることも可能です。

　ただし、職業安定局長通知の内容は、毎年1回、6月〜7月頃に発出（更新）されることとなっており、派遣元は労使協定の内容が職業安定局長通知に定める基準以上となっているかどうかの確認をその都度行わなければなりません。

　確認した結果、労使協定の内容が職業安定局長通知に定める基準に満たない場合は、もう一度労使協定の内容を見直した上、締結しなおす必要があります。

　また、労使協定の内容が職業安定局長通知に定める基準を満たしている場合でも、派遣元は、労使協定の内容が職業安定局長通知に定める基準を満たしていることを記した書面を労使協定に添付しなければならないと労働者派遣事業関係業務取扱要領に記載されています。

　したがって、労使協定の有効期間については法律上、特に定めはありませんが、上記のことを踏まえると、有効期間は1年間（4月1日〜翌年3月31日）とし、毎年、労使協定を締結した方がよいでしょう（仮に、有効期間を3年間とした場合でも、毎年、労使協定の内容を見直さなければならず、また、有効期間が長いと、次の労使協定の締結を失念する恐れがあるからです）。

　ちなみに、職業安定局長通知は毎年、6月〜7月頃に発出（更新）されますが、6月〜7月頃に発出された職業安定局長通知の内容は、翌年の4月

から適用されます。

　したがって、6月〜7月頃に発出された職業安定局長通知の基準が自社の労使協定の内容を上回っていても、すぐに労使協定を見直す必要はありません。労使協定の有効期間の始期が翌年の4月以降となる労使協定の内容が、今年の6月〜7月頃に発出された職業安定局長通知の基準を上回っていれば問題ありません。

労使協定の記載例

第○条　本協定の有効期間は、令和2年4月1日から令和3年3月31日までの1年間とする。

---

❷　労使協定の対象となる派遣労働者の範囲を派遣労働者の一部に限定する場合には、その理由

　「労使協定の対象となる派遣労働者の範囲（本章2**1**②イ）」のところでもお話ししましたが、客観的な基準（例えば、「職種ごと」や「有期雇用派遣労働者又は無期雇用派遣労働者のいずれか」等）があれば、労使協定の対象となる派遣労働者を限定することができます。

　ただし、労使協定の対象となる派遣労働者を限定した場合は、その理由を労使協定に記載しなければいけません。

労使協定の記載例

（対象となる派遣労働者の範囲）

第○条　本協定は、派遣先で以下の職種の業務に従事する従業員（以下「対象従業員」という）に適用する。

- 　プログラマー
- 　システムエンジニア

2　対象従業員については、派遣先が変更される頻度が高いことから、中長期的なキャリア形成を行い所得の不安定化を防ぐため、本労使協定の対象とする。

❸ 特段の事情がない限り、一の労働契約の契約期間中に、当該労働契約に係る派遣労働者について、派遣先の変更を理由として、協定対象派遣労働者であるか否かを変更しないこと

　労働者派遣事業関係業務取扱要領には、「派遣労働者の待遇決定方式（「派遣先均等・均衡方式」又は「労使協定方式」のことをいいます）が、派遣先の変更を理由として、一の労働契約期間中に変更されることは、所得の不安定化を防ぎ、中長期的なキャリア形成を可能とする労使協定制度の趣旨に反する恐れがあることから、特段の事情がない限り、認められないことを労使協定に記載すること」と記されています。

　要するに、労使協定対象派遣労働者として派遣先で働いていたのに、その派遣労働者の雇用契約期間の途中で派遣先が変わることによって、「君、明日からは労使協定対象派遣労働者じゃなくて派遣先均等・均衡方式の対象派遣労働者になるからね。賃金の計算方法も派遣先均等・均衡方式で計算して支払うからね」というような取扱いはしないことを労使協定の中に記載しなさいということです。

　ただし、以下の「特段の事情」がある場合には、一の労働契約の契約期間中でも待遇決定方式を変更することができます。

㋑　労使協定の対象となる派遣労働者の範囲が職種によって定められている場合であって、派遣労働者の職種の転換によって待遇決定方式が変更される場合で、かつ、当該派遣労働者から合意を得た場合

　例えば、プログラマーは労使協定の対象となっているが、システムエンジニアは労使協定の対象となっていない場合で、当初、プログラマーの職種で派遣されていた派遣労働者が、次の派遣先ではシステムエンジニアの職種に派遣されることになり、その派遣労働者に対して労使協定の対象から外れることについて説明した上で、その派遣労働者からの同意を得た場合等を意味します。

㋺　待遇決定方式を変更しなければ派遣労働者が希望する就業機会を提供できない場合であって、当該派遣労働者から合意を得た場合

　例えば、プログラマーは労使協定の対象となっているが、システムエンジニアは労使協定の対象となっていない場合で、当初、プログラマーとして派遣就業していた派遣労働者が、「次の派遣先は、是非、○○○○㈱で派遣就業したい。そこはプログラマーではなく、システムエンジニアでの

派遣労働者しか求めていないが、自分もシステムエンジニアの経験があるので、システムエンジニアとして派遣就業したい」という希望があった場合に、その派遣労働者に対して労使協定の対象から外れることについて説明した上で、その派遣労働者からの同意を得た場合等を意味します。

労使協定の記載例

（対象となる派遣労働者の範囲）

第○条　本協定は、派遣先で以下の職種の業務に従事する従業員（以下「対象従業員」という）に適用する。

・　プログラマー

・　システムエンジニア

2　対象従業員については、派遣先が変更される頻度が高いことから、中長期的なキャリア形成を行い所得の不安定化を防ぐため、本労使協定の対象とする。

3　対象従業員について、一の労働契約の契約期間中に、特段の事情がない限り、本協定の適用を除外しないものとする。

---

③　労使協定の締結方法

労使協定の締結単位は、①派遣元事業主単位、②労働者派遣を行う事業所単位、③複数の労働者派遣を行う事業所単位、のいずれかの単位で労使協定を締結することとなります。

①派遣元事業主単位では、派遣元の会社と労働者代表とで1つの労使協定を締結します。

②労働者派遣事業を行う事業所単位では、派遣元の「派遣事業の許可を取得している事業所」と「その事業所の労働者代表」とで労使協定を締結します。例えば、「○○○○㈱大阪支店」で派遣事業の許可を取得していた場合、大阪支店の会社側代表者と大阪支店の労働者代表とで労使協定を締結することとなります。

③複数の労働者派遣を行う事業所単位では、派遣元の派遣事業の許可を取得している事業所をグループ分けして、それぞれのグループごとに、会社側代表者と労働者代表とで労使協定を締結します。例えば、全国展開している派遣会

社で、各都道府県に支店があり、それぞれ派遣事業の許可を取得している場合は、近畿エリアでは、近畿エリアの会社側代表者と労働者代表とで、九州エリアでは、九州エリアの会社側代表者と労働者代表とで労使協定を締結します。

ただし、待遇を引き下げることを目的として、恣意的に締結単位を分けることは、労使協定方式の趣旨に反することとなるため適当ではないとされています。

労使協定は、会社と「過半数労働組合」又は「労働者の過半数代表者」との間で書面による協定を締結しなければなりません。書面以外で労使協定を締結した場合には、労使協定方式における労使協定とは認められず、自動的に派遣先均等・均衡方式が適用されることとなります。

「過半数労働組合」とは、労使協定を「①派遣元事業主単位」で締結する場合は、「会社全体の労働者（派遣労働者を含む派遣元で雇用されている全ての労働者）の過半数が加入している労働組合の代表者」と会社側代表者との間で労使協定を締結します。労使協定を「②労働者派遣を行う事業所単位」又は「③複数の労働者派遣を行う事業所単位」で締結する場合は、「その事業所の労働者（派遣労働者を含む派遣元のその事業所で雇用されている全ての労働者）の過半数が加入している労働組合」又は「その複数の事業所の労働者（派遣労働者を含む派遣元のその複数の事業所で雇用されている全ての労働者）の過半数が加入している労働組合」の代表者と会社側代表者との間で労使協定を締結します。

派遣元に上記のような過半数労働組合がない場合は、労働者の過半数代表者と会社側代表者との間で労使協定を締結します。

「労働者の過半数代表者」は、

　イ　労働基準法第41条第2号に規定する監督又は管理の地位にある者ではないこと

　ロ　労働者派遣法第30条の4第1項の協定をする者を選出することを明らかにして実施される投票、挙手等の民主的な方法による手続により選出された者であって、派遣元事業主の意向に基づき選出されたものでないこと

のいずれにも該当する労働者を選出しなければなりません（労働者派遣法施行規則第25条の6第1項）。

イの「労働基準法第41条第2号に規定する監督又は管理の地位にある者ではないこと」とは、「時間外・休日労働に関する協定届（36協定）」を締結する際にも除外されている、いわゆる「管理監督者」については、原則として、労

使協定方式における労使協定の労働者代表になることはできません。ただし、管理監督者しかいない会社や事業所においては、ロの要件に該当すれば管理監督者であっても労働者代表となることは可能です。

ロの「労働者派遣法第30条の4第1項の協定をする者を選出することを明らかにして実施される投票、挙手等の民主的な方法による手続により選出された者であって、派遣元事業主の意向に基づき選出されたものでないこと」とは、例えば、この労使協定を締結するための労働者代表を会社側が「36協定の労働者代表をそのまま据えよう」ということで、36協定の労働者代表と会社とで今回の労使協定を締結した場合は、その労使協定は無効となり、自動的に派遣先均等・均衡方式が適用されることとなります。

つまり、労働者派遣法第30条の4第1項の労使協定方式を採用するための労使協定の締結ということを全ての労働者（派遣労働者を含む派遣元で雇用されている全ての労働者）に周知した上で、労働者の過半数を代表する者を選出しなければならないということです。当然、何の選出手続も取らず、会社側が指名した者を過半数代表者とすることも認められません。

選出方法は、「投票、挙手等の民主的な方法による手続により選出」となっていますが、これは、労働者を一堂に集めて投票、挙手等により選出しなければいけないというわけではなく、例えば、労働者に対してメール等で「労働者派遣法第30条の4第1項に規定する労使協定方式の協定締結のための過半数労働者の代表を選出するための手続」であることを示した上で、期間を定めて立候補者を募り、その後、各立候補者に投票させて過半数の得票を得た者を過半数代表者とする方法などが考えられます。

また、締結単位を「①派遣元事業主単位」とする場合は「会社全体の労働者（派遣労働者を含む派遣元で雇用されている全ての労働者）の過半数代表者」を、「②労働者派遣を行う事業所単位」とする場合は「派遣元の支店ごとの労働者（派遣労働者を含む派遣元の各支店ごとに雇用されている全ての労働者）の過半数代表者」を、「③複数の労働者派遣を行う事業所単位」は「複数の支店の労働者（派遣労働者を含む派遣元のその複数の事業所で雇用されている全ての労働者）の過半数代表者」を選出することとなります。

この「労働者の過半数を代表する者」については、上記の手続を経て選出することになりますが、必ずしも派遣労働者を選出しなければいけないわけではなく、「派遣元で雇用される派遣労働者以外の労働者」も代表者として選出す

ることができます。

④ 労使協定の記載例

労使協定方式における労使協定の記載例は図表2-13のようになります。

労働者派遣法第30条の4第1項の規定に基づく労使協定

　株式会社○○○○（以下「会社」という）と株式会社○○○○労働者代表者（以下「労働者代表者」という）は、労働者派遣法第30条の4第1項の規定に関し、次のとおり協定する。

（対象となる派遣労働者の範囲）
第1条　本協定は全ての派遣労働者（以下「対象従業員」という）に適用する。
　　2　会社は、対象従業員について、一の労働契約の契約期間中に、特段の事情がない限り、本協定の適用を除外しないものとする。

（賃金の構成）
第2条　対象従業員の賃金は、基本給、調整手当、時間外労働手当、深夜労働手当、休日労働手当、通勤手当及び退職手当とする。

（賃金の決定方法）
第3条　対象従業員の基本給の比較対象となる「同種の業務に従事する一般の労働者の平均的な賃金の額」は、次の各号に掲げる条件を満たした列表1のとおりとする。
　⑴　比較対象となる同種の業務に従事する一般の労働者の職種は、令和元年7月8日職発0708第2号「令和2年度の「労働者派遣事業の適正な運営の確保及び派遣労働者の保護等に関する法律第30条の4第1項第2号イに定める「同種の業務に従事する一般の労働者の平均的な賃金の額」等について」（以下「通達」という）別添2に定める職種のうち列表1に示す職種とする。
　⑵　通勤手当については、基本給とは分離し、第7条のとおりとする。
　⑶　地域調整については、大阪府、兵庫県の就業地で派遣就業を行うことから、通達別添3に定める大阪、兵庫の地域指数を使うものとする。

第4条　対象従業員の基本給は次の各号に掲げる条件を満たした列表2のとおりとする。
　⑴　列表1の同種の業務に従事する一般の労働者の平均的な賃金の額と同額以上であること。

(2)　別表2の各等級の職務と別表1の同種の業務に従事する一般の労働者の平均的な賃金の額との対応関係は次のとおりとすること。

（全ての職種）

Aランク：　3年

Bランク：　1年

Cランク：　0年

2　会社は、第10条の規定による対象従業員の勤務評価の結果、派遣労働者の能力の向上がみられ、より高い等級の職務を遂行する能力があると認められた場合には、その能力に応じた派遣就業の機会を提示するように努めるものとする。

第5条　対象従業員の時間外労働手当、深夜労働手当及び休日労働手当は、法律の定めに従って支給する。

第6条　調整手当については、会社が業務上特に必要と認められる対象従業員に対し支給する。

第7条　対象従業員の通勤手当は、通勤に要する費用に相当する額を支給する。公共交通機関を利用する者については、通勤定期代又は通勤に要する額のいずれか少ない方の額を、車又はバイクにて通勤する者については、1km15円×通勤距離に応じた費用を支給する。ただし、通勤経路及び方法は、最も合理的かつ経済的であると会社が認めたものに限る。

2　前項の通勤手当の支給額は、月額12,480円を上限とする。

3　通勤手当は徒歩又は自転車にて通勤する者については支給しない。

第8条　対象従業員の退職手当の比較対象となる「同種の業務に従事する一般の労働者の平均的な賃金の額」は、次の各号に掲げる条件を満たした別表3のとおりとする。

(1)　退職手当の受給に必要な最低勤続年数：

通達に定める「平成30年中小企業の賃金・退職金事情」（東京都）の「退職一時金受給のための最低勤続年数」において、最も回答割合の高かったもの（自己都合退職及び会社都合退職のいずれも3年）

(2)　退職時の勤続年数ごと（3年、5年、10年、15年、20年、25年、30年、35年）の支給月数：

「平成30年中小企業の賃金・退職金事情」（東京都）の高校卒の場合の支給率（月数）に、同調査において退職手当制度があると回答した企業の割合をかけた数値として通達に定めるもの

第9条　対象従業員の退職手当は、次の各号に掲げる条件を満たした別表4のとおりとする。退職手当制度における対象従業員の勤続年数の起算日は、令和2年4月1日からとする。令和2年4月1日以降に入社した者については、その者の入社日を勤続年数の起算日とする。

(1)　別表3に示したものと比べて、退職手当の受給に必要な最低勤続年数が

同年数以下であること
(2) 別表3に示したものと比べて、退職時の勤続年数ごとの退職手当の支給月数が同月数以上であること

(賃金の決定にあたっての評価)
第10条　基本給の決定は、半期ごとに行う勤務評価を活用する。勤務評価の方法は対象従業員と会社の上司との面談にて対象従業員の意欲、勤務態度、技術力、スキルアップ度合等を評価することにより行う。当該勤務評価の結果に基づき、第4条第2項に示すとおりその能力に応じた派遣就業の機会を提示するよう努めるものとする。

(賃金以外の待遇の決定方法)
第11条　教育訓練(次条に定めるものを除く)、福利厚生その他の賃金以外の待遇については正社員との間で不合理な待遇差が生じることとならないようにする。

(教育訓練)
第12条　労働者派遣法第30条の2に規定する教育訓練については、労働者派遣法に基づき別途定める「教育訓練計画」に従って、着実に実施する。

(その他)
第13条　本協定に定めのない事項については、別途、労使で誠実に協議する。

(有効期間)
第14条　本協定の有効期間は、令和○年4月1日から令和○年3月31日までの1年間とする。

令和○年○月○日
株式会社○○○○　代表取締役　○○○○　㊞
労働者の過半数を代表する者　○○○○　㊞
(労働者の過半数を代表する者は立候補制による選挙を行い選出)

別表1　同種の業務に従事する一般の労働者の平均的な賃金の額

(1) システム設計技術者（職業安定業務統計　102）

| | | | 基準値及び基準値に能力・経験調整指数を乗じた値 | | | | | | |
			0年	1年	2年	3年	5年	10年	20年
1	システム設計技術者	通達に定める職業安定業務統計の金額	1,322	1,534	1,678	1,744	1,835	2,161	2,697
2	地域調整	大阪府（108.3）	1,432	1,662	1,818	1,889	1,988	2,341	2,921
3	地域調整	兵庫県（101.8）	1,346	1,562	1,709	1,776	1,869	2,200	2,746

(2) ソフトウェア開発技術者（職業安定業務統計　104）

| | | | 基準値及び基準値に能力・経験調整指数を乗じた値 | | | | | | |
			0年	1年	2年	3年	5年	10年	20年
1	ソフトウェア開発技術者	通達に定める職業安定業務統計の金額	1,293	1,500	1,641	1,705	1,795	2,114	2,638
2	地域調整	大阪府（108.3）	1,401	1,625	1,778	1,847	1,944	2,290	2,857
3	地域調整	兵庫県（101.8）	1,317	1,527	1,671	1,736	1,828	2,153	2,686

(3) 経理事務員（職業安定業務統計　263）

| | | | 基準値及び基準値に能力・経験調整指数を乗じた値 | | | | | | |
			0年	1年	2年	3年	5年	10年	20年
1	経理事務員	通達に定める職業安定業務統計の金額	1,118	1,297	1,419	1,475	1,552	1,828	2,281
2	地域調整	大阪府（108.3）	1,211	1,405	1,537	1,598	1,681	1,980	2,471
3	地域調整	兵庫県（101.8）	1,139	1,321	1,445	1,502	1,580	1,861	2,323

（4）施設介護員（職業安定業務統計　361）

| | | | 基準値及び基準値に能力・経験調整指数を乗じた値 | | | | | | |
			0 年	1 年	2 年	3 年	5 年	10 年	20 年
1	施設介護員	通達に定める職業安定業務統計の金額	1,022	1,186	1,297	1,348	1,419	1,671	2,085
2	地域調整	大阪府（108.3）	1,107	1,285	1,405	1,460	1,537	1,810	2,259
3	地域調整	兵庫県（101.8）	1,041	1,208	1,321	1,373	1,445	1,702	2,123

（5）訪問介護員（職業安定業務統計　362）

| | | | 基準値及び基準値に能力・経験調整指数を乗じた値 | | | | | | |
			0 年	1 年	2 年	3 年	5 年	10 年	20 年
1	訪問介護員	通達に定める職業安定業務統計の金額	1,169	1,356	1,483	1,542	1,623	1,911	2,385
2	地域調整	大阪府（108.3）	1,267	1,469	1,607	1,670	1,758	2,070	2,583
3	地域調整	兵庫県（101.8）	1,191	1,381	1,510	1,570	1,653	1,946	2,428

別表2　対象従業員の基本給額

（1）システム設計技術者（職業安定業務統計　102）
  ①　派遣先事業所が大阪府の場合

等級	職務の内容	基本給額		職業安定局長通知の一般賃金額	左記の対応年数
A ランク	システム設計業務に加え、他者の管理業務も行う	1,890〜	≧	1,889	3 年
B ランク	専門的な知識を要するシステム設計業務	1,670〜		1,662	1 年
C ランク	基本的なシステム設計業務	1,440〜		1,432	0 年

② 派遣先事業所が兵庫県の場合

等級	職務の内容	基本給額		職業安定局長通知の一般賃金額	左記の対応年数
A ランク	システム設計業務に加え、他者の管理業務も行う	1,780〜	≧	1,776	3 年
B ランク	専門的な知識を要するシステム設計業務	1,570〜		1,562	1 年
C ランク	基本的なシステム設計業務	1,350〜		1,346	0 年

(2) ソフトウェア開発技術者（職業安定業務統計　104）
　① 派遣先事業所が大阪府の場合

等級	職務の内容	基本給額		職業安定局長通知の一般賃金額	左記の対応年数
A ランク	ソフトウェア開発業務に加え、他者の管理業務も行う	1,850〜	≧	1,847	3 年
B ランク	専門的な知識を要するソフトウェア開発業務	1,630〜		1,625	1 年
C ランク	基本的なソフトウェア開発業務	1,410〜		1,401	0 年

② 派遣先事業所が兵庫県の場合

等級	職務の内容	基本給額		職業安定局長通知の一般賃金額	左記の対応年数
A ランク	ソフトウェア開発業務に加え、他者の管理業務も行う	1,740〜	≧	1,736	3 年
B ランク	専門的な知識を要するソフトウェア開発業務	1,530〜		1,527	1 年
C ランク	基本的なソフトウェア開発業務	1,320〜		1,317	0 年

(3) 経理事務員（職業安定業務統計　263）
　① 派遣先事業所が大阪府の場合

等級	職務の内容	基本給額		職業安定局長通知の一般賃金額	左記の対応年数
A ランク	経理事務業務に加え、他者の管理業務も行う	1,600〜	≧	1,598	3 年
B ランク	専門的な知識を要する経理事務業務	1,410〜		1,405	1 年
C ランク	基本的な経理事務業務	1,220〜		1,211	0 年

② 派遣先事業所が兵庫県の場合

等級	職務の内容	基本給額		職業安定局長通知の一般賃金額	左記の対応年数
Aランク	経理事務業務に加え、他者の管理業務も行う	1,510〜	≧	1,502	3年
Bランク	専門的な知識を要する経理事務業務	1,330〜		1,321	1年
Cランク	基本的な経理事務業務	1,140〜		1,139	0年

(4) 施設介護員（職業安定業務統計　361）
　　① 派遣先事業所が大阪府の場合

等級	職務の内容	基本給額		職業安定局長通知の一般賃金額	左記の対応年数
Aランク	施設介護業務に加え、他者の管理業務も行う	1,460〜	≧	1,460	3年
Bランク	専門的な知識及び技能を要する施設介護業務	1,290〜		1,285	1年
Cランク	基本的な施設介護業務	1,110〜		1,107	0年

　　② 派遣先事業所が兵庫県の場合

等級	職務の内容	基本給額		職業安定局長通知の一般賃金額	左記の対応年数
Aランク	施設介護業務に加え、他者の管理業務も行う	1,380〜	≧	1,373	3年
Bランク	専門的な知識及び技能を要する施設介護業務	1,210〜		1,208	1年
Cランク	基本的な施設介護業務	1,050〜		1,041	0年

(5) 訪問介護員（職業安定業務統計　362）
　　① 派遣先事業所が大阪府の場合

等級	職務の内容	基本給額		職業安定局長通知の一般賃金額	左記の対応年数
Aランク	訪問介護業務に加え、他者の管理業務も行う	1,670〜	≧	1,670	3年
Bランク	専門的な知識及び技能を要する訪問介護業務	1,470〜		1,469	1年
Cランク	基本的な訪問介護業務	1,270〜		1,267	0年

② 派遣先事業所が兵庫県の場合

等級	職務の内容	基本給額		職業安定局長通知の一般賃金額	左記の対応年数
Aランク	訪問介護業務に加え、他者の管理業務も行う	1,570〜	≧	1,570	3年
Bランク	専門的な知識及び技能を要する訪問介護業務	1,390〜		1,381	1年
Cランク	基本的な訪問介護業務	1,200〜		1,191	0年

別表3　同種の業務に従事する一般の労働者の平均的な賃金の額（退職手当の関係）

勤続年数		3年	5年	10年	15年	20年	25年	30年	35年
支給率（月数）	自己都合退職	0.7	1.2	2.7	4.6	6.9	9.6	11.9	14.4
	会社都合退職	1.1	1.8	3.7	6.1	8.5	11.4	14.0	16.5

（資料出所）
「平成30年中小企業の賃金・退職金事情」（東京都）における退職金の支給率（モデル退職金・高校卒）に、同調査において退職手当制度があると回答した企業の割合（71.3％）をかけた数値として通達で定めたもの

別表4　対象従業員の退職手当の額

勤続年数		3年	5年	10年	15年	20年	25年	30年	35年
支給率（月数）	自己都合退職	0.7	1.2	2.7	4.6	6.9	9.6	11.9	14.4
	会社都合退職	1.1	1.8	3.7	6.1	8.5	11.4	14.0	16.5

‖∨

別表3（再掲）

勤続年数		3年	5年	10年	15年	20年	25年	30年	35年
支給率（月数）	自己都合退職	0.7	1.2	2.7	4.6	6.9	9.6	11.9	14.4
	会社都合退職	1.1	1.8	3.7	6.1	8.5	11.4	14.0	16.5

（備考）
1　同種の業務に従事する一般の労働者の平均的な賃金の額と比較するにあたっては、退職手当額は、支給総額を所定内賃金で除して算出することとする。
2　退職手当の受給に必要な最低勤続年数は3年とし、退職時の勤続年数が3年未満の場合は支給しない。

⑤　労使協定の周知

　労使協定を締結した派遣元は、次のいずれかの方法により、労使協定をその雇用する労働者に周知しなければいけません（労働者派遣法第30条の4第2項、労働者派遣法施行規則第25条の11）。

イ　書面の交付の方法

　文字どおり、労使協定を印刷して派遣元の全ての労働者（派遣労働者以外の労働者を含む）に労使協定を渡す方法です。

ロ　次のいずれかによることを労働者が希望した場合における当該方法

- ❶　ファクシミリを利用する送信の方法
- ❷　電子メール等での送信の方法

　　FAXや電子メールにて労使協定の全文を労働者に渡す方法です。ただし、この方法は労働者が希望した場合に限るため、希望していない労働者に対して一方的に送ることのないようお気を付けください。

ハ　電子計算機に備えられたファイル、磁気ディスクその他これらに準ずる物に記録し、かつ労働者が当該記録の内容を常時確認できる方法

　具体的には、例えば、労働者にログイン・パスワードを発行し、会社のホームページ等で常時確認できる方法などです。

ニ　常時、派遣元の各事業所の見やすい場所に掲示し、又は備え付ける方法（ただし、労使協定の概要については、全ての労働者に書面、FAX又は電子メール等により交付する場合に限ります）

　労使協定の概要には、少なくとも①労使協定の対象となる派遣労働者の範囲、②派遣労働者の賃金（基本給、通勤手当、退職手当等）の決定方法、③労使協定の有効期間の内容を盛り込まなければなりません。

　労使協定の概要の記載例は図表2-14のようになります。

図表2-14　労使協定の概要の記載例　　　　　　　　　　　　　　**DL可**

　　　労働者派遣法第30条の4第1項の規定に基づく労使協定　概要

- ●　対象となる派遣労働者の範囲：全ての派遣労働者
- ●　賃金の構成：基本給、調整手当、時間外労働手当、深夜労働手当、休日労働手当、通勤手当及び退職手当
- ●　賃金の決定方法

〈基本給〉

(1) システム設計技術者（職業安定業務統計　102）

　　① 派遣先事業所が大阪府の場合

等級	職務の内容	基本給額
Aランク	システム設計業務に加え、他者の管理業務も行う	1,890～
Bランク	専門的な知識を要するシステム設計業務	1,670～
Cランク	基本的なシステム設計業務	1,440～

　　② 派遣先事業所が兵庫県の場合

等級	職務の内容	基本給額
Aランク	システム設計業務に加え、他者の管理業務も行う	1,780～
Bランク	専門的な知識を要するシステム設計業務	1,570～
Cランク	基本的なシステム設計業務	1,350～

(2) ソフトウェア開発技術者（職業安定業務統計　104）

　　① 派遣先事業所が大阪府の場合

等級	職務の内容	基本給額
Aランク	ソフトウェア開発業務に加え、他者の管理業務も行う	1,850～
Bランク	専門的な知識を要するソフトウェア開発業務	1,630～
Cランク	基本的なソフトウェア開発業務	1,410～

　　② 派遣先事業所が兵庫県の場合

等級	職務の内容	基本給額
Aランク	ソフトウェア開発業務に加え、他者の管理業務も行う	1,740～
Bランク	専門的な知識を要するソフトウェア開発業務	1,530～
Cランク	基本的なソフトウェア開発業務	1,320～

(3) 経理事務員（職業安定業務統計　263）

　　① 派遣先事業所が大阪府の場合

等級	職務の内容	基本給額
Aランク	経理事務業務に加え、他者の管理業務も行う	1,600～
Bランク	専門的な知識を要する経理事務業務	1,410～
Cランク	基本的な経理事務業務	1,220～

② 派遣先事業所が兵庫県の場合

等級	職務の内容	基本給額
Aランク	経理事務業務に加え、他者の管理業務も行う	1,510〜
Bランク	専門的な知識を要する経理事務業務	1,330〜
Cランク	基本的な経理事務業務	1,140〜

（4）施設介護員（職業安定業務統計　361）
　①　派遣先事業所が大阪府の場合

等級	職務の内容	基本給額
Aランク	施設介護業務に加え、他者の管理業務も行う	1,460〜
Bランク	専門的な知識及び技能を要する施設介護業務	1,290〜
Cランク	基本的な施設介護業務	1,110〜

②　派遣先事業所が兵庫県の場合

等級	職務の内容	基本給額
Aランク	施設介護業務に加え、他者の管理業務も行う	1,380〜
Bランク	専門的な知識及び技能を要する施設介護業務	1,210〜
Cランク	基本的な施設介護業務	1,050〜

（5）訪問介護員（職業安定業務統計　362）
　①　派遣先事業所が大阪府の場合

等級	職務の内容	基本給額
Aランク	訪問介護業務に加え、他者の管理業務も行う	1,670〜
Bランク	専門的な知識及び技能を要する訪問介護業務	1,470〜
Cランク	基本的な訪問介護業務	1,270〜

②　派遣先事業所が兵庫県の場合

等級	職務の内容	基本給額
Aランク	訪問介護業務に加え、他者の管理業務も行う	1,570〜
Bランク	専門的な知識及び技能を要する訪問介護業務	1,390〜
Cランク	基本的な訪問介護業務	1,200〜

（備考）
　　半期ごとの勤務評価の結果、派遣労働者の能力の向上がみられ、より高い等級の職務を遂行する能力があると認められた場合には、その能力に応じた派遣就業の機会を提示するように努めるものとする。

〈時間外労働手当、深夜労働手当及び休日労働手当〉

　法律の定めに従って支給する。

〈通勤手当〉

・　通勤に要する費用に相当する額を支給する。公共交通機関を利用する者については、通勤定期代又は通勤に要する額のいずれか少ない方の額を、車又はバイクにて通勤する者については、1km15円×通勤距離に応じた費用を支給する。ただし、通勤経路及び方法は、最も合理的かつ経済的であると会社が認めたものに限る。

・　通勤手当の支給額は、月額 12,480 円を上限とする。

・　通勤手当は徒歩又は自転車にて通勤する者については支給しない。

〈退職手当〉

	勤続年数	3 年	5 年	10 年	15 年	20 年	25 年	30 年	35 年
支給率（月数）	自己都合退職	0.7	1.2	2.7	4.6	6.9	9.6	11.9	14.4
	会社都合退職	1.1	1.8	3.7	6.1	8.5	11.4	14.0	16.5

（備考）

1　退職手当の受給に必要な最低勤続年数は 3 年とし、退職時の勤続年数が 3 年未満の場合は支給しない。

2　退職時の基本給額に退職手当の支給月数を乗じて得た額を支給する。

● 労使協定の有効期間

　令和〇年 4 月 1 日　〜　令和〇年 3 月 31 日　までの 1 年間

令和〇年〇月〇日

株式会社〇〇〇〇　代表取締役　〇〇〇〇　㊞

労働者の過半数を代表する者　〇〇〇〇　㊞

（労働者の過半数を代表する者は立候補制による選挙を行い選出）

　労使協定の周知は、派遣労働者のみならず、派遣元で雇用する全ての労働者（正社員、パート、有期雇用労働者等）に周知しなければなりません。

⑥　労使協定の行政機関への報告

　労働者派遣法第 30 条の 4 第 1 項に規定する労使協定については、労働基準監督署への届出は不要です。

　ただし、派遣元が各都道府県労働局に、毎年 6 月 30 日までに提出する労働者派遣事業報告書に当該労使協定を添付しなければなりません（労働者派遣法施行規則第 17 条第 3 項）。

⑦　労使協定の保管期間

　派遣元は、労使協定を締結した時は、労使協定に係る書面（別表等も含む）を、その有効期間が終了した日から起算して３年を経過する日まで保管しなければなりません（労働者派遣法施行規則第25条の12）。

⑧　職業安定局長通知（令和３年度）について

　令和２年10月21日に、令和３年４月１日〜令和４年３月31日の間に適用される職業安定局長通知（以下「職業安定局長通知（令和３年度）」とする）が厚生労働省のホームページに公開されました。

　職業安定局長通知（令和３年度）の本文及び別添１〜別添４は厚生労働省「派遣労働者の同一労働同一賃金について」というホームページにて掲載されています。ご確認ください（https://www.mhlw.go.jp/stf/seisakunitsuite/bunya/0000077386_00001.html）。

　先にも述べましたが、本来、職業安定局長通知は毎年６月〜７月頃に公表され、その通知をもとに翌年の４月１日〜３月31日を有効期間とする労使協定の内容について検討するのですが、令和２年度は新型コロナウイルス感染症拡大の影響により、10月21日に遅れて公表されました。

　労使協定の作成方法については、職業安定局長通知（令和３年度）の数値をもとにこれまでに説明した方法で作成していただければ結構です。

　職業安定局長通知（令和３年度）の特徴は以下のとおりとなります。

　　イ　一般賃金額の変更（別添１、別添２の賃金額及び別添３（地域指数）の変更）
　　ロ　通勤手当の額が昨年の時給72円→時給74円に引き上げられた
　　ハ　退職金割合は前年度同様６％
　　ニ　一般賃金額等の特例適用
　　ホ　過半数代表者の選任方法

イ　一般賃金額の変更（別添１、別添２の賃金額及び別添３（地域指数）の変更）

　職業安定局長通知（令和３年度）の別添１及び別添２に示されている各職種の賃金額が、職業安定局長通知（令和２年度）の別添１及び別添２で示されている各職種の賃金額よりもほとんどの職種で上回っているため、令和３年４月１日〜令和４年３月31日を有効期間とする労使協定に記載する派遣労働者の賃金額について見直す必要があります。

職 発 1020 第 3 号
令和 2 年 10 月 20 日

各都道府県労働局長　殿

厚生労働省職業安定局長
（ 公　印　省　略 ）

令和3年度の「労働者派遣事業の適正な運営の確保及び派遣労働者の保護等
に関する法律第30条の4第1項第2号イに定める「同種の業務に従事する
一般の労働者の平均的な賃金の額」」等について

　　「労働者派遣事業の適正な運営の確保及び派遣労働者の保護等に関する法律」
（昭和60年法律第88号。以下「法」という。）により、派遣元事業主は、派遣労
働者の公正な待遇を確保するため、派遣先に雇用される通常の労働者との間の
均等・均衡待遇（法第30条の3の規定に基づき、派遣先に雇用される通常の労働
者との間で不合理な待遇の禁止等に係る措置を講ずることをいう。以下同じ。）
の確保又は一定の要件を満たす労使協定による待遇の確保（以下「労使協定方式」
という。）のいずれかの待遇決定方式により、派遣労働者の待遇を確保しなけれ
ばならないこととされている。
　　労使協定方式においては、派遣労働者の賃金の決定の方法を労使協定に定め
ることとされ、当該方法については、「派遣労働者が従事する業務と同種の業務
に従事する一般の労働者の平均的な賃金（以下「一般賃金」という。）の額とし
て厚生労働省令で定めるものと同等以上の賃金の額となるものであること」等
の要件を満たすことが必要とされている。
　　一般賃金等の取扱いについては、下記のとおりであるので、遺漏なきを期され
たい。

記

1

（出典：厚生労働省「局長通達本文（令和3年度の「労働者派遣事業の適正な運営の確保及び派遣労働者の
保護等に関する法律第30条の4第1項第2号イに定める「同種の業務に従事する一般の労働者の平均的な
賃金の額」」等について）」、https://www.mhlw.go.jp/content/000685362.pdf）

別添３の地域指数についても変更になっている地域があるので見直しが必要です。

　中には、職業安定局長通知（令和３年度）の別添１及び別添２に示されている各職種の賃金額が、職業安定局長通知（令和２年度）の別添１及び別添２で示されている各職種の賃金額よりも下回っている職種もあるのですが、この場合、令和３年４月１日〜令和４年３月31日を有効期間とする労使協定に記載する派遣労働者の賃金額を下げてもいいかというと、「労使協定方式に関するＱ＆Ａ【第３集】（令和２年10月21日公表）」の問1-1において、次のとおり記載されています。

　一般賃金の額と同等以上であれば、労働者派遣法第30条の４第１項第２号イに直ちに違反するものではないが、非正規雇用労働者の待遇改善という同一労働同一賃金の趣旨及び派遣労働者の長期的なキャリア形成に配慮した雇用管理の実施という労使協定方式の目的にかんがみて、一般賃金の額が下がったことをもって、協定対象派遣労働者の待遇を引き下げる対応は望ましくなく、見直し前の労使協定に定める協定対象派遣労働者の賃金の額を基礎として、協定対象派遣労働者の公正な待遇の確保について労使で十分に議論することが望まれるものである。

　また、派遣労働者の待遇の引き下げ等、労働条件の変更については、労働契約法の規定に従う必要があるとともに、次の点からも問題となり得ることに留意が必要である。

①　労使協定に定める昇給規定等の内容によっては、協定対象派遣労働者の待遇を引き下げることが当該昇給規定等を遵守していないことになり、法第30条の４第１項第２号ロ又は第３号に違反する可能性があること。
②　待遇を引き下げることを目的に、令和２年度の労使協定から局長通達別添１と別添２の選択を恣意的に変更することなどは認められないこと。

　要するに、「職業安定局長通知（令和３年度）の別添１又は別添２の賃金額が前年度よりも下回ったからといって、労使協定の協定対象派遣労働者の賃金額を引き下げることは場合によっては労使協定そのものが無効となる可能性があるので注意した方がいいですよ！」ということです。

ロ　通勤手当の額が昨年の時給72円→時給74円に引き上げられた

イと同じ内容ですが、通勤手当についても職業安定局長通知（令和2年度）では時給72円だったものが、職業安定局長通知（令和3年度）では時給74円に引き上げられました。

月額換算では、

・　時給72円　→　月額12,480円

（時給72円×週40時間×52週（1年間の週数）÷12ヶ月）

・　時給74円　→　月額12,827円

（時給74円×週40時間×52週÷12ヶ月

＝12,826.6667…　→　12,827円）

となるため、通勤手当の上限額を月額12,480円としている派遣元事業主の方は、月額12,827円まで引き上げる必要があります。

ハ　退職金割合は前年度同様6％

退職手当については、以下のようになっています。

・　退職金制度

「賃金事情等総合調査（中央労働委員会）」の統計数値が変更になっているため、「賃金事情等総合調査（中央労働委員会）」の数値を使って退職金制度を作成した派遣元については見直しが必要となります。

・　前払い退職手当

職業安定局長通知（令和3年度）も職業安定局長通知（令和2年度）同様6％となっています。

・　中退共への加入

職業安定局長通知（令和3年度）も職業安定局長通知（令和2年度）同様6％となっています。

二　一般賃金額等の特例適用

これは、職業安定局長通知（令和3年度）で初めて示された考え方です。

職業安定局長通知（令和3年度）の本文、第1の5の（1）には、以下のとおり記載されています。

5　現下の新型コロナウイルス感染症の感染拡大に伴う労働市場への影響等を踏まえた取扱い

（1）　取扱いの内容

現下の新型コロナウイルス感染症の感染拡大による経済・雇用への影響等がある中で、令和3年度に適用する一般賃金の額について、令和元年又は令和元年度の統計調査等を活用した数値をそのまま適用した場合には、派遣労働者の雇用への影響が懸念される。

　令和3年度に適用する一般賃金の額については、派遣労働者の雇用維持・確保の観点から、労使協定締結の当事者である労使が十分に協議できるようにすることが必要である。このため、原則として、本通知の第2の1から3までに定める方法により算出した一般賃金の額（以下(2)及び(3)において「一般賃金の額（令和3年度）」という。）を用いることとするが、派遣労働者の雇用維持・確保を図ることを目的として、(2)に定める要件を満たし労使で合意した場合には、4に定める適用日において、令和元年7月8日付け職発0708第2号における一般賃金の額（以下(2)及び(3)において「一般賃金の額（令和2年度）」という。）を用いることも可能とする。

　要するに、「新型コロナウイルスの影響で事業の継続が厳しい派遣会社もあると思います。そのような派遣会社については令和3年4月1日以降が開始期間となる労使協定については、一定の要件を満たした場合は、職業安定局長通知（令和3年度）ではなく、職業安定局長通知（令和2年度）の賃金額に基づいた労使協定を使ってもいいですよ」ということです。

　では一定の要件とは何かというと、以下の4つの要件となります。

① 派遣労働者の雇用維持・確保を図ることを目的とするものであって、その旨を労使協定に明記していること

② 労使協定を締結した事業所及び当該事業所の特定の職種・地域において、労使協定締結時点で、新型コロナウイルス感染症の感染拡大により、事業活動を示す指標（職種・地域別）が現に影響を受けており、かつ、当該影響が今後も見込まれるものであること等を具体的に示し、労使で十分に議論を行うこと。例えば、次のイからハまでを用い、議論を行うことが考えられる。

　イ　「労使協定を締結した事業所において、労使協定締結時点で、雇用調整助成金の要件（事業活動を示す指標が5％以上減少）を満たしていること」など、新型コロナウイルス感染症の感染拡大の影響による事業

　　　所全体の事業の縮小状況

　ロ　特定の職種・地域におけるこれまでの事業活動を示す指標の動向。例えば、以下のものが考えられること

　　　・　労働者派遣契約数が、令和２年１月24日以降、継続的に減少していること

　　　・　労働者派遣契約数が、対前年同月比で継続的に減少していること

　　　・　新規の労働者派遣契約数が、対前年同月比で継続的に減少していること

　ハ　ロの動向を踏まえた令和３年度中の労働者派遣契約数等への影響の見込み

③　労使協定に、一般賃金の額（令和２年度）を適用する旨及びその理由を明確に記載していること。理由については、①の目的及び②の要件で検討した指標を用いた具体的な影響等を記載することとし、主観的・抽象的な理由のみでは認められないこと。

④　①の要件に係る派遣労働者の雇用維持・確保を図るために講じる対応策、②の要件に係る事業活動を示す指標の根拠書類及び一般賃金の額（令和２年度）が適用される協定対象派遣労働者数等を、法第23条第１項及び第２項の規定に基づく事業報告書の提出時に併せて、都道府県労働局に提出すること。

要するに、

①　派遣労働者の雇用維持のためやむを得ず職業安定局長通知（令和２年度）の賃金額を基に令和３年４月１日以降の労使協定の賃金額を定めることを労使協定に記載する

②　「事業全体の売り上げが５％以上減少していること」、「〇〇職種（例えば「事務員」等）の大阪府での派遣契約数が対前年同月比で継続的に減少していること」、「上記の動向から令和３年度においても派遣契約数が前年同月比で〇〇％減少する見込みであること」等について労使で十分に議論する

③　労使協定に職業安定局長通知（令和２年度）を適用する旨及びその理由を明確に記載すること。理由については主観的・抽象的な理由の記載ではなく「〇〇職種（例えば「事務員」等）の大阪府での派遣契約数が対前年同月比で継続的に減少しており、令和３年度においても派遣契約数が前年同月

比で〇〇％減少する見込みのため」と具体的に記載すること

④ 「派遣労働者の雇用維持・確保を図るために講じる対応策」、「各職種の派遣契約数の減少等の根拠を示す書類」、「職業安定局長通知（令和２年度）が適用される協定対象派遣労働者数」等について事業報告書の提出時に併せて、各都道府県労働局に提出すること（提出方法については令和２年12月末頃に厚生労働省のホームページ等で示すとのことです（厚生労働省「労使協定方式に関するＱ＆Ａ【第３集】」問1-7より））

の全てを満たした場合は、職業安定局長通知（令和２年度）に基づいた労使協定でもいいですよ！

ということです。

　ただし、これは根拠書類により派遣契約数等が減少していることが明らかとなっている個々の職種や派遣地域ごとに適用されることになり、派遣元事業所全体の全ての職種や派遣地域で一律に適用されるわけではありません。全ての職種及び派遣地域で一律に特例を適用させるためには全ての職種及び派遣地域において継続的に派遣契約数等が減少していることを証明する必要があります（職業安定局長通知（令和３年度）の本文　第１の５の（３）参照）。

　「一般賃金額等の特例適用」の労使協定の記載例が厚生労働省のホームページ「労使協定のイメージ（※令和２年12月４日公表版）」のp17〜p21に掲載されていますのでご確認ください（厚生労働省「派遣労働者の同一労働同一賃金について」、https://www.mhlw.go.jp/stf/seisakunitsuite/bunya/0000077386_00001.html）。

ホ　過半数代表者の選任方法

　これは、職業安定局長通知（令和３年度）の本文に記載されているわけではないのですが、厚生労働省「労使協定方式に関するＱ＆Ａ【第３集】（令和２年10月21日公表）」の問1-9において過半数代表者の選任方法について記載されていたため紹介したいと思います。

【問1-9】
　労使協定を締結する過半数代表者の選出の手続において、ある労働者を過半数代表者として選出することに信任（賛成）するか否かについて、派遣元事業主（所）が全労働者に確認することとなった。その確認方法として、派遣労働者を含む全ての労働者に対してメールで通知し、メールに対する返信のない者を、メールの内容について信任（賛成）したものとみな

す取扱いは認められるか。

　また、同様の場合に、返信がない場合は信任（賛成）したものとみなす旨をメールに記載している場合は認められるか。

【答】

　過半数代表者の選出には、労働者の過半数が選任を支持していることが明確になるような民主的な手続を経ることが必要である。最終的には個別の事例ごとに判断されるものであるが、一般的には、お尋ねのような取扱いは、労働者の過半数が選任を支持していることが必ずしも明確にならないものと考えられる。例えば、返信がなかった労働者について、電話や訪問等により、直接意見を確認する等の措置を講じるべきである。

　なお、イントラネット等を用いて、労働者の意思の確認を行う場合も同様である。

　意見表明がない労働者を信任（賛成）したものとみなす取扱いは過半数代表者の選任方法が不適切として労使協定方式が無効となり、その結果遡って派遣先均等・均衡方式が適用されてしまう可能性があるのでご注意ください。

② 派遣の依頼　派遣元　派遣先

　派遣先から派遣の依頼を受けます。この際に、派遣元は自社が派遣先均等・均衡方式を採用しているのか、労使協定方式を採用しているのかということを派遣先に伝える必要があります。

　派遣先にとっては、派遣元が派遣先均等・均衡方式を採用しているのか労使協定方式を採用しているのかで、手続が大きく変わることになるからです。労使協定方式に比べ派遣先均等・均衡方式は派遣先にとってかなり煩雑な手続を要することになります。

③ 派遣登録　派遣元

　派遣先から派遣の依頼を受けた後、派遣労働者の募集をかけて応募があれば、派遣労働者の登録を行います。

①　個人情報の収集、保管及び使用

　労働者派遣法には「派遣労働者の登録を行う際には、多くの派遣元は派遣労働者となろうとする者（以下「派遣登録者」とする）から「派遣労働者登録申込書（名称は各社によって異なる）」を記載させる等によって、その者の個人情報を収集するが、その際、派遣業務の目的の達成に必要な範囲内で労働者の個人情報を収集、保管及び使用しなければならない（労働者派遣法第24条の3第1項）」と規定されています。

　要するに、「個人情報の収集・保管・使用する際は細心の注意を払いなさいよ！」ということです。

　なお、以下の個人情報は収集してはならないとされています（派遣元事業主が講ずべき措置に関する指針（以下「派遣元指針」とする）第2の11）。

イ　人種、民族、社会的身分、門地（家柄のこと）、本籍、出生地その他社会的差別の原因となるおそれのある事項

　具体的には、家族の職業、収入、本人の資産等の情報（税金、社会保険の取扱い等労務管理を適切に実施するために必要なもの及び日雇派遣の禁止の例外として認められる場合の収入要件を確認するために必要なものを除く）や容姿、スリーサイズ等差別的評価に繋がる情報。

ロ　思想及び信条

　例えば、人生観、生活信条、支持政党、購読新聞・雑誌、愛読書

ハ　労働組合への加入状況

　労働運動、学生運動、消費者運動その他社会運動に関する情報

　以前、一部の派遣元では労働者の銀行口座の暗証番号を確認していたことがあったようですが、当然、これは派遣業務の達成に必要な個人情報とは認められませんので収集してはいけません。

　「派遣労働者登録申込書」等により派遣登録者から直接個人情報を取得する場合については、当該個人情報が労働者派遣業務に利用されることが明らかであることから、個人情報の保護に関する法律（平成15年法律第57号、以下「個人情報保護法」という）第18条第4項に規定する「取得の状況からみて利用目的が明らかであると認められる場合」に該当するものとして、同条第1項及び第2項による利用目的の通知等の対象となるものではありません。

　一方、「派遣労働者登録申込書」のほかに、「アンケート調査票」等に記載さ

れた個人情報を労働者派遣業務に利用する場合にあっては、「取得の状況から
みて利用目的が明らかであると認められる場合」に該当するものではないため、
その者に対して利用目的の通知等が必要となります。

　トラブル防止等の観点からは、「派遣労働者登録申込書」、「アンケート調査
票」等、本人から直接個人情報を取得する書面には、当該書面により取得され
る個人情報の利用目的を併せて記載する等により、当該利用目的を明示するよ
うにしておくといいでしょう。

　また、個人情報保護法第23条において、個人のデータを第三者に提供する
ことについて定めていますが、労働者派遣業務においては、例えば、「派遣労
働者登録申込書」に、派遣先に提供されることとなる個人データの範囲を明ら
かにしつつ、労働者派遣に必要な範囲で個人データが派遣先に提供されること
に関する同意欄を設けること等により、派遣登録者から書面による同意をあら
かじめ得るようにすることが必要です。

②　履歴書の送付・事業所訪問

　派遣元が自社に登録している派遣登録者を派遣契約締結前の派遣先に連れて
いき、派遣先の担当者と面接させたり、派遣登録者の履歴書を本人の同意なく
勝手に派遣先に送付したりといった話をよく耳にしますが、これは労働者派遣
法に抵触します。

　派遣元指針には「派遣元事業主は、紹介予定派遣の場合を除き、派遣先によ
る派遣労働者を特定することを目的とする行為に協力してはならない（派遣元
指針第2の13の(1)）」と規定されています。

　「特定を目的とする行為」への「協力」とは、派遣先からの派遣労働者の指名
行為に応じることだけでなく、例えば、派遣先への履歴書の送付、派遣先によ
る派遣労働者の事前面接への協力等特定を目的とする行為に対する協力も全て
含まれます。

　これは、派遣元だけではなく派遣先にも「労働者派遣（紹介予定派遣を除く）
の役務の提供を受けようとする者は、労働者派遣契約の締結に際し、当該労働
者派遣契約に基づく労働者派遣に係る派遣労働者を特定することを目的とする
行為をしないよう努めなければならない（労働者派遣法第26条第6項）」と規定
されており、さらに「派遣先は、紹介予定派遣の場合を除き、派遣元事業主が
当該派遣先の指揮命令の下に就業させようとする労働者について、労働者派遣

に先立って面接すること、派遣先に対して当該労働者に係る履歴書を送付させることのほか、若年者に限ることとすること等派遣労働者を特定することを目的とする行為を行わないこと。なお、派遣労働者又は派遣労働者となろうとする者が、自らの判断の下に派遣就業開始前の事業所訪問若しくは履歴書の送付又は派遣就業期間中の履歴書の送付を行うことは、派遣先によって派遣労働者を特定することを目的とする行為が行われたことには該当せず、実施可能であるが、派遣先は、派遣元事業主又は派遣労働者若しくは派遣労働者となろうとする者に対してこれらの行為を求めないこととする等、派遣労働者を特定することを目的とする行為の禁止に触れないよう十分留意すること（派遣先が講ずべき措置に関する指針（以下「派遣先指針」とする）第2の3)」と規定されています。

　要するに、

- 　派遣労働者が希望していないにもかかわらず履歴書を派遣先に送付すること
- 　派遣労働者が希望していないにもかかわらず派遣先への事業所訪問を実施すること
- 　派遣労働者の希望の有無に関わらず派遣先での事前面接を実施すること

は、派遣労働者を特定する行為に該当し、派遣元・派遣先とも行政指導の対象となります。

　特定行為とならないようにするためには、「派遣労働者登録申込書」に「事前に派遣先への履歴書の送付を希望する」欄や「事前に派遣先への事業所訪問を希望する」欄等を設けておいて、派遣登録者にチェックしてもらい、希望する者にのみ実施する方法などが挙げられます。

　ただし、派遣労働者と派遣先との事前面接は、特定行為そのものであるため、派遣登録者の希望にかかわらず、実施した場合は行政指導の対象となります。

❹　待遇に関する事項等の説明
 （派遣労働者を雇用しようとする時）　◁派遣元▷

①　内容

　派遣登録者の登録の際に行わなければならないのが、「待遇に関する事項等の説明（派遣労働者を雇用しようとする時）」となります。

　労働者派遣法には、「派遣元事業主は、派遣労働者として雇用しようとする

労働者に対し、当該労働者を派遣労働者として雇用した場合における当該労働者の賃金の額の見込みその他の当該労働者の待遇に関する事項等を説明しなければならない（労働者派遣法第31条の2第1項)」と規定されています。

　これは、派遣労働者として就労しようとする労働者が、実際の就労時の賃金の額の見込み等を事前に把握し、安心・納得して働くことができるよう、派遣元に対し、待遇に関する事項等の説明義務を課したものです。

② 説明事項

　派遣元が派遣登録者に対し説明しなければいけない事項は次のとおりです。

イ 労働者を派遣労働者として雇用した場合における当該労働者の賃金の額の見込みその他の当該労働者の待遇に関する事項

　「賃金の額の見込み」とは、当該労働者の能力・経験・職歴・保有資格等を考慮し、当該労働者を派遣労働者として雇用した場合の現時点における賃金額の見込み額を意味します。また、「その他の当該労働者の待遇に関する事項」は、雇用保険や社会保険の加入の有無や想定される就業時間や就業日・就業場所・派遣期間、教育訓練、福利厚生等で、現時点で説明可能なものを説明すれば結構です。

ロ 事業運営に関する事項

　具体的には、派遣元事業主の会社の概要（事業内容、事業規模等）を指しており、既存のパンフレット等がある場合には、それを活用して説明すれば問題ありません。

ハ 労働者派遣に関する制度の概要

　厚生労働省で作成している派遣労働者向けのパンフレット又はそれと同等以上の内容が盛り込まれた派遣元が作成している資料を活用して説明すれば問題ありません。

ニ 均衡待遇確保のために配慮した内容

　例えば、「派遣労働者の賃金の決定にあたって派遣先から提供のあった派遣先の同種の労働者に係る賃金水準を参考にした」等の説明で問題ありません。

③ 説明方法

　待遇に関する事項等の説明（雇用しようとする時）は、説明事項のうち次のものは説明方法が決められています。

イ　賃金の見込額

　書面の交付もしくはファクシミリを利用してする送信又は電子メールの送信（ファクシミリと電子メールによる送信については派遣登録者が希望した場合に限る）により行わなければなりません。

ロ　その他の事項

　口頭や派遣元のホームページの該当箇所が掲載されているリンク先を明示するなどの方法による説明でも構いません。

　通常は、分けて説明するのも面倒なので、派遣元が「待遇に関する事項等の説明（雇用しようとする時）」というような書類を作成してそれを派遣登録者に登録の際に渡していることが多いようです。

④　書類の記載例

　「待遇に関する事項等の説明（雇用しようとする時）」の書類記載例は図表2-15のようになります。

図表2-15　待遇に関する事項等の説明（雇用しようとする時）の記載例	DL 可

> ### A 待遇に関する事項等の説明（派遣登録者の皆様へ）
>
> 　　　　　　　　　　　　　　　　　　　　○○○○株式会社　○○支店
> 　　　　　　　　　　　　　　　　　　　　（派○○-○○○○○○）
>
> ● 待遇に関する事項
> B ◇ あなたを派遣労働者として雇用した場合の賃金見込額
> 　　　月額　180,000 円　～　250,000 円
> C ◇ 想定される就業条件等について
> 　　　就業場所：○○○市、就業日：月～金曜日、就業時間：○○時～○○時
> 　◇ 労働、社会保険の加入について
> 　　　雇用保険は、週の所定労働時間が 20 時間以上あり、かつ、31 日以上の雇用見込がある場合に加入いたします。
> 　　　健康保険・厚生年金保険は、正規で働く社員のおおむね 4 分の 3 以上の労働時間に就業し、かつ、雇用契約期間が 2 ヶ月を超える場合に加入いたします。
> ● 事業運営に関する事項
> D【会社概要】

社　名	○○○○株式会社	従業員数	○○○人
設立日	昭和○○年○○月○○日	国内工場	○○ヶ所
所在地	○○市○○町○-○-○	グループ会社	○○会社、○○会社…
資本金	○千万円	取引先企業	○○会社、○○会社…
売上高	○億円	事業内容	○○業、○○製造等
経常利益	○千万円	その他	○○

● 労働者派遣制度の概要

別添、「派遣で働く皆さまへ」をご覧ください。

● 均衡待遇確保のために配慮した内容

　賃金の決定にあたっては、派遣先均等・均衡方式の場合は派遣先から提供のあった派遣先の同種の労働者に係る賃金水準を参考にし、労使協定方式の場合は職業安定局長通達で示す水準の賃金額に基づいた労使協定により決定しています。

✎ Point

Ａ　「待遇に関する事項等の説明」については、新たに派遣労働者として就業する者に対してこの書面を交付して説明していただければ結構です。

Ｂ　本人の能力・経験・経歴・保有資格等を考慮し、雇用した場合の賃金見込額を記入してください。

　　この賃金見込額については、書面の交付等による説明が必要です。

Ｃ　説明時時点において説明可能な事項を派遣労働者に説明することで差し支えありません。

Ｄ　「別添、会社パンフレットによる」と記載し、会社パンフレットを派遣労働者に渡すことでも結構です。

Ｅ　厚生労働省で作成している派遣労働者向けのパンフレット又はそれと同等以上の内容が盛り込まれた派遣元事業主で作成している資料を活用して説明することでも差し支えありません。

　　上記の「派遣で働く皆さまへ」については、厚生労働省のホームページからダウンロードできます。

⑤　書類の保管期間

　労働者派遣法上、「待遇に関する事項等の説明（雇用しようとする時）」の書類の保管期間は定められていませんが、少なくとも当該派遣期間中は必ず保管し

ておいてください。労働局の調査の際に提出を求められる場合があり、その際に提出できなければ書類不備となり指導の対象となる可能性があります。

5　抵触日通知　　派遣先

①　内容

　派遣元と派遣先との派遣契約を締結する前に行わなければならないのが、「派遣可能期間の制限に抵触する日の通知」です。

　労働者派遣法には、「新たな労働者派遣契約に基づき、期間制限の例外に該当する労働者派遣以外の労働者派遣の役務の提供を受けようとする者は、労働者派遣契約を締結するに当たり、あらかじめ、派遣元事業主に対し、当該労働者派遣の開始の日以後、派遣可能期間の制限に抵触することとなる最初の日を通知しなければならない（労働者派遣法第26条第4項）。また、派遣元事業主は当該通知がないときは、当該者との間で、労働者派遣契約を締結してはならない（労働者派遣法第26条第5項）」と規定されています。

　これは、新たな労働者派遣契約を締結する派遣元に対し、期間制限の例外に該当する労働者派遣以外の労働者派遣について事業所単位の派遣可能期間の制限に抵触することとなる最初の日を把握させ、派遣元及び派遣先の双方に派遣可能期間の制限の規定を遵守させることを目的として規定されたものです。

②　派遣可能期間の制限

　「派遣可能期間の制限」には、「派遣先事業所単位の期間制限」と「派遣労働者個人単位の期間制限」の2つの期間制限があります。

イ　派遣先事業所単位の期間制限

　派遣先事業所単位の期間制限とは、「派遣先の同一の事業所に対し派遣できる期間（派遣可能期間）は、原則、3年が限度」ということを意味します。

　では、「事業所」とはどのように考えるかというと、

- ・　工場、事務所、店舗等、場所的に独立していること
- ・　経営の単位として人事・経理・指導監督・働き方などがある程度独立していること
- ・　施設として一定期間継続するものであること

などの観点から、実態に即して判断されます。

図表2-16　派遣先事業所単位の期間制限における「事業所」の考え方

〇各支社が雇用保険の非該当承認
　を受けていない場合

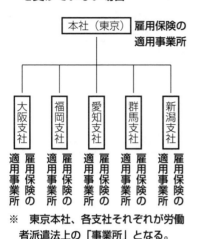

※　東京本社、各支社それぞれが労働者派遣法上の「事業所」となる。

〇各支社が雇用保険の非該当承認
　を受けている場合

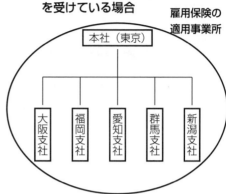

※　法人全体が労働者派遣法上の「事業所」となる。

　上記の事業所の要件は雇用保険の適用事業所の要件と同じものとなります。
　つまり、労働者派遣法における「事業所」とは、基本的には「雇用保険の適用事業所」と同じとなります。
　例えば、全国展開している派遣先の会社で、東京に本社があり、各都道府県に支社があるとします。この場合、雇用保険の適用事業所の基本的な考え方からすると各都道府県にある支社もそれぞれ雇用保険の適用事業所となるのですが、この支社が雇用保険の適用事業所の要件を満たしてないとして、「雇用保険事業所非該当承認申請書」を各ハローワークに提出して、雇用保険の適用事業所ではなくなった場合（労働保険の「継続事業の一括」手続とは別の手続）、この会社の支社の雇用保険関係は東京本社の傘下に入ることとなります（つまり、東京本社で雇用保険番号１つしかない状態をいいます）。ということは、この会社の労働者派遣法上の事業所は法人全体で１つの事業所となります（図表2-16）。
　「派遣先事業所単位の期間制限」では、上記の派遣先の事業所に派遣できる期間が３年となります。
　図表2-17をご覧ください。
　ある派遣先の大阪支社に甲派遣会社からＡさんという方が令和２年４月１

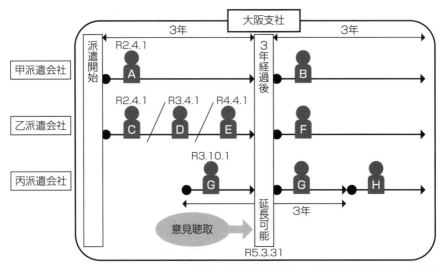

（出典：厚生労働省「平成27年労働者派遣法改正法の概要」）

日付で経理部に派遣されてきました。同じ日に乙派遣会社よりCさんという方が総務部に派遣されてきました。この派遣先の大阪支社では派遣労働者を受け入れるのはAさんとCさんが初めてでした。

　その後、総務部にCさんは1年間だけ派遣されて退職し、そのあとを引き継ぐ形でDさんが1年間、さらにそのあとEさんが1年間総務部に派遣されました。営業部には、丙派遣会社からGさんが令和3年10月1日より派遣されてきました。

　この場合、この派遣先の大阪支社に派遣できる期間はいつまでかというと、この事業所で初めて派遣労働者を受け入れた日となる令和2年4月1日から3年間、つまり令和5年3月31日までということになります。

　この「派遣先事業所単位の期間制限」とは、派遣会社を問わず、派遣された部署を問わず、その事業所で初めて派遣労働者を受け入れた日から3年間しかその事業所で派遣労働者を受け入れることはできないということになります。

　したがって、先程の図のEさんとGさんはまだ大阪支社に派遣されてから3年経過していませんが、令和5年3月31日までしか大阪支社で派遣労働者として働くことができないということになります。

　ただし、この「派遣先事業所単位の期間制限」は一定の手続を取ることによって３年を限度として延長することができます。一定の手続とは、派遣先事業所単位の期間制限に抵触する日（以下「事業所単位の抵触日」とする）の１ヶ月前までに、派遣労働者を受け入れている派遣先の事業所（雇用保険の適用事業所単位）に、労働者の過半数で組織する労働組合がある場合においてはその労働組合（以下「過半数労働組合」とする）、労働者の過半数で組織する労働組合がない場合においては労働者の過半数を代表する者（以下「過半数代表者」とする）に対し、派遣先事業所単位の期間制限を延長することについて意見を聴いて、その内容を派遣先の事業所の労働者に周知することです（あくまでも「意見を聴く」だけで結構です。過半数代表者が仮に「延長は認めない」と言っても延長できます）。また、延長後の派遣期間は３年以内であれば、１年でも２年でも自由に設定することができます。延長手続は、次の期間制限が来るたびに何度でも行うことができます。

□　派遣労働者個人単位の期間制限

　派遣労働者個人単位の期間制限とは、「同一の派遣労働者を、派遣先の事業所における同一の組織単位に対し派遣できる期間は、３年が限度」ということを意味します。

　では、「組織単位」とは何かというと、

　いわゆる「課」や「グループ」など、

　　・　業務としての類似性、関連性があり、

　　・　組織の長が業務配分、労務管理上の指揮監督権限を有する

ものとして、実態に即して判断します。

　少し説明がわかりづらいですが、要するに「○○課」をイメージしていただければ結構です。

　組織単位に該当するかどうかについては、「業務の類似性、関連性がありかつ組織の長が業務配分、労務管理上の指揮監督権限を有するものとして実態に即して判断するもの」となっていますが、例えばある派遣先の工場の３本あるラインのうちの１つのラインに派遣労働者を配属する場合の組織単位は「○○ライン」でいいかというと、その配属されるライン長が業務配分や労務管理上の指揮監督権限を独立して有している場合などは組織単位として認められますが、配属されるライン以外の仕事もさせられることがある場合などは独立した権限をそのライン長が有していないものとみなされて組織単

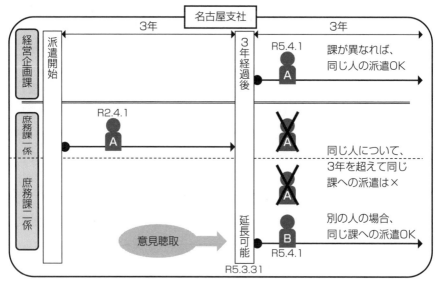

図表2-18　派遣労働者の個人単位の期間制限

名古屋支社

経営企画課

派遣開始

3年

3年経過後

R5.4.1　課が異なれば、
同じ人の派遣OK

3年

庶務課一係

R2.4.1

同じ人について、
3年を超えて同じ
課への派遣は×

庶務課二係

意見聴取

延長可能

別の人の場合、
同じ課への派遣OK
R5.4.1

R5.3.31

（出典：厚生労働省「平成27年労働者派遣法改正法の概要」）

位とは認められない可能性があります。

　先述したとおり、一般的には組織単位は「〇〇課」という場合が多く見受けられるように思います。

　図表2-18をご覧ください。

　ある派遣先の名古屋支社にAさんという方が令和2年4月1日付で庶務課1係に派遣されてきました。この派遣先の名古屋支社では派遣労働者を受け入れるのはAさんが初めてでした。先述のとおり、名古屋支社ではAさんが派遣された日（派遣開始日）から3年を経過した場合、「派遣先事業所単位の期間制限」がかかってきます。このままでは、Aさんは名古屋支社で派遣労働することができません。しかし、派遣先事業所単位の期間制限は一定の手続を踏めば3年を限度として延長することができます。名古屋支社でもこの延長手続をとり3年間、派遣先事業所単位の期間制限を延長しました。

　では、Aさんはこのままもう3年間、名古屋支社の庶務課1係で派遣労働者として働くことができるのかというと、今度は「同一の派遣労働者を、派遣先の事業所における同一の組織単位に対し派遣できる期間は、3年が限度」という「派遣労働者個人単位の期間制限」がかかり、Aさんは、庶務課

1係で働き続けることができません。

　派遣会社は他の派遣先（別の派遣先）をＡさんに紹介しようとするも、Ａさんから「このまま名古屋支社で働き続けたい」という希望を聞きました。たまたま、この名古屋支社では庶務課２係でも派遣労働者を募集していたため派遣会社は庶務課２係にＡさんを派遣しようと考えましたが、庶務課１係と庶務課２係は、係は分かれているものの、１係の係長と２係の係長はそれぞれ、業務配分や労務管理上の指揮監督権限を独立して有しておらず、その権限は庶務課長が持っていたため、庶務課１係と庶務課２係は独立した組織単位とは認められず（この場合の組織単位は「庶務課」ということになります）、「派遣労働者個人単位の期間制限」に抵触することとなるため、庶務課２係への派遣はできませんでした。

　しかし、名古屋支社では経営企画課でも派遣労働者を受け入れたいと考えていたため、派遣会社はＡさんを業務としての類似性や関連性がなく、組織の長（この場合、経営企画課長のこと）が業務配分、労務管理上の指揮監督権限を独立して有する経営企画課に、また３年を限度として派遣することができました。

　そして、Ａさんがいた庶務課にはＢさんを、３年を限度として派遣することになりました。

　「派遣先事業所単位の期間制限」と「派遣労働者個人単位の期間制限」とは上記のような関係となります。

　ちなみに、「派遣先事業所単位の期間制限」は３年を限度として更新すること（３年を迎える都度、手続を取れば何度でも更新は可能）ができますが、「派遣労働者個人単位の期間制限」は更新することはできません。

八　期間制限の例外

　上記のとおり、有期雇用の派遣労働者（3ヶ月や6ヶ月など期間を定めて雇用契約を締結した派遣労働者を派遣する場合のことをいいます）を派遣する場合は「派遣先事業所単位の期間制限」と「派遣労働者個人単位の期間制限」の両方がかかってくるのですが、次の❶〜❻の場合は、「派遣先事業所単位の期間制限」及び「派遣労働者個人単位の期間制限」のどちらも対象となりません（派遣先事業所単位の期間制限については、派遣先の事業所に受け入れている派遣労働者の全てが❶〜❻のいずれかに該当している場合は派遣先事業所単位の期間制限はかかりませんが、１人でも❶〜❻のいずれにも該当しない派遣労働者がいた場合は

派遣先事業所単位の期間制限がかかってくることになります）。

❶　派遣労働者が無期雇用労働者の場合

❷　派遣労働者が 60 歳以上の場合

❸　事業の開始、転換、拡大、縮小又は廃止のための業務であって一定の
期間内に完了することが予定されているもの（以下「有期プロジェクト
業務」という）に派遣される場合

　事業の開始、転換、拡大、縮小又は廃止の業務にかかる有期プロジェク
ト業務であることが要件となるため、建設会社が行う「新規建設プロジェ
クト業務」やIT企業が行う「新規ソフトウェア開発プロジェクト」などは
基本的には該当しません。「事業を廃止するための廃止プロジェクトチー
ムへの派遣」などがこれに該当します（有期プロジェクト業務に該当する業務
はかなり限られます）。

❹　派遣労働者の従事する業務の 1 ヶ月間に行われる日数が、当該派遣就
業に係る派遣先に直接雇用される正社員の 1 ヶ月間の所定労働日数に比
し相当程度少なく、かつ、月 10 日以下である業務（以下「日数限定業
務」とする）に派遣される場合

　日数限定業務に該当するためには、その業務が、派遣先の正社員の1ヶ
月間の所定労働日数の半分以下、かつ、月10日以下しか行われない業務
であることが要件となります。日数限定業務に該当する業務としては、例
えば、「書店の棚卸業務」や、「土日のみに行われる住宅展示場のコンパニ
オン業務」などがこれに該当します（有期プロジェクト業務同様、日数限定業
務も該当する業務はかなり限られます）。

❺　派遣先の直接雇用の労働者が産前産後休業及び育児休業、並びに産前
休業に先行し、又は産後休業もしくは育児休業に後続する休業であって、
母性保護又は子の養育をするための休業をする場合（以下「育児休業
等」とする）における当該労働者の業務について派遣労働者を派遣する
場合

　これはあくまでも「派遣先の直接雇用の労働者」が育児休業等をするた
め、その代わりに派遣労働者をその業務に派遣する場合に該当するので
あって、今、派遣先に派遣されている派遣労働者が育児休業等をするため、
その代わりに違う派遣労働者を派遣する場合はこれには該当しません。

❻　派遣先の直接雇用の労働者が介護休業及び介護休業に後続する休業で

あって、育児・介護休業法第2条第4号に規定する対象家族を介護する
ためにする休業をする場合（以下「介護休業等」とする）における当該
労働者の業務について派遣労働者を派遣する場合

この場合も❺同様、「派遣先の直接雇用の労働者」が介護休業等をする
ため、その代わりに派遣労働者をその業務に派遣する場合に該当するので
あって、今、派遣先に派遣されている派遣労働者が介護休業等をするため、
その代わりに違う派遣労働者を派遣する場合はこれには該当しません。

二　期間制限のクーリング期間

有期雇用労働者を派遣労働者として派遣した場合は、期間制限の例外の❶
～❻のいずれかに該当しない場合は、「派遣先事業所単位の期間制限」及び
「派遣労働者個人単位の期間制限」の両方ともがかかってきます。

しかし、有期雇用労働者が3ヶ月超の間（具体的には、「3ヶ月＋1日以上」と
なります）、その派遣先の事業所に派遣されていない場合には、「派遣先事業
所単位の期間制限」及び「派遣労働者個人単位の期間制限」ともいったんリ

図表2-19	クーリング期間

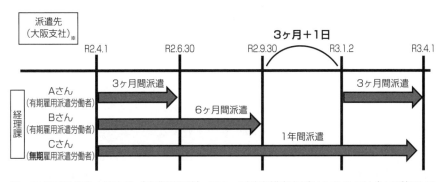

※　この派遣先の大阪支社（事業所単位）では、派遣労働者を受け入れるのは今回が初めて
　　となる場合

・　この派遣先の大阪支社の「派遣先事業所単位の期間制限」は通常であれば、令和2年4
　月1日が派遣開始日となるため、3年を経過する日の令和5年3月31日まで派遣させるこ
　とができますが、令和2年10月1日～令和3年1月1日の「3ヶ月＋1日」の間、有期雇用
　の派遣労働者が1人もいなかったため、クーリング期間が適用され、この派遣先の大阪支
　社の「派遣先事業所単位の期間制限」は、令和3年1月2日が派遣開始日となり、その3
　年を経過する日の令和6年1月1日まで派遣させることができます。（無期雇用派遣労働者
　が派遣されている期間は、「派遣先事業所単位の期間制限」には一切影響しません）。

・　また、Aさんの「派遣労働者個人単位の期間制限」もクーリング期間が適用されるた
　め、同じく令和6年1月1日まで派遣させることができることとなります。

セットされることになり、また、改めて派遣された日から3年間派遣することができます（これを「クーリング期間」といいます）。

　ただし、「派遣先事業所単位の期間制限」については、派遣先の事業所に受け入れている有期雇用の派遣労働者の全員が派遣されていないことが必要であり、有期雇用の派遣労働者が1人でもその派遣先の事業所に派遣されている場合は、クーリング期間は適用されません（図表2-19）。また、派遣可能期間の延長手続を回避することを目的として故意にクーリング期間を設けた場合は、法の趣旨に反するため、労働局から指導を受ける可能性があります。

③　抵触日通知の通知内容

　派遣先から派遣元への抵触日通知において通知する内容は「派遣先事業所単位の期間制限に抵触することとなる日」を通知します。

　よく「派遣先事業所単位の期間制限の日」を通知すると勘違いされている方もいますが、通知する内容は「派遣先事業所単位の期間制限に抵触することとなる日」、つまり「派遣先事業所に派遣労働者を派遣できる最後の日の翌日」を通知することとなります。

　例えば、令和2年4月1日から有期雇用派遣労働者を派遣先が受け入れたのであれば、抵触日通知には「令和5年4月1日」と記載します。「令和5年3月31日」ではないのでお気をつけください。

　覚え方としては、有期雇用派遣労働者の受け入れ開始日が「令和2年4月1日」であれば、それに3年を足した日（この場合は「令和2年4月1日＋3年＝令和5年4月1日」）と覚えておくとわかりやすいでしょう。

④　通知方法

　抵触日通知は、派遣元と派遣先が派遣契約を締結する前に、派遣先から派遣元に対し、書面の交付もしくはファクシミリを利用して送信する方法又は電子メール等の送信により行わなければなりません（労働者派遣法施行規則第24条の2）。

　また、抵触日通知は新規に派遣契約を締結する場合のみならず、派遣契約を更新する場合も毎回通知をしなければいけません。

　もし、抵触日通知を行っていないにもかかわらず派遣契約を締結（更新）した場合は、法に抵触することとなり派遣元は行政指導の対象となります。

⑤ 書類の記載例

抵触日通知の記載例は図表 2-20 のようになります。

図表2-20 抵触日通知の記載例   **DL可**

令和○○年○○月○○日

（派遣元）

○○○○株式会社　御中

（派遣先）

株式会社△△△△△

○○○課○○○課長　氏名　□□　□□

派遣可能期間の制限（事業所単位の期間制限）に抵触する日の通知

　労働者派遣法第 26 条第 4 項に基づき、派遣可能期間の制限（事業所単位の期間制限）に抵触することとなる最初の日（以下、「抵触日」という。）を通知します。

記

1 労働者派遣の役務の提供を受ける事業所その他就業場所

　　① 事業所名：株式会社△△△△△　大阪支店

　　② 事業所の所在地：大阪市○○区○○　○-○-○

　　③ 実際に派遣労働者が就業する場所：

　　　　・株式会社△△△△△　大阪支店　茨木営業所

　　　　　大阪府茨木市○○町○丁目○-○

2 上記事業所の抵触日

　　令和 5 年 4 月 1 日

🖉 Point

Ⓐ 派遣元への宛名の記載は本社名でも派遣する事業所名でも可

Ⓑ 派遣先の通知元の記載は本社名でも派遣労働者を受け入れる事業所名でも可

Ｃ 「労働者派遣の役務の提供を受ける事業所その他就業場所」には、以下の
事項を記載します。

① 事業所名

事業所単位の期間制限の対象となる事業所名を記載すること。つまり、
基本的には、雇用保険の適用事業所番号を持っている事業所名を記載す
ることとなります。

② 事業所の所在地

①に記載した事業所の所在地を記載すること。

③ 実際に派遣労働者が就業する場所

実際に派遣労働者が就業する場所が①の事業所の傘下の店舗や営業所に
派遣する場合はその実際の就業場所の名称と所在地を記載すること。

⑥ 書類の保管期間

労働者派遣法上、「抵触日通知」の書類の保管期間は定められていませんが、
少なくとも当該派遣期間中は必ず保管しておいてください。労働局の調査の際
に提出を求められる場合があり、その際に提出できなければ書類不備となり指
導の対象となる可能性があります。

⑥ 比較対象労働者の待遇等に関する情報の提供 ◀派遣先

2020 年 4 月 1 日派遣法改正に伴い新規に追加

① 内容

派遣元と派遣先との派遣契約を締結する前に「派遣可能期間の制限に抵触す
る日の通知」以外にもう一つ行わなければならないのが、「比較対象労働者の
待遇等に関する情報の提供」です。

労働者派遣法には「労働者派遣の役務の提供を受けようとする者は、労働者
派遣契約を締結するに当たり、あらかじめ、派遣元事業主に対し、当該労働者
派遣に係る派遣労働者が従事する業務ごとに、比較対象労働者の賃金その他の
待遇等に関する情報を提供しなければならない (労働者派遣法第 26 条第 7 項)。
また、派遣元事業主は、労働者派遣の役務の提供を受けようとする者から、当
該情報提供がないときは、当該者との間で、労働者派遣契約を締結してはなら
ない (労働者派遣法第 26 条第 9 項)」と規定されています。

要するに「派遣契約を締結する前に派遣先は派遣元に対して、今回派遣される派遣労働者の業務の内容や責任の程度等に一番近い派遣先で直接雇用する正社員の賃金等の詳細な情報を渡しなさいよ。その情報を渡すまで派遣契約を締結してはいけませんよ」ということです。

　これは本章の冒頭でもお話ししましたが、派遣労働者については、今まで、派遣先の正社員との賃金等の待遇について格差が見られたため、同一労働同一賃金の観点から、派遣労働者という立場で働こうが派遣先の正社員という立場で働こうが仕事内容や責任の程度等に応じて賃金額等の待遇が決定される仕組みとなるように、派遣契約を締結する前（派遣契約の更新も含む）に、派遣先で直接雇用される正社員の詳細な賃金等の情報（基本給や賞与、各種手当の金額やその金額を決定するにあたって考慮した事項等の情報）について、派遣先から派遣元に情報を提供し、その情報を基に派遣元は派遣労働者の賃金を決定することによって派遣労働者と派遣先で直接雇用される正社員との賃金等の待遇について格差を解消するため、この規定が義務付けられました。

②　比較対象労働者
イ　比較対象労働者とは

　比較対象労働者とは、派遣先に雇用される「通常の労働者」であって、その「業務の内容」及び「当該業務に伴う責任の程度」（2つあわせて「職務の内容」という）並びに「当該職務の内容及び配置の変更の範囲」が、当該労働者派遣に係る派遣労働者と同一であると見込まれるものその他の当該派遣労働者と待遇を比較すべき労働者として厚生労働省令で定めるものをいいます（労働者派遣法第26条第8項）。

　「通常の労働者」とは、①正規型の労働者（つまり「正社員」）及び②無期雇用フルタイム労働者のことをいいます。

　「職務の内容」とは、「業務の内容」及び「当該業務に伴う責任の程度」のことをいいます。

　「業務の内容」とは、職種及びその職種の中核的業務（「中核的業務」とはその職種の一番主となる業務）をいいます。

　「当該業務に伴う責任の程度」とは、業務に伴って行使するものとして付与されている権限の範囲・程度等をいいます。

　責任の程度は具体的には、以下の①～⑤のことを指します。

① 授権されている権限の範囲

　　例えば、単独で契約締結可能な金額の範囲、管理する部下の数、決裁権限の範囲等を指します。

② 業務の成果について求められる役割

③ トラブル発生時や臨時・緊急時に求められる対応の程度

④ ノルマ等の成果への期待の程度

⑤ 上記の事項の補助的指標として所定外労働の有無及び頻度

「当該職務の内容及び配置の変更の範囲」とは、「職務の内容の変更」と「配置の変更」に分けられます。

「職務の内容の変更」とは、人事異動又は業務命令による職務内容の変更を意味します。例えば、係長から課長への昇格に伴う仕事内容の変更や業務命令による仕事内容の変更（例えば、今まで総務課にて備品管理の仕事をしていたが、業務命令により施設管理の仕事を担当することとなった場合等）等がこれに該当します。

「配置の変更」とは、人事異動等によるポスト間の異動を意味し、具体的には転勤等がこれに該当します。

要するに、「比較対象労働者」とは、

『派遣契約に基づいて派遣元から派遣された派遣労働者の派遣先での

　　① 業務内容

　　② 責任の程度

　　③ 人事異動の範囲

　　④ 転勤の範囲

が最も近い派遣先で直接雇用されている正社員等』

のことを指します。

□　比較対象労働者の選定方法

　では、比較対象労働者をどのように選定していくかというと、次の方法により選定していきます（図表 2-21 参照）。

❶ 派遣労働者の「業務の内容」「責任の程度」「人事異動の範囲」「転勤の範囲」の全てが同一である派遣先の正社員等

❷ ❶に該当する者がいない場合は派遣労働者の「業務の内容」及び「責任の程度」が同一である派遣先の正社員等

❸ ❶及び❷に該当する者がいない場合は派遣労働者の「業務の内容」又

図表2-21 比較対象労働者の選定方法

❶ 当該派遣契約における派遣労働者の「業務の内容」※1、「責任の程度」※2、「人事異動の範囲」※3、「転勤の範囲」※4の全てが同じ派遣先の正社員等※5

 いる → その正社員等を比較対象労働者とする

※1 「業務の内容」とは「職種」及び「その職種の中核的業務」をいいます。
※2 「責任の程度」とは「与えられている売上目標や権限の範囲等」をいいます。
※3 「人事異動の範囲」とは「配置換えの範囲や昇格・昇給の範囲」をいいます。
※4 「転勤の範囲」とは「転勤の可能性のある地域の範囲」をいいます。
※5 「正社員等」とは「正社員」及び「無期雇用のフルタイム労働者」をいいます。

 いない

❷ ❶に該当する者がいない場合は派遣労働者の「業務の内容」及び「責任の程度」が同じ派遣先の正社員等

 いる → その正社員等を比較対象労働者とする

 いない

❸ ❶及び❷に該当する者がいない場合は派遣労働者の「業務の内容」又は「責任の程度」のいずれかが同一の派遣先の正社員等

 いる → その正社員等を比較対象労働者とする

 いない

❹ ❶～❸に該当する者がいない場合は派遣労働者の「人事異動の範囲」及び「転勤の範囲」が同じ派遣先の正社員等

 いる → その正社員等を比較対象労働者とする

 いない

❺ ❶～❹に該当する者がいない場合は、❶～❹のいずれかの要件に該当する派遣先の「パートタイム労働者」又は「有期雇用労働者」※6

 いる → その「パートタイム労働者」又は「有期雇用労働者」を比較対象労働者とする

※6 ❺の場合はその「パートタイム労働者」又は「有期雇用労働者」の賃金額等がその派遣先の正社員の賃金額等と比較して整合性が図られているものでなければいけません。

 いない

❻ ❶～❺に該当する者がいない場合は、当該派遣労働者と同一の「業務内容」及び「責任の程度」の業務に従事させる正社員を派遣先が新たに雇い入れたと仮定した場合におけるその派遣先の正社員等※7

 いる → その「仮想の正社員等」を比較対象労働者とする

※7 ❻の者については就業規則に規定されており、かつ、今現在派遣先で雇用されている正社員と賃金等の待遇について整合性が図られているものに限ります。

は「責任の程度」のいずれかが同一である派遣先の正社員等

❹　❶～❸に該当する者がいない場合は派遣労働者の「人事異動の範囲」及び「転勤の範囲」が同一である派遣先の正社員等

❺　❶～❹に該当する者がいない場合は、❶～❹のいずれかの要件に該当する派遣先のパートタイム労働者又は有期雇用労働者（ただし、これらのパートタイム労働者又は有期雇用労働者ついては、派遣先の正社員と賃金額等の待遇に関して整合性が図られている者に限ります）

❻　❶～❺に該当する者がいない場合は、当該派遣労働者と同一の「業務内容」及び「責任の程度」の業務に従事させる正社員を派遣先が新たに雇い入れたと仮定した場合における派遣先の正社員等（これを「仮想の通常の労働者」という。ただし、この仮想の通常の労働者については就業規則に規定されており、かつ、今現在派遣先で雇用されている正社員と賃金等の待遇について整合性が図られている者に限ります）

③　情報提供の内容

　2020年4月1日に、労働者派遣法が改正されましたが、派遣契約書（個別契約書）の内容についても以下の2つの項目を追加で記載することが義務付けられました。

　①　派遣労働者が従事する業務に伴う責任の程度

　②　労使協定方式の対象となる派遣労働者に限るか否か

　派遣契約書（個別契約書）の詳細な説明は後述しますが、②の「労使協定方式の対象となる派遣労働者に限るか否か」という項目では、文字どおり派遣労働者を労使協定方式の対象となる派遣労働者に限定するかしないかについて記載します。ここを「限定する」とするか「限定しない」とするかによって、比較対象労働者の待遇等に関する情報の提供の内容も異なってきます。

　イ　派遣労働者を労使協定方式の対象となる派遣労働者に限定する場合

　　派遣労働者を労使協定方式の対象となる派遣労働者に限定する場合は、以下の項目について派遣先から派遣元に「比較対象労働者の待遇等に関する情報の提供」を行います。

　❶　派遣先が当該派遣契約における業務内容に係る教育訓練を派遣先の直接雇用の労働者に実施しているか否か及び実施している場合はその具体的な内容

> **派遣先が教育訓練を実施している場合の記載例**
>
> ・ 教育訓練：制度あり
>   内容：接客に従事する場合には、6ヶ月に1回、希望者に対し、接客に関する基礎教育訓練を実施

> **派遣先が教育訓練を実施していない場合の記載例**
>
> ・ 教育訓練：制度なし
>   内容：（記載不要）

❷ 派遣先が派遣先に直接雇用されている労働者に対して利用させている給食施設・休憩室・更衣室について、それぞれの利用の機会の付与の有無及び利用時間等の具体的な内容

> **記載例**
>
> ・ 食堂：施設なし
> ・ 休憩室：施設あり
>   利用時間：9時〜20時（全従業員共通）
> ・ 更衣室：施設あり
>   利用時間：9時〜20時（全従業員共通）

□ 派遣労働者を労使協定方式の対象となる派遣労働者に限定しない場合

派遣労働者を労使協定方式の対象となる派遣労働者に限定しない場合は、以下の項目について派遣先から派遣元に「比較対象労働者の待遇等に関する情報の提供」を行います。

❶ 比較対象労働者の「職務の内容」、「職務の内容及び配置の変更の範囲」並びに「雇用形態」

「職務の内容」及び「職務の内容及び配置の変更の範囲」とは先程説明したとおりです（本章2❻②イ参照）。

「雇用形態」とは、通常の労働者、短時間労働者、有期雇用労働者又は仮

想の通常の労働者のことをいいます。比較対象労働者がこれらのどの雇用
形態に該当するか、これと併せて雇用期間（期間の定めのある労働契約を更
新している有期雇用労働者にあっては、一番初めに雇用契約を締結した時からの通
算した雇用期間をいいます）を提供する必要があります。

記載例

(1) 業務の内容

　① 職種：衣服・身の回り品販売店員　〈厚生労働省編職業細分類 323-
　　 04〉

　② 中核的業務：品出し、レジ、接客

　③ その他の業務：クレーム対応

(2) 責任の程度

　① 権限の範囲：副リーダー（◇等級中◇等級）

　　　　　　　　　　　　　（仕入れにおける契約権限なし、部下 2 名）

　② トラブル・緊急対応：リーダー不在である間の週 1 回程度対応

　③ 成果への期待・役割：個人単位で月の売上げ目標 30 万円

　④ 所定外労働：週 2 回、計 5 時間程度（品出しのため）

(3) 職務の内容及び配置の変更の範囲

　① 職務の内容の変更の範囲：他の服飾品の販売に従事する可能性あり

　② 配置の変更の範囲：2〜3 年に 1 回程度、転居を伴わない範囲で人事
　　 異動あり

(4) 雇用形態

　　例 1：正社員（年間所定労働時間 2085 時間）

　　例 2：有期雇用労働者（年間所定労働時間 2085 時間、通算雇用期間 1 年 3 ヶ
　　　　　月）

　　例 3：仮想の通常の労働者（年間所定労働時間 2085 時間）

---

❷　比較対象労働者を選定した理由

　次に掲げる事項について情報提供します。

　㋑　本章 2 **❻**②□**❶**〜**❻**までの比較対象労働者の選定方法のうち選択し
　た比較対象労働者の分類とその理由

　㋺　比較対象労働者としてどういう者であるか

例えば本章2⑥②□❶～❻までの手順に従って比較対象労働者を選定
したところ、1人の労働者しか該当しなければ1人の労働者であることを
情報提供し、複数の労働者が該当したのであれば複数の労働者であること
を情報提供することになります。

比較対象労働者が一人の場合の記載例

- 比較対象労働者：業務の内容が同一である通常の労働者（該当する10
  名中の1名）
- 理由：受け入れようとする派遣労働者と職務の内容及び配置の変更の
  範囲又は職務の内容が同一である通常の労働者はいないが、業務の
  内容が同一である通常の労働者がいるため。

比較対象労働者が複数の場合の記載例

- 比較対象労働者：業務の内容が同一である通常の労働者（該当する6名）
- 理由：受け入れようとする派遣労働者と職務の内容及び配置の変更の
  範囲又は職務の内容が同一である通常の労働者はいないが、業務の
  内容が同一である通常の労働者がいるため。

❸　比較対象労働者の待遇のそれぞれの内容（昇給、賞与その他の主な待
　　遇がない場合には、その旨を含む）

　比較対象労働者の個別具体的な待遇の内容を記載します。例えば、賃金
であればその額、教育訓練であればその実施状況等を記載することになり
ます。

記載例

- 基本給：20万円／月
- 賞与：40万円／年
- 役職手当：2万円／月
- 精皆勤手当：制度なし
- 通勤手当：2万円／月
- 食事手当：制度なし
- 更衣室：利用可

- 休憩室：施設なし
- 慶弔休暇：10日／年
- 教育訓練：接客に関する訓練
- 退職手当：制度なし

❹ **比較対象労働者の待遇のそれぞれの性質及び当該待遇を行う目的**

基本給や手当のほかそれぞれの待遇の具体的な性質や目的を記載してください。

記載例

- 基本給：・労働に対する基本的な対償として支払われるもの
  - ・労働者の能力の向上のための努力を促進する目的
  - ・長期勤続を奨励する目的
- 賞与：会社の利益を分配することによって、社員の士気を高める目的
- 役職手当：・一般社員にはない特別な責任と役割に応じて支給される
  もの
  - ・一定の責任と役割の履行を促進する目的
- 通勤手当：通勤に要する交通費を補填する目的
- 更衣室：業務の円滑な遂行に資する目的
- 慶弔休暇：冠婚葬祭への参加を促進することで就業継続や業務能率の
  向上を図る目的
- 教育訓練：職務の遂行に必要な技能又は知識を習得する目的

❺ **比較対象労働者の待遇のそれぞれについて、職務の内容、当該職務の
内容及び配置の変更の範囲その他の事情のうち、当該待遇に係る決定を
するにあたって考慮したもの**

待遇を決定するにあたって考慮した具体的な内容を記載してください。

記載例

- 基本給：・能力、経験、勤続年数を考慮
  - ・能力・経験：定型的な販売業務の処理、クレーム対応が可
    能

　　　　　　　・勤続年数：1年目（入社後4ヶ月）
・　賞与：・基本給額、支給月数により算定
　　　　　・個人業績に係る評価を考慮
　　　　　・個人業績：B評価（「特に優秀」、「優秀」、「普通」の三段階評価の中評価）
・役職手当：・責任の程度を考慮
　　　　　　・役職：副リーダー
・通勤手当：通勤距離を考慮
・更衣室：・就業する事業所に更衣室があるか否かを考慮し、更衣室がある場合には利用の機会を付与
　　　　　・就業する事業所：A支店（更衣室有）
・慶弔休暇：・勤続年数を考慮
　　　　　　・勤続1年以上の者に一律10日／年付与
・教育訓練：・業務の内容を考慮
　　　　　　・接客に従事する場合には、6ヶ月に1回、希望者に限り、接客に関する基礎を習得するための教育訓練を実施

④　情報提供の方法

　比較対象労働者の待遇に関する情報提供については、**労働者派遣契約（個別契約）を締結する前に**、派遣先から派遣元に対して、書面の交付もしくはファクシミリをしてする送信又は電子メール等の送信をすることにより行わなければなりません（労働者派遣法施行規則第24条の3第1項）。

　また、**比較対象労働者の待遇に関する情報提供は新規に派遣契約を締結する場合のみならず、派遣契約を更新する場合も毎回通知をしなければなりません。**

　仮に、派遣先が比較対象労働者の待遇に関する情報提供を
・しなかった場合
・虚偽の情報を提供した場合
は、法に抵触することとなり**派遣先は行政指導の対象となります**（労働者派遣法第49条の2第1項）。

　派遣先が管轄の労働局から上記の行政指導を受けたにもかかわらずそれに従わなかった場合にはその旨を公表される可能性があります（労働者派遣法第49

条の２第２項）。

⑤　書類の記載例

「比較対象労働者の待遇に関する情報提供」の記載例は図表 2-22、2-23 のようになります。

| 図表2-22 | 派遣労働者を協定対象派遣労働者に限定する場合の記載例 | DL 可 |

令和○年○月○日

（派遣元）
○○○○株式会社　御中

（派遣先）
株式会社△△△△
役職：総務部長
氏名：□□　□□

比較対象労働者の待遇等に関する情報提供
（派遣労働者を協定対象派遣労働者に限定する場合）
【法 26 条第 7 項】

　労働者派遣事業の適正な運営の確保及び派遣労働者の保護等に関する法律第 26 条第 7 項に基づき、労働者派遣事業の適正な運営の確保及び派遣労働者の保護等に関する法律施行規則第 24 条の 4 第 2 号に定める待遇等に関する情報を下記のとおり情報提供いたします。

Ⓐ 待遇のそれぞれの内容

| （待遇の種類） |
| （待遇の内容） |

| ①　食堂：施設有 |
| ・利用可
・利用時間：12 時〜13 時（全従業員共通） |

| ②　休憩室：施設有 |
| ・利用可
・利用時間：12 時〜13 時（全従業員共通） |

③　更衣室：施設有
・就業する事業所に更衣室がある場合には、利用可

④　教育訓練：制度有
・接客に従事する場合には、6ヶ月に1回、希望者に対し、接客に関する基礎を習得するための教育訓練を実施

（注）労働者派遣が終了した日から3年間保管すること

 Point

A 個々の待遇に係る制度がない場合には、制度がない旨を情報提供することが必要（「施設なし」など）です。

制度がない場合には、表形式ではなく、制度がない個々の待遇をまとめて記載することでも差し支えありません。

〈制度がない旨の記載例〉

　　○○及び○○については、制度がないため、支給等していない。

提供すべき情報が形式的に不足していた場合、虚偽の情報を提供した場合等については、労働者派遣法第26条第7項違反として、派遣先（労働者派遣の役務の提供を受ける者）が指導・勧告及び公表の対象となる場合があるため、正確な情報を提供するようにしてください。

図表2-23　派遣労働者を協定対象派遣労働者に限定しない場合の記載例　　DL可

令和○年○月○日

（派遣元）
○○○○株式会社　御中

（派遣先）
株式会社△△△△
役職：総務部長
氏名：□□　□□

比較対象労働者の待遇等に関する情報提供
（派遣労働者を協定対象派遣労働者に限定しない場合）

【法26条第7項】

　労働者派遣事業の適正な運営の確保及び派遣労働者の保護等に関する法律第26条第7項に基づき、比較対象労働者の待遇等に関する情報を下記のとおり情報提供いたします。

1．比較対象労働者の職務の内容（業務の内容及び責任の程度）、当該職務の内容及び配置の変更の範囲並びに雇用形態【則第24条の4第1号イ関係】

　(1)　業務の内容

A	①　職種：衣服・身の回り品販売店員【厚生労働省編職業分類　細分類323-04】
B	②　中核的業務：品出し、レジ、接客
C	③　その他の業務：クレーム対応

　(2)　責任の程度

	①　権限の範囲： 　　役職名：副リーダー 　　単独で契約締結可能な金額の範囲：特になし 　　管理する部下の数：2名 　　決裁権限の範囲：特になし
D	②　トラブル・緊急対応：リーダー不在である間の週1回程度対応
E	③　成果への期待・役割：個人単位で月の売上目標30万円
F	④　所定外労働の有無及び頻度：所定外労働あり（週2回、計5時間程度（品出しのため））
G	⑤　その他：

　(3)　職務の内容及び配置の変更の範囲

	①　転勤の有無：転勤あり
H	②　転勤の範囲：全国転勤の可能性あり
I	③　職務の内容・配置の変更の有無：あり
	④　職務の内容・配置の変更の範囲：全ての職種への変更及び昇進の可能性あり

　(4)　雇用形態

J	正社員（年間所定労働時間〇〇〇〇時間）

2．比較対象労働者を選定した理由　【則第24条の4第1号ロ関係】
　　・比較対象労働者の分類：業務の内容が同一である通常の労働者

128

__K__ ・比較対象労働者の区分等：該当する 10 名中の 1 名

・上記の比較対象労働者を選定した理由：

受け入れようとする派遣労働者と「職務の内容及び配置の変更の範囲」又は「職務の内容」が同一である通常の労働者はいないが、「業務の内容」が同一である通常の労働者がいるため

〈参考：チェックリスト〉

比較対象労働者（次の①〜⑥の優先順位により選出）	対象者の有無（○ or ×）
① 【職務の内容】並びに【職務の内容及び配置の変更の範囲】が派遣労働者と同一であると見込まれる通常の労働者	×
② 【職務の内容】が派遣労働者と同一であると見込まれる通常の労働者	×
③ 【業務の内容】又は【責任の程度】のいずれかが派遣労働者と同一であると見込まれる通常の労働者	○
④ 【職務の内容及び配置の変更の範囲】が派遣労働者と同一であると見込まれる通常の労働者	―
⑤ ①〜④までに相当する【短時間労働者】又は【有期雇用労働者】 ※ 派遣先の通常の労働者との間で短時間・有期雇用労働法等に基づく均衡が確保されている者に限る。	―
⑥ 派遣労働者と同一の【職務の内容】で業務に従事させるために新たに通常の労働者を雇い入れたと仮定した場合における当該通常の労働者（【仮想の通常の労働者】） ※ 派遣先の通常の労働者との間で適切な待遇が確保されている者に限る。	―

3．待遇の内容等

(1) 比較対象労働者の待遇のそれぞれの**内容**（昇給、賞与その他の主な待遇が無い場合にはその旨）【則第 24 条の 4 第 1 号ハ関係】

__L__ (2) 比較対象労働者の待遇のそれぞれの**性質**及び待遇を行う**目的**【則第 24 条の 4 第 1 号ニ関係】

(3) 待遇のそれぞれを決定するにあたって**考慮した事項**【則第 24 条の 4 第 1 号ホ関係】

(待遇の種類)		
(待遇の内容)	__M__ (待遇の性質・目的)	(待遇決定にあたって考慮した事項)

① 基本給		
20万円／月	・労働に対する基本的な対償として支払われるもの ・労働者の能力の向上のための努力を促進する目的 ・長期勤続を奨励する目的	能力、経験、勤続年数を考慮 ・能力、経験：定型的な販売業務の処理、クレーム対応が可能 ・勤続年数：2年目（入社後1年3ヶ月）

② 賞与：制度あり		
40万円／年	・会社の利益を分配することによって、社員の士気を高める目的	基本給額、支給月数により算定 ・個人業績に係る評価を考慮 ・個人業績：B評価 （【特に優秀】【優秀】【普通】の3段階評価の中評価）

③ 役職手当：制度あり		
2万円／月	・一般社員にはない特別な責任と役割に応じて支給されるもの ・一定の責任と役割の履行を促進する目的	責任の程度を考慮 ・役職：副リーダー

④ 特殊作業手当：制度なし		
―	―	―

⑤ 特殊勤務手当：制度なし		
―	―	―

⑥ 精皆勤手当：制度あり		
0円	・一定数の業務を行う人数を確保するための皆勤を奨励する目的	責任の程度と意欲を考慮し、部下がいない場合であり、かつ、無欠勤の場合に一律1万円を支給 ・責任の程度：部下2名 ・欠勤の有無：無欠勤

⑦ 時間外労働手当（法定割増率以上）：制度なし		
―	―	―

⑧ 深夜及び休日労働手当（法定割増率以上）：制度なし		
―	―	―

⑨ 通勤手当：制度あり		
2万円（実費）／月	・通勤に要する交通費を補てんする目的	通勤距離を考慮

⑩　出張旅費：制度あり		
0円	・出張に要する交通費を補てんする目的	出張距離を考慮 ・出張なし

⑪　食事手当：制度なし		
—	—	—

⑫　単身赴任手当：制度なし		
—	—	—

⑬　地域手当：制度なし		
—	—	—

⑭　食堂：施設あり		
食堂なし	・業務の円滑な遂行に資する目的	就業する事業所に食堂があるか否かを考慮し、食堂がある場合には利用の機会を付与 ・就業する事業所：A支店（食堂なし）

⑮　休憩室：施設なし		
—	—	—

⑯　更衣室：施設あり		
利用可	・業務の円滑な遂行に資する目的	就業する事業所に更衣室があるか否かを考慮し、更衣室がある場合には利用の機会を付与 ・就業する事業所：A支店（更衣室あり）

⑰　転勤者用社宅：制度あり		
利用なし	・住宅を確保し、転勤に伴う負担を軽減する目的	職務の内容及び人材活用の範囲を考慮し、転勤がある場合に提供 ・職務の内容及び人材活用の範囲：転勤を伴う人事異動なし

⑱　慶弔休暇：制度あり		
10日／年	・冠婚葬祭への参加を促進することで就業継続や業務能率の向上を図る目的	勤続年数を考慮 ・勤続1年以上の者に一律10日／年付与 ・勤続年数：2年目（入社後1年3ヶ月）

⑲　健康診断に伴う勤務免除及び有給：制度なし		
―	―	―

⑳　病気休職：制度なし		
―	―	―

㉑　法定外の休暇（慶弔休暇を除く）：制度なし		
―	―	―

㉒　教育訓練：制度あり		
接客に関する教育訓練	・職務の遂行に必要な技能又は知識を習得する目的	業務の内容を考慮 ・接客に従事する場合には、6ヶ月に1回、希望者に限り、接客に関する基礎を習得するための教育訓練を実施

㉓　安全管理に関する措置及び給付：制度なし		
―	―	―

㉔　退職手当：制度あり		
0円	・長期勤続を奨励する目的 ・退職後の生活を保障する目的	基本給額、勤続年数、離職理由により算定 ・勤続3年であって、会社都合により退職した場合は、基本給額1ヶ月分の退職手当を支給 ・勤続年数：2年目（入社後1年3ヶ月）

㉕　住宅手当：制度なし		
―	―	―

㉖　家族手当：制度あり		
1万円／月	・労働者の家族を扶養するための生活費を補助する目的	扶養家族の人数を考慮 ・扶養家族1人につき1万円を支給（上限3万円） ・扶養家族：1人

㉗　○○○○手当：制度○○○		
―	―	―

（注）労働者派遣が終了した日から3年間保存

Point

A 職種は、厚生労働省編職業分類の細分類により記載します。

B 中核的業務とは、ある労働者に与えられた職務に伴う個々の業務のうち、当該職務を代表する中核的なものを指し、以下の基準に従って総合的に判断します。

 ① 与えられた職務に本質的又は不可欠な要素である業務

 ② その成果が事業に対して大きな影響を与える業務

 ③ 労働者本人の職務全体に占める時間的割合・頻度が大きい業務

C 中核的業務以外の比較対象労働者が従事する業務を記載します。

D トラブル発生時や臨時・緊急時に求められる対応の程度を記載します。

E 業務の成果について求められる役割・ノルマ等の成果への期待の程度等を記載します。

F ①〜③の事項の補助的指標として所定外労働の有無及び頻度を記載します。

G 「その他」については、①〜④以外の事項で責任の程度を指すものがあれば記載します。

H ほかの例として「エリア限定での転勤の可能性あり（関西圏）」等

I 勤務先の変更にかかわらず、事務から営業への職種変更や、一般社員から主任への昇進などをいいます。

J 「雇用形態」とは、「通常の労働者（正社員）」「短時間労働者」「有期雇用労働者」「仮想の通常の労働者」を指します。

 時給額を算定するため、年間の所定労働時間数も併せて記載する必要があります。

 また、比較対象労働者が有期雇用労働者の場合は「有期雇用労働者（年間所定労働時間○○○○時間、通算雇用期間○年）と記載します。この時、期間の定めのある労働契約を更新している有期雇用労働者にあっては、当初の労働契約の開始時からの通算雇用期間も記載します。

 仮想の通常の労働者の場合は、「仮想の通常の労働者（年間所定労働時間○○○○時間）」と記載します。

K ほかの例として、「1人の労働者」、「複数人の労働者」、「雇用管理区分」、「過去1年以内に雇用していた1人又は複数人の労働者」、「労働者の標準的なモデル（新入社員、勤続○年目の一般職）」等

Ⓛ　個々の待遇に係る制度がある場合には(1)〜(3)の事項を情報提供することが必要であり、当該制度がない場合には、制度がない旨を情報提供しなければいけません。制度がない場合には、表形式ではなく、制度がない個々の待遇をまとめて記載することでも差し支えありません。

〈制度がない場合の記載例〉

□□手当、□□手当、□□手当、□□休暇については、制度がないため、支給等していない。

Ⓜ　待遇の具体的な性質や待遇を行う具体的な目的を記載します。

提供すべき情報が形式的に不足していた場合、虚偽の情報を提供した場合、比較対象労働者の選定が不適切であった場合等については、労働者派遣法第26条第7項違反として、派遣先（労働者派遣の役務の提供を受ける者）は指導・勧告及び公表の対象となる場合があるため、正確に情報提供してください。

⑥　書類の保管期間

「比較対象労働者の待遇等に関する情報提供」の書類については、

・　派遣元は、派遣先から送られてきた「比較対象労働者の待遇等に関する情報提供」の書類の原本を

・　派遣先は、派遣元に送った「比較対象労働者の待遇等に関する情報提供」の書類のコピーを

当該派遣期間が終了した日から起算して3年を経過する日まで保管しておかなければなりません（労働者派遣法施行規則第24条の3第2項）。

7　派遣契約の締結　◀派遣元◀派遣先▶

2020年4月1日派遣法改正に伴い一部追加事項あり

①　内容

派遣先から派遣元への「抵触日通知」及び「比較対象労働者の待遇等に関する情報提供」の後は、派遣契約の締結を行います。

労働者派遣法には、「労働者派遣契約（当事者の一方が相手方に対し労働者派遣をすることを約する契約をいう。以下同じ）の当事者は、厚生労働省令で定めるところにより、当該労働者派遣契約の締結に際し、一定の事項を定めるとともに、

その内容の差異に応じて派遣労働者の人数を定めなければならない（労働者派遣法第26条第1項)」と規定されています。

労働者派遣契約は「基本契約」と「個別契約」とに分けられます。基本契約は業務委託契約の内容などビジネス上の取り決めについて記載することが多く、派遣元と派遣先とのトラブルが発生した場合の賠償責任や訴訟時の管轄裁判所などを記載します。

一方、個別契約では派遣先の就業場所や業務内容等、労働者派遣法第26条に規定されている事項を記載します。

よく、「派遣契約書は基本契約書と個別契約書が必要ですよね？」と尋ねられることがありますが、労働者派遣法が規定している契約書は個別契約書のことを意味します。したがって、基本契約書は作成していないが個別契約書は作成している場合、労働者派遣法上、何の問題もありません。

ただし、基本契約書は派遣元と派遣先とのビジネス上の取り決めについて記載していることが多いため、派遣元と派遣先とのトラブルが発生した場合、基本契約書を作成していなかったことにより一方が不利になる可能性もあります。その辺りも踏まえて基本契約書を作成するかどうかはご検討ください。

②　個別契約書の記載事項

個別契約書には次の❶～⓲の項目を定める必要があります。

❶　派遣労働者が従事する業務の内容

派遣労働者に行ってもらう業務内容を記載します。労働者派遣事業関係業務取扱要領には「従事する業務の内容については可能な限り詳細に記載すること」としていますが、実際には1行程度の記載で結構です。

また、主要な業務をいくつか記載すればそれで十分なのですが、最後に「その他付随業務」としておくと、派遣労働者からの「こんな業務は聞いていない」という苦情に対して、対応しやすくなります（ただし、全く業務内容が異なる作業をさせた場合は、トラブルの元となるので、ご注意ください）。

❷　派遣労働者が従事する業務に伴う責任の程度

2020年4月1日より追加

労働者派遣事業関係業務取扱要領には「派遣労働者が従事する業務に伴って行使するものとして付与されている権限の範囲・程度等」としていますが、実際には派遣労働者に従事してもらう業務が「店長」や「主任」等の役職が

あればその役職名を記載し、部下がいるのであれば部下の人数を記載する程度で結構です。

役職がないのであれば「役職なし」と記載してください。

❸　派遣労働者が労働者派遣に係る労働に従事する事業所の名称及び所在地その他派遣就業の場所並びに組織単位

ここでは、

イ　派遣労働者が労働者派遣契約に係る労働に従事する事業所の名称

ロ　派遣労働者が労働者派遣契約に係る労働に従事する事業所の所在地

ハ　その他派遣就業の場所

ニ　組織単位

を記載します。

「派遣労働者が労働者派遣契約に係る労働に従事する事業所の名称」とは、「派遣先事業所単位の期間制限に係る事業所（本章２**5**②イを参照）」を記載します。

「派遣労働者が労働者派遣契約に係る労働に従事する事業所の所在地」とは、上記の事業所の住所を記載します。

「その他派遣就業の場所」とは、本章２**5**②イ「派遣先事業所単位の期間制限」でもお話ししましたが、上記の「派遣先事業所単位の期間制限に係る事業所」と実際の就業場所が違う場合、例えば、派遣先事業所単位の期間制限係る事業所は○○㈱大阪支店であるが、実際に働くのは○○㈱大阪支店の傘下の高槻営業所である場合は、「その他派遣就業の場所」は高槻営業所の住所を記載することになります。

「組織単位」とは本章２**5**②ロで説明した組織単位、いわゆる派遣先の部や課の名称を記載します。併せてその組織単位の長の職名（主任、係長、課長等）も記載してください。

❹　労働者派遣の役務の提供を受ける者のために、就業中の派遣労働者を直接指揮命令する者に関する事項

派遣労働者に対して指揮命令する派遣先の労働者の部署、役職及び氏名を記載します。

たまに、「指揮命令者は何人もいますけど、全員記載するんですか？」という問い合わせを受けることがあります。極端なことを言うと、全員記載すると派遣労働者が配属される部署の労働者全てが指揮命令者となってしまい

ます。指揮命令者にはその部署の指揮命令する者の中のリーダー格の方（例えば、リーダーや主任、係長や課長等）の氏名を記載してください。

❺ **労働者派遣の期間及び派遣就業をする日**

派遣期間と派遣労働者が就業する日を記載します。

派遣期間については、「○○○○年○月○日〜○○○○年○月○日」等と記載します。日雇派遣の場合は「○○○○年○月○日」等と記載してください。

たまに、「『派遣期間は自動更新とする』と記載してもいいですか？」と尋ねられることがありますが、ダメです。派遣期間の記載については「開始年月日」と「終了年月日」を派遣契約更新の都度記載しなければいけません。仮に自動更新と記載した場合は、個別契約書の記載不備として指導の対象となります。

「派遣就業する日」については、具体的な日にち（（例）○月○日、○月○日）や曜日（（例）月曜日〜金曜日）を記載してください。よく、求人募集のように「月曜日〜金曜日の間の週３日程度」と記載していることがありますが、これでは派遣就業する日を特定していないため労働局の指導対象となる可能性があります。

また、シフト制等で派遣就業する日がシフトを作成するまで確定しない場合は、個別契約書には「別途、シフトによる」と記載し、シフト表を個別契約書に添付してください。

また、「派遣就業する日」については、派遣元の就業規則で定められている範囲内でしか派遣労働者を派遣先で働かせることができません。例えば、派遣元の就業規則には「就業日は月曜日〜金曜日」と記載されているにもかかわらず、個別契約書の就業日が「月曜日〜日曜日」となっている場合、土曜日と日曜日については原則、派遣労働者を働かせることはできません。この場合、派遣元の就業規則を変更（例えば、「１ヶ月単位の変形労働時間制（１ヶ月以内の期間を平均して１週間あたりの労働時間が40時間以内となるように、労働日及び労働日ごとの労働時間を設定することにより、労働時間が特定の日に８時間を超えたり、特定の週に40時間を超えたりすることが可能になる制度）」等）し、派遣先の就業日や就業時間でも働かせることができるようにしなければいけません。

❻ 派遣就業の開始及び終了の時刻並びに休憩時間

派遣就業する日の始業、終業の時刻並びに休憩時間を記載します。休憩時間については、時間数のみ（（例）60分）の記載でも、休憩の開始及び終了の時刻を特定して記載（（例）12：00～13：00）しても結構です。

シフト制等で日々の始業及び終業時刻がシフトを作成するまで確定しない場合は、個別契約書に「別途、シフトによる」と記載し、シフト表を個別契約書に添付してください。

また、「派遣就業する日の始業、終業の時刻並びに休憩時間」については、派遣元の就業規則で定められている範囲内でしか派遣労働者を派遣先で働かせることができません。例えば、派遣元の就業規則には「就業時間は9時～18時、休憩時間は12時～13時」と記載されているにもかかわらず、個別契約書の就業時間が「9時～22時までのシフト制」となっている場合、18時～22時の間については原則、派遣労働者を働かせることはできません。この場合、派遣元の就業規則を変更し、派遣先の就業日や就業時間でも働かせることができるようにしなければいけません。

❼ 安全及び衛生に関する事項

労働者派遣事業関係業務取扱要領には次のように記載されています。

「次に掲げる事項のうち、派遣労働者が派遣先において業務を遂行するに当たって、当該派遣労働者の安全及び衛生を確保するために必要な事項を記入します。

（i） 派遣労働者の危険又は健康障害を防止するための措置に関する事項
（ii） 健康診断の実施等健康管理に関する事項
（iii） 喚起、採光、照明等作業環境管理に関する事項
（iv） 安全衛生教育に関する事項
（v） 免許の取得、技能講習の修了の有無等就業制限に関する事項
（vi） 安全衛生管理体制に関する事項
（vii） その他派遣労働者の安全及び衛生を確保するために必要な事項」

実際には、派遣先と派遣元とで派遣労働者の安全及び衛生に関する事項について取り決めたことを記載していただければ結構ですが、特に取り決めていない場合は次のような記載でも構いません。

「派遣先及び派遣元事業主は、労働者派遣法第 44 条から第 47 条の 4 までの規定により課された各法令を遵守し、自己に課された法令上の責任を負う。」

❽ **派遣労働者から苦情の申出を受けた場合における当該申出を受けた苦情の処理に関する事項**

派遣労働者からの苦情の申出を受ける担当者の部署、役職、氏名、電話番号及び苦情の処理方法、苦情の申出に対する派遣元と派遣先との連携体制等を記載してください。

❾ **派遣労働者の新たな就業の機会の確保、派遣労働者に対する休業手当等の支払いに要する費用を確保するための当該費用の負担に関する措置その他の労働者派遣契約の解除にあたって講ずる派遣労働者の雇用の安定を図るために必要な措置に関する事項**

派遣先の都合で派遣契約を派遣期間の途中で解除した場合、派遣労働者は職を失うことになります。そこで、もしそのようなことになった場合でも派遣労働者の雇用の安定を図るために次に掲げる事項について個別契約書に記載しなければいけません。

　㋑　労働者派遣契約の解除の事前の申し入れ

　派遣先は派遣先の都合により派遣契約を中途解除する場合には、派遣元の合意を得ること及び相当な猶予期間もって中途解除することを派遣元に伝える旨を記載します。

　㋺　派遣先における就業機会の確保

　派遣元と派遣先は、派遣労働者の重大な過失等以外の理由で派遣契約を中途解除する場合には、派遣先の関連会社での就業をあっせんする等、派遣労働者の新たな就業の機会を確保するための努力をすることを記載します。

　㋩　損害賠償等に係る適切な措置

　派遣先は派遣先の都合で派遣契約を中途解除する場合には、派遣労働者の新たな就業の機会を確保するための努力をし、もし、就業の機会の確保ができないときは、派遣元が派遣労働者をやむを得ず休業させた場合に支給する休業手当相当分、派遣元が派遣労働者をやむを得ず解雇した場合に支給する解雇予告手当相当分の損害賠償をする旨を記載します。

㊁　労働者派遣契約の解除の理由の明示

　派遣先は派遣契約を中途解除する場合で派遣元から請求があったときは、中途解除をする理由を派遣元に伝える旨を記載します。

　たまに、「派遣契約の中途解除をしない場合でも㋑～㊁の事項を記載しなければいけないのですか？」という問い合わせを受けることがありますが、記載しなければいけません。

　上記の内容は個別契約書に必ず記載しなければならない事項となっているので、記載がない場合は、労働者派遣法に抵触することになります。

❿　労働者派遣契約が紹介予定派遣に係るものである場合にあっては、当該職業紹介により従事すべき業務の内容及び労働条件その他の当該紹介予定派遣に関する事項

「紹介予定派遣」とは、職業紹介事業の許可も取得している派遣元が派遣契約終了後、派遣労働者を派遣先に職業紹介することを約束して派遣する形態をいいます。

　紹介予定派遣を行う場合には個別契約書に次の事項を記載します。

　㋑　紹介予定派遣である旨

　㋺　紹介予定派遣を経て派遣先が派遣労働者を直接雇用する場合に予定される派遣先で従事する業務内容及び労働条件等

　㋩　紹介予定派遣を受けた派遣先が、職業紹介を受けることを希望しなかった場合又は職業紹介を受けた労働者を雇用しなかった場合には、派遣元の求めに応じ、その理由を派遣元に書面等で明示する旨

　㊁　紹介予定派遣を経て派遣先が雇用する場合に、年次有給休暇及び退職金の取扱いについて、労働者派遣の期間を勤務期間に含めて参入する場合はその旨

　㋭　労働者を派遣労働者として雇用しようとする場合はその旨

　紹介予定派遣を行わない場合については、上記の記載は不要です。

⓫　派遣元責任者及び派遣先責任者に関する事項

　派遣元責任者及び派遣先責任者の役職、氏名及び連絡方法を記載します。

⓬　派遣先が派遣就業をする日以外の日に派遣就業をさせることができ、又は派遣就業の開始時刻から終了時刻までの時間を延長することができる旨の定めをした場合には、当該派遣就業をさせることができる日又は延長することができる時間数

　いわゆる、時間外労働をさせることができる時間数（少なくとも1日あたりの時間外労働時間数の記載は必要）及び休日労働をさせることができる日数を記載します。もし、時間外労働も休日労働もさせることがないというのであれば、「時間外労働なし」「休日労働なし」と記載してください（記載していない場合は記載不備とみなされ指導の対象となる可能性があります）。

　休日労働については、1ヶ月間で休日労働させる可能性がある日数（（例）休日労働：1ヶ月間に4日以内）を記載し、時間外労働については、1日・1ヶ月・1年間の時間外労働をさせる可能性がある時間数（（例）1日：4時間以内、1ヶ月：45時間以内、1年：360時間以内）を記載してください。

❸　派遣元と派遣先との間で、派遣先が当該派遣労働者に対し、派遣先が設置及び運営する物品販売所、病院、診療所、浴場、理髪室、保育所、図書館、講堂、娯楽室、運動場、体育館、保養施設等の施設であって現に派遣先に雇用される労働者が通常利用しているもの（給食施設、休憩室及び更衣室を除く）の利用、レクリエーション等に関する施設又は設備の利用、制服の貸与、教育訓練その他の派遣労働者の福祉の増進のための便宜を供与する旨の定めをした場合における当該便宜の供与に関する事項

2020年4月1日より一部改正

　2020年4月1日の労働者派遣法の改正で、派遣先は派遣労働者に対して以下の福利厚生について配慮義務が課せられました（ちなみに、給食施設（食堂等）、休憩室、更衣室については、配慮に留まらず、派遣労働者にも必ず使用させなければいけないこととなりました（派遣先にこれらの施設がない場合は当然使用させなくても結構です））。

・　物品販売所、病院、診療所、浴場、理髪室、保育所、図書館、講堂、娯楽室、運動場、体育館、保養施設等、レクリエーション等に関する施設又は設備の利用、制服の貸与、教育訓練の実施等

　配慮義務とは派遣先が自社の直接雇用の労働者に対し、上記の施設等を通常利用させているのであれば、派遣労働者に対しても何らかの具体的な措置を講ずることを求めるものです。ただし、派遣先の直接雇用の労働者と同様の取扱いをすることが困難な場合、例えば、定員の関係で派遣先の直接雇用の労働者と同じ時間帯に診療所の利用を行わせることが困難な場合は、別の時間帯に利用させる等の一定の措置を講ずるように配慮する必要があります。

　このように、派遣先の福利厚生について派遣労働者にも利用等させること

となった場合には、その内容を個別契約書に記載します。

⑭　労働者派遣の役務の提供を受ける者が、労働者派遣の終了後に、当該労働者派遣に係る派遣労働者を雇用する場合に、その雇用意思を事前に労働者派遣をする者に対し示すこと、当該者が職業紹介を行うことが可能な場合は職業紹介により紹介手数料を支払うことその他の労働者派遣の終了後に労働者派遣契約の当事者間の紛争を防止するために講ずる措置

派遣期間終了後、派遣先が派遣労働者を直接雇用する場合は、派遣先は派遣元に対して事前にその旨を伝えること、及び派遣元が職業紹介の許可を取得している場合で、派遣元が職業紹介の手続を経て派遣労働者を派遣先に紹介した場合は紹介手数料について記載しなければいけません。

この記載については、「うちは正社員しか派遣していないから派遣先に直接雇用されることはない。それでもこの記載は必要ですか？」と尋ねられることがありますが、必要です。派遣労働者が正社員であっても派遣先に転職することは現実にはよくあります。そのようなことが発生した場合に派遣元と派遣先とのトラブルを解消するためにこの記載が義務付けられました。

派遣元から、「派遣先が派遣労働者を引き抜こうとしている。派遣労働者を引き抜かれたら、うちは派遣できなくなる。これは労働者派遣法上問題ないんですか？」という問い合わせもよくあります。日本では職業選択の自由が認められており、派遣労働者がどの会社で働くかは派遣労働者の自由です。したがって、派遣労働者が派遣先に転職することになったからといって、派遣元は転職させないようにすることはできません。

派遣労働者が派遣先に転職することとなった場合、派遣元は紹介手数料を派遣先から徴収することができます。ただし、紹介手数料を徴収するためには、以下のいずれの要件も満たす必要があります。

- ・　派遣元が有料職業紹介事業の許可を取得していること
- ・　派遣元の職業紹介の手続を経て、派遣労働者を派遣先が直接雇用すること

有料で職業紹介事業を行うためには職業安定法に定められた手続を経て有料職業紹介事業の許可を取得する必要があります。もし、**有料職業紹介事業の許可を取得していない**にもかかわらず紹介手数料を徴収した場合は職業安定法に抵触することとなります。

派遣元を通さずに派遣労働者と派遣先とが直接交渉して派遣先で直接雇用

されることになった場合は、派遣元は職業紹介の手続を経ていないので紹介手数料を徴収することはできません。職業紹介の手続とは、派遣先から派遣元に職業紹介の申込みを行い、派遣労働者から派遣元に対して求職の申込みを行った上で、派遣元は両者を紹介する行為をいいます。ただし、職業紹介の手続を経たかどうかについては、民事上の争いとなるため、トラブルになった場合は派遣元・派遣先で話し合って決めるか、話し合いが決裂した場合は裁判等で争うことになります。

⑮ 派遣労働者を協定対象派遣労働者に限定するか否かの別

2020 年 4 月 1 日より追加

当該派遣契約において、派遣労働者を労使協定方式の対象となる派遣労働者に限定するのか、限定しないのかを記載します。

⑯ 派遣労働者を無期雇用派遣労働者又は 60 歳以上の者に限定するか否かの別

当該派遣契約において、派遣労働者を「無期雇用派遣労働者」又は「60 歳以上の派遣労働者」に限定するのか、限定しないのかを記載します。

なぜこのようなことを記載するかというと、「無期雇用派遣労働者」及び「60 歳以上の派遣労働者」については、「事業所単位の期間制限」も「個人単位の期間制限」もかからないため、いつまででも派遣することができるので、そのことを示すためです（本章２⑤②ハ「期間制限の例外」参照）。

⑰ 派遣可能期間の制限を受けない業務に係る労働者派遣に関する事項

当該派遣契約が派遣可能期間の制限を受けない業務に該当する場合はその内容を記載します。

派遣可能期間の制限を受けない業務とは、本章２⑤②ハ「期間制限の例外」で説明した、有期プロジェクト業務、日数限定業務、育児休業等の代替要員としての業務、介護休業等の代替要員としての業務を指します。

記載事項は、以下のとおりとなります。

　㋑　有期プロジェクト業務

　　有期プロジェクト業務に該当する旨（（例）事業の廃止に伴う閉鎖業務への派遣）

　㋺　日数限定業務

　　日数限定業務である旨（（例）書店での棚卸業務）、その日数限定業務が 1 ヶ月間に行われる日数、派遣先の正社員の 1 ヶ月間の所定労働日数（（例）

21.7日）

㈧　育児休業等の代替要員としての業務

派遣先において休業する労働者の氏名、その労働者が行っていた業務内容、育児休業等の開始及び終了予定日

㈡　介護休業等の代替要員としての業務

派遣先において休業する労働者の氏名、その労働者が行っていた業務内容、介護休業等の開始及び終了予定日

⓲　派遣労働者の人数

当該派遣契約に必要な派遣労働者の人数を記載します。

派遣労働者の人数の数え方は、例えば、月曜日～金曜日の9時～18時の事務の仕事に派遣労働者を1人派遣してほしい場合は派遣労働者の人数は「1人」となります。

上記の場合、必ずしも1人を派遣しなければいけないことはなく、月曜日と水曜日と金曜日はAさんという派遣労働者を、火曜日と木曜日はBさんという派遣労働者を派遣することも可能です。この場合、個別契約書の記載は「2人」とはならず、「1人」のままで結構です。

また、**派遣就業日や派遣時間がシフトによる場合などは、日によって派遣労働者の人数も異なることがありますが、その場合は「別途シフトによる」と記載し、別紙のシフト表に日ごとの人数を記載してください。**

③　個別契約書の締結方法

個別契約書は書面にて締結し、派遣元・派遣先が各自にてそれぞれ1部ずつ保管します。様式は特に定められておらず、前述した個別契約書の記載事項が記載されていればどのような様式で作成していただいても結構です。

よく、**「個別契約書に派遣元・派遣先の押印が必要ですか？」と質問されることがありますが、労働者派遣法上、特に個別契約書に派遣元・派遣先の押印については規定されていないため、派遣元・派遣先の押印が無くても労働者派遣法の違反とはなりません。**ただし、先ほど基本契約書のところでもお話ししましたが、何かトラブルが発生した場合に、個別契約書に押印をしていなかったことにより一方が不利になる可能性もあります。その辺りも踏まえて個別契約書の押印についてはご検討ください。

④ 個別契約書の記載例

個別契約書の記載例は図表 2-24 のようになります。

図表2-24 個別契約書の記載例 **DL可**

労働者派遣個別契約書

契約 NO. 12345　　令和○○年○○月○○日

株式会社○○○○（派遣元）は、株式会社△△△△（派遣先）に対し、次の条件のもとに、労働者派遣を行うものとする。

A 派遣先事業所
（名称・所在地）株式会社△△△△　大阪支店　　大阪府大阪市○○区○○　○-○-○
（電話）06-○○○○-○○○○

B 就業場所
（名称・所在地）株式会社△△△△　大阪支店　茨木営業所　大阪府茨木市○○　○-○-○
（電話）○○-○○○○-○○○○

C 組織単位（組織の長の職名）　　○○○○課　（○○○○課長）

D 指揮命令者
（部署）○○○○課○○○○係　　（役職）○○○○係長　　（氏名）○○　○○
（電話）○○-○○○○-○○○○

E 業務内容
営業事務（伝票起票、納品・発注業務、職場内の清掃業務、その他当該業務に付随する業務）

F 派遣労働者が従事する業務に伴う責任の程度　　役職名：チームリーダー（部下２名）

G 派遣人数　　1 人

H 派遣期間　　令和○○年○○月○○日～令和○○年○○月○○日

I 就業日
月曜日～金曜日（祝日、年末年始（会社カレンダーによる）、夏季休暇（会社カレンダーによる）は除く）

J 就業時間及び休憩時間　　9 時 00 分～18 時 00 分（休憩時間　60 分）

K 休日労働及び時間外労働
上記就業日以外の就労は、1ヶ月に 2 日の範囲内で、上記就業時間以外の就労は、1 日 4 時間以内、1 箇月 45 時間以内、1 年 360 時間以内の範囲内で命ずることができるものとする。

L 安全及び衛生
派遣先及び派遣元事業主は、労働者派遣法第 44 条から第 47 条の 4 までの規定により課された各法令を遵守し、自己に課された法令上の責任を負う。

145

派遣労働者の福祉の増進のための便宜の供与

　派遣先は、派遣先が雇用する労働者が利用する保養施設について、本契約に基づく労働者派遣に係る派遣労働者に対しても、利用の機会を与えるように配慮しなければならないこととする。また、派遣労働者の制服は派遣先が貸与するものとする。

苦情の申出先、処理方法、連携体制
　（1）苦情の申出を受ける者
　　　派遣先　（部署）総務部総務課　　（役職）主任　　　　（氏名）○○　　○○
　　　　　　　（電話）○○-○○○○-○○○○
　　　派遣元　（部署）営業部営業課　　（役職）営業課長　（氏名）○○　　○○
　　　　　　　（電話）○○-○○○○-○○○○
　（2）苦情処理方法、連携体制
　　　①　派遣先において苦情の申出を受けた時は、ただちに派遣先責任者へ連絡することとし、当該派遣先責任者が中心となって誠意をもって、遅滞なく、当該苦情の適切かつ迅速な処理を計ることとし、その結果について必ず派遣労働者に通知することとする。
　　　②　派遣元において苦情の申出を受けた時は、ただちに派遣元責任者へ連絡することとし、当該派遣元責任者が中心となって誠意をもって、遅滞なく、当該苦情の適切かつ迅速な処理を計ることとし、その結果について必ず派遣労働者に通知することとする。
　　　③　派遣先及び派遣元は、自らでその解決が容易であり、即時に処理した苦情の他は、相互に遅滞なく通知するとともに、密接に連絡調整を行いつつ、その解決を図ることとする。

派遣元責任者及び派遣先責任者
　派遣先責任者　（部署）総務部総務課　　（役職）総務課長　（氏名）○○　　○○
　　　　　　　　（電話）○○-○○○○-○○○○
　派遣元責任者　（部署）営業部　　　　　（役職）営業部長　（氏名）○○　　○○
　　　　　　　　（電話）○○-○○○○-○○○○

労働者派遣契約の解除にあたって講ずる派遣労働者の雇用の安定を図るための措置
　（1）労働者派遣契約の解除の事前の申し入れ
　　派遣先は、専ら派遣先に起因する事由により、労働者派遣契約の契約期間が満了する前の解除を行おうとする場合には、派遣元の合意を得ることはもとより、あらかじめ相当の猶予期間をもって派遣元に解除の申入れを行うこととする。
　（2）就業機会の確保
　　派遣元事業主及び派遣先は、労働者派遣契約の契約期間が満了する前に派遣労働者の責に帰すべき事由によらない労働者派遣契約の解除を行った場合には、派遣先の関連会社での就業をあっせんする等により、当該労働者派遣契約に係る派遣労働者の新たな就業機会の確保を図ることとする。
　（3）損害賠償等に係る適切な措置
　　派遣先は、派遣先の責に帰すべき事由により労働者派遣契約の契約期間が満了する前に労働者派遣契約の解除を行おうとする場合には、派遣労働者の新たな就業機会の確保を図ることとし、これができないときには、少なくとも当該労働者派遣契約の解除に伴い派遣元事業主が当該労働者派遣に係る派遣労働者を休業させること等を余儀なくされたことにより生じた損害の賠償を行わなければならないこととする。例えば、派遣元事業主が当該派遣労働者を休業させる場合は休業手当に相当する額以上の額について、派遣元事業主がやむを得ない事由により当該派遣労働者を解雇する場合は、派遣先による解除の申入れが相当の猶予期間をもって行われなかったことにより派遣元事業主が解雇の予告をしないときは30日分以上、当該予告をした日から解雇の日までの期間が30日に満たないときは当該解雇の日の30日

前の日から当該予告の日までの日数分以上の賃金に相当する額以上の額について、損害の賠償を行わなければならないこととする。その他派遣先は派遣元事業主と十分に協議した上で適切な善後処理方策を講ずることとする。また、派遣元事業主及び派遣先の双方の責に帰すべき事由がある場合には、派遣元事業主及び派遣先のそれぞれの責に帰すべき部分の割合についても十分に考慮することとする。

(4) 労働者派遣契約の解除の理由の明示

派遣先は、労働者派遣契約の契約期間が満了する前に労働者派遣契約の解除を行おうとする場合であって、派遣元事業主から請求があったときは、労働者派遣契約の解除を行った理由を派遣元事業主に対し明らかにすることとする。

Q **派遣先が派遣労働者を雇用する場合の紛争防止措置**

労働者派遣の役務の提供の終了後、当該派遣労働者を派遣先が雇用する場合には、その雇用意思を事前に派遣元事業主に対して示すこと。

また、職業紹介を経由して行うこととし、紹介手数料として派遣先は派遣元事業主に対して、別途定める紹介手数料表に基づき支払うものとする。

R **派遣労働者を無期雇用派遣労働者又は 60 歳以上の者に限定するか否かの別**

☐ 無期雇用派遣労働者に限定　　　☐ 60 歳以上の派遣労働者に限定
☑ 限定しない

派遣労働者を協定対象派遣労働者に限定するか否かの別

☐ 協定対象派遣労働者に限定する　　☑ 協定対象派遣労働者に限定しない

紹介予定派遣に関する事項

S ☑ 紹介予定派遣ではない

T ☐ 紹介予定派遣である

(1) 派遣先が雇用する場合に予定される労働条件等
契約期間　　　期間の定めなし
業務内容　　　営業事務（伝票起票、納品・発注業務、職場内の清掃業務、その他当該業務に付随する業務）
試用期間に関する事項　　なし
就業場所　　　株式会社△△△△　大阪支店　茨木営業所
　　　　（〒○○○－○○○○　大阪府茨木市○○　○－○－○
　　　　TEL ○○－○○○○－○○○○）
始業・終業時間　始業：9 時 00 分　　終業：18 時 00 分
休憩時間　　　60 分
所定時間外労働　有り（1 日 4 時間、1ヶ月 45 時間、1 年 360 時間の範囲内）
休日　　毎週土、日、祝日、年末年始（会社カレンダーによる）、夏季休暇（会社カレンダーによる）
休暇　　年次有給休暇：10 日（6ヶ月継続勤務後）
賃金　　基本賃金　月給 18 万円～24 万円（毎月 15 日締切、毎月 25 日支払）
通勤手当　　通勤定期券代の実費相当（上限月額 35,000 円）
所定時間外、休日又は深夜労働に対して支払われる割増賃金率
所定時間外：法定超　25 %、休日：法定休日　35 %、深夜：25 %
昇給　　有（0 円～3 千円/月）
賞与　　有（年 2 回、計 1 箇月分）
社会保険の加入状況：厚生年金、健康保険、雇用保険、労災保険　に加入
労働者を雇用しようとする者の名称：株式会社△△△△

(2) その他
　　　　・　派遣先は、職業紹介を受けることを希望しなかった場合又は職業紹介を受けた
　　　　　者を雇用しなかった場合には、その理由を、派遣元事業主に対して書面により明
　　　　　示する。
　　　　・　紹介予定派遣を経て派遣先が雇用する場合には、年次有給休暇及び退職金の取
　　　　　扱いについて、労働者派遣の期間を勤務期間に含めないこととする **U** 。

派遣受入期間の制限を受けない業務について行う労働者派遣に関する事項

V　　☑　派遣受入期間の制限を受けない業務ではない

X　　□　有期プロジェクト業務
　　　　有期プロジェクトの内容：事業の廃止に伴う閉鎖業務への派遣

Y　　□　日数限定業務
　　　　①　日数限定業務である旨：　書店での棚卸業務
　　　　②　①の業務が１ヶ月間に行われる日数：　　３日
　　　　③　当該派遣先の正社員の１箇月間の所定労働日数：　21.7日

W

Z　　□　産前産後休業、育児休業等、介護休業等の代替要員として労働者派遣を行う場合
　　　　①　産前産後休業　□　　　　　育児休業　☑　　　　　介護休業　□
　　　　②　上記①の育児休業等をする者の氏名：○○　　○○
　　　　③　上記②の者が行っていた業務内容：営業事務（伝票起票、納品・発注業務、職場
　　　　　内の清掃業務、その他当該業務に付随する業務）
　　　　④　上記①の育児休業等の開始日：令和○○年○○月○○日
　　　　⑤　上記①の育児休業等の終了予定日：令和○○年○○月○○日

派遣先事業所
　　事業所名：株式会社△△△△△
　　事業所所在地：大阪府大阪市○○区○○　　○-○-○
　　代表取締役　　○○○○　**AA** ㊞

派遣元事業所
　　事業所名：株式会社○○○○
　　事業所所在地：大阪府大阪市○○区○○　　○-○-○
　　代表取締役　　○○○○　**AA** ㊞
　AB 許可番号：派○○-○○○○○○

✎ Point

A　事業所単位の期間制限の対象となる事業所名、つまり、雇用保険の適用事
　業所番号を持つ事業所名とその所在地を記載してください。

B　実際の就業場所を記載してください。派遣先事業所と同じである場合は

「派遣先事業所と同じ」と記載し、派遣先事業所と異なる場合はその事業所名と住所を記載してください。

C 　個人単位の期間制限の対象となる組織単位を記載してください。組織の長の職名は必須記載事項ではありませんが記載する方が望ましいとされています。

D 　主たる指揮命令者を記載してください。

E 　通常その業務では想定できない業務（記載例でいうと、「職場内の清掃業務」等）が業務内容に含まれる場合は、後々、派遣労働者からの苦情の原因となるため、できるだけ記載した方が良いでしょう。日雇い派遣の場合は派遣法施行令第4条第1項各号の号番号を記載してください。

F 　具体的な役職名を記載してください。役職を有さない派遣労働者であればその旨を記載してください（（例）役職なし）。また、役職がある場合は部下の人数等についても記載する方が望ましいとされています。

G 　シフト制など日によって派遣人数が異なる場合は「シフトによる」として、別途シフト表を添付してください（シフト表には日ごとの派遣労働者の人数も記載してください）。

H 　自動更新の記載は派遣法に抵触する可能性があるので記載しないようにしてください。

I 　派遣労働者に就業してもらいたい日を記載してください。日雇派遣の場合は「〇月〇日」等と記載してください。

　　休日が派遣先の会社カレンダーによる場合は、「休日は派遣先の会社カレンダーによる」と記載し、必ず、派遣期間開始前に派遣先から当該派遣期間にかかる派遣先の会社カレンダーを取得し、この個別契約書に添付してください。添付がない場合は、労働局の指導の対象となる可能性があるのでご注意ください。

　　特定の日や曜日が決まっておらず、毎月、派遣先のシフトによる場合は「派遣先シフトによる」とし、少なくともそのシフトの開始日より前に派遣先から派遣元にシフトを渡し、この個別契約書に添付してください。添付がない場合は、労働局の指導の対象となる可能性があるのでご注意ください。

　　派遣元の就業規則に記載している就業日・就業時間の範囲内でしか就業させられないことにもご注意ください。

J 　就業時間が派遣先シフトによる場合は、「派遣先シフトによる」と記載し、少なくともそのシフトの開始日より前に派遣先から派遣元にシフトを渡し、

この個別契約書に添付してください、添付がない場合は、労働局の指導の対象となる可能性があるのでご注意ください。

　派遣元の就業規則に記載している就業日・就業時間の範囲内でしか就業させられないことにもご注意ください。

Ⓚ　派遣元が届け出ている「36協定」に記載している時間外労働時間数の範囲内でしか時間外労働をさせることはできないのでご注意ください。休日労働については、1ヶ月間で休日労働させる可能性がある日数を記載し、時間外労働については、1日・1ヶ月・1年間の時間外労働をさせる可能性がある時間数を記載してください。

Ⓛ　派遣労働者が業務遂行するにあたって派遣元及び派遣先の安全衛生に関する責務を記載してください。派遣元・派遣先にて安全衛生に関する取り決めを具体的に定めていない場合は、記載例の文言をそのまま記載していただければ結構です。

Ⓜ　派遣労働者に対し、派遣先の福利厚生施設（物品販売所、病院、診療所、浴場、理髪室、保育所、図書館、講堂、娯楽室、運動場、体育館、保養施設等）の利用又は派遣先のレクリエーション等に関する施設又は設備の利用、派遣先の制服の貸与などの取り決めを行った場合にはその旨記載してください。これらの取り決めを行っていない場合又はこれらの施設が派遣先にない場合は「なし」と記載してください。

Ⓝ　派遣元・派遣先の苦情担当者及び苦情処理方法並びに派遣元と派遣先の連携体制について記載してください。記載例の文言をそのまま記載していただければ結構です。

Ⓞ　派遣元責任者は必ず労働局に届け出ている派遣元責任者を記載してください。

　物の製造業務に労働者を派遣する場合は、「製造業務専門派遣元責任者」「製造業務専門派遣先責任者」を選任し記載してください（（例）製造業務専門派遣先責任者　（部署）〇〇〇〇　（役職）〇〇〇〇　（氏名）〇〇〇〇　等）。

Ⓟ　(1)～(4)の内容を必ず記載してください。記載例の文言をそのまま記載していただければ結構です。

Ⓠ　派遣元が有料職業紹介の許可を取得していない場合は、紹介手数料を支払う旨の記載は削除してください（もし、無許可で職業紹介を行った場合は職業安定法に抵触することとなります）。

R 派遣労働者を無期雇用派遣労働者又は60歳以上の者に限定する場合は、抵触日通知は不要となります。

S 紹介予定派遣ではない場合はこちらにチェックをしてください。

T 紹介予定派遣の場合はこちらにチェックをして、記載例にある内容を記載してください。

U 年次有給休暇及び退職金の取扱いについて、労働者派遣の期間を勤務期間に含めて計算する場合は「含めることとする」と記載してください。

V 派遣受入期間の制限を受けない業務ではない場合は「派遣受入期間の制限を受けない業務ではない」にチェックを入れてください。

W 派遣受入期間の制限を受けない業務の場合は、X～Zのいずれかにチェックを入れて、その内容を記載してください。

X 事業の開始、転換、拡大、縮小又は廃止のための業務であって一定の期間内に完了することが予定されている業務に対して、労働者派遣を行う場合に限られるので、建設会社の新規マンションの建設などの有期プロジェクト業務やIT企業の新規のソフトウェア開発等の有期プロジェクト業務などは、これには該当しない（理由：事業の開始、転換、拡大、縮小又は廃止のための業務ではないため）のでご注意ください。

Y 派遣労働者の従事する業務の1ヶ月間に行われる日数が、当該派遣就業に係る派遣先に雇用される正社員の1ヶ月間の所定労働日数の半分以下で、かつ、月10日以下である業務に限ります。その業務自体が日数限定業務でないと該当しないのでご注意ください。

Z 派遣先の直接雇用の労働者が育児休業等を取得する場合で、その代替要員として派遣労働者を派遣する場合に限ります。

AA 労働者派遣法上は個別契約書に派遣先及び派遣元の署名・押印は特に必要ありませんが、民事上の契約書面とする場合は署名・押印していた方が良いでしょう。

AB 派遣の許可番号の記載漏れのないようご注意ください。

⑤ 個別契約書の保管期間

　労働者派遣法上、「個別契約書」の書類の保管期間は定められていませんが、少なくとも当該派遣期間中は必ず保管しておいてください。労働局の調査の際に提出を求められる場合があり、その際に提出できなければ書類不備となり指

導の対象となる可能性があります。

8 　雇用契約の締結 <派遣元>

① 　労働条件通知書と雇用契約書の違い

　派遣契約を締結した後は、派遣元と派遣労働者との間で雇用契約を締結します。

　雇用契約時には、労働条件通知書を使用者から労働者に渡したり、雇用契約書を渡したりしますが、みなさんは労働条件通知書と雇用契約書の違いについてご存知でしょうか？

　労働条件通知書は、労働基準法第15条第1項に「使用者は、労働契約の締結に際し、労働者に対して賃金、労働時間その他の労働条件を明示しなければならない。この場合において、賃金及び労働時間に関する事項その他の厚生労働省令で定める事項については、厚生労働省令で定める方法により明示しなければならない」と規定されており、労働契約締結の際には、使用者は労働者に対して労働条件を記載した書面（労働条件通知書）を渡さなければならないと法律で義務付けられています。もし、渡していなければ労働基準監督署から指導を受けます。

　一方、**雇用契約書**とは、使用者と労働者との間で交わした雇用契約の内容を書面化したものを意味します。本来、雇用契約は口頭でも成立する（使用者が「あなたを雇用します」と労働者に伝えて、労働者が「御社の労働者として働きます」と口頭で受けた場合でも雇用契約は成立することになります）ので、雇用契約書として書面化しなければいけない訳ではありませんが、口頭では言った言わないのトラブルが生じる可能性があるので、雇用契約の内容は書面化し、双方が署名・押印したあと、使用者と労働者がそれぞれ1部ずつ同じものを保管するのが一般的です。

　つまり、労働条件通知書と雇用契約書との違いは簡単に言うと、使用者と労働者双方の署名・押印があるかないかだけの違いとなります。

　雇用契約書・労働条件通知書のどちらの書面を用いても構いませんが、後々、「労働条件通知書をもらっていない」「労働条件通知書の内容が実際の労働条件の内容と違う」などのトラブルを回避するためには、双方が労働条件の内容を確認したことを証明できる雇用契約書を用いる方が無難と言えます。

②　雇用契約書の記載事項

　前述のとおり、雇用契約書自体は法律で作成が義務付けられている書類ではないので、記載内容については特に定めはありませんが、労働条件通知書の要件を兼ね備えた雇用契約書とするためには、以下の内容について記載する必要があります（労働基準法施行規則第5条）。

①　労働契約の期間に関する事項

②　期間の定めのある労働契約を更新する場合の基準に関する事項

③　就業の場所及び従業すべき業務に関する事項

④　始業及び終業の時刻、所定労働時間を超える労働の有無、休憩時間、休日、休暇並びに労働者を二組以上に分けて就業させる場合における就業時点転換に関する事項

⑤　賃金（退職手当及び臨時に支払われる賃金等を除く）の決定、計算及び支払いの方法、賃金の締切り及び支払いの時期並びに昇給に関する事項

⑥　退職に関する事項（解雇の事由を含む）

⑦　退職手当の定めが適用される労働者の範囲、退職手当の決定、計算及び支払いの方法並びに退職手当の支払いの時期に関する事項

⑧　臨時に支払われる賃金（退職手当を除く）、賞与及びこれらに準ずる賃金並びに最低賃金額に関する事項

⑨　労働者に負担させるべき食費、作業用品その他に関する事項

⑩　安全及び衛生に関する事項

⑪　職業訓練に関する事項

⑫　災害補償及び業務外の傷病扶助に関する事項

⑬　表彰及び制裁に関する事項

⑭　休職に関する事項

③　雇用契約書の記載例

　雇用契約書の記載例は図表2-25のようになります。

（派遣労働者用；常用、有期雇用型）

雇用契約書

○○　○○　殿

　　　　　　　　　　　　所在地　　　〒xxx-xxxx
　　　　　　　　　　　　　　　　　　大阪府大阪市○○区○○　○丁目○—○
　　　　　　　　　　　　事業場名称　　○○○○株式会社
　　　　　　　　　　　　使用者職氏名　代表取締役　○○○○

契約期間	期間の定めなし、期間の定めあり（令和○年○月○日～令和○年○月○日）A 　　　試用期間　　なし 　　※以下は、「契約期間」について「期間の定めあり」とした場合に記入 　　1　契約の更新の有無 　　　　［更新する場合があり得る・契約の更新はしない・その他（　　　）］ 　　2　契約の更新は次により判断する。 　　　　・契約期間満了時の業務量　　・勤務成績、態度　　・能力 　　　　・会社の経営状況　　・従事している業務の進捗状況 　　　　・その他（派遣先事業所との派遣契約の継続状況　　　　　　　　　　）
就業の場所	△△△△株式会社　□□支店（大阪府○○市○○　○丁目○-○）（派遣先事業所）
従事すべき 業務の内容	介護業務（排泄介助、入浴介助、食事介助、その他付随する業務）
始業、終業 の時刻、休 憩時間就業 時転換（(1) 又は(2)のう ち該当する ものに○を 付けるこ と。）、所定 時間外労働 の有無に関 する事項	1　始業・終業の時刻等 　(1)　始業（　　時　　分）終業（　　時　　分） 　　※派遣先での就業時間が1つの場合は、(1)に記載してください。 　【以下のような制度が労働者に適用される場合】 　(2)　変形労働時間制等；1ヶ月単位の変形労働時間制として、次の勤務時間の組み 　　　合わせによる。 　　　　　始業　9時00分　　終業　18時00分 　　　　　始業　13時00分　　終業　22時00分 　　　　　始業　16時00分　　終業　翌日10時00分 　　※シフト制など派遣先での就業時間が複数ある場合は、(2)に記載してください。 　2　休憩時間　　60分 　3　所定時間外労働の有無　　有り（1日4時間、1ヶ月45時間、1年360時間） 　4　休日労働　　有り（1ヶ月4日以内） 　○詳細は、就業規則　第21条～第22条、第25条

休日及び 勤務日	・勤務日　　派遣先のシフトによる ・休日　　　月に8日〜9日（派遣先のシフトによる） ○詳細は、就業規則　第23条
休　　暇	1　年次有給休暇　6か月継続勤務した場合→　10日 2　代替休暇（有）・無） ○詳細は、就業規則　第26条〜第27条
賃　　金	1　基本賃金　月給　180,000円 2　諸手当の額又は計算方法 　　　　夜勤手当　　　5,000円　／計算方法：夜勤1回につき 　　　　通勤手当　　12,000円　／計算方法：通勤に要する費用（1箇月） 3　所定時間外、休日又は深夜労働に対して支払われる割増賃金率 　　イ　所定時間外、法定超　月60時間以内　25％ 　　　　　　　　　　　　　　月60時間超　　25％ 　　ロ　休日　法定休日　35％ 　　ハ　深夜　　25％ 4　賃金締切日　　毎月　末日 5　賃金支払日　　翌月15日 6　賃金の支払方法　　本人が指定する金融機関の口座に振り込む 7　労使協定に基づく賃金支払時の控除　　なし 8　昇給　　なし 9　賞与　　なし 10　退職金　　なし ○詳細は、賃金規程
退職に関す る事項	1　定年制　　有り（60歳） 2　継続雇用制度　　有り（65歳まで） 3　自己都合退職の手続　　退職する日の1ヶ月以上前に届け出ること 4　解雇の事由及び手続　　就業規則第42条から第44条による ○詳細は、就業規則　第39条〜第46条
そ　の　他	・社会保険の加入状況（厚生年金）健康保険）その他（　　　　　　）） ・雇用保険の適用（有）、無） ・その他

　上記以外の労働条件は当社就業規則によるものとする。

　　　令和○年○月○日

　　　　　　　　　　　　　　　　　　　　　○○○○株式会社

　　　　　　　　　　　　　　　　　　　　　代表取締役　　○○○○　　㊞

　　　　　　　　　　　　　　　　　　　　　氏名　　　　○○○○　　㊞

Point

　登録型派遣労働者に対し、本契約書と就業条件明示書を同時に交付する場合、両者の記載事項のうち一致事項について、一方を省略しても差し支えありません。

　雇用契約書については、労使間の紛争の未然防止のため、保存しておくことをお勧めします。

Ⓐ 「契約期間」について「期間の定めあり」とした場合

　労働契約法第 18 条の規定により、有期労働契約（平成 25 年 4 月 1 日以降に開始するもの）の契約期間が通算 5 年を超える場合には、労働契約の期間の末日までに労働者から申込みをすることにより、当該労働契約の期間の末日の翌日から期間の定めのない労働契約に転換されます。

④　書類の保管期間

　労働基準法上、「雇用契約書」や「労働条件通知書」などの雇入れに関する重要な書類については労働者の死亡、退職又は解雇の日から 3 年間保管することが義務付けられています。ただし、法改正により今後 5 年間保管しなければいけないこととなります（5 年間保管義務の施行日は今のところ未定です）（労働基準法第 109 条、労働基準法施行規則第 56 条）。

　つまり、新卒で入社された方が定年まで勤務された場合は、約 40 年間保管が義務付けられることになります。ご注意ください。

⑨　就業条件明示書の交付　◁派遣元◁

2020 年 4 月 1 日派遣法改正に伴い一部追加事項あり

①　内容

　派遣労働者を派遣する際は、派遣元は派遣労働者に対し、就業条件明示書を交付しなければいけません。

　労働者派遣法には、「派遣元事業主は、労働者派遣をしようとするときは、あらかじめ、当該労働者派遣に係る派遣労働者に対し、労働者派遣をする旨、当該派遣労働者に係る就業条件並びに派遣先の事業所単位の期間制限に抵触することとなる最初の日及び派遣労働者個人単位の期間制限に抵触することとな

る最初の日を明示しなければならない（労働者派遣法第34条）」と規定されています。

　就業条件明示書とは、簡単に言うと、派遣元と派遣先との個別契約書の内容及び事業所単位の期間制限の抵触日並びに個人単位の期間制限の抵触日を派遣労働者に伝える書類です。

　したがって、就業条件明示書の内容は個別契約書の内容と重複する部分がかなりあります（個別契約書の記載事項は本章２**7**②を参照）。

②　就業条件明示書の記載事項

就業条件明示書には次の❶〜⓴の項目を定める必要があります。

❶　派遣労働者が従事する業務の内容

個別契約書と同じ内容を記載します。

❷　派遣労働者が従事する業務に伴う責任の程度

2020年4月1日より追加

個別契約書と同じ内容を記載します。

❸　派遣労働者が労働者派遣に係る労働に従事する事業所の名称及び所在地その他派遣就業の場所並びに組織単位

個別契約書と同じ内容を記載します。

❹　労働者派遣の役務の提供を受ける者のために、就業中の派遣労働者を直接指揮命令する者に関する事項

個別契約書と同じ内容を記載します。

❺　労働者派遣の期間及び派遣就業をする日

　個別契約書と基本的には同じ内容となりますが、就業条件明示書は特定の派遣労働者に対して渡す書類となるため、その派遣労働者に対する労働者派遣の期間と派遣就業をする日を記載します。

　例えば、個別契約書は、

> ・　派遣期間：令和2年12月1日〜令和3年3月31日
> ・　派遣就業をする日：月曜日〜金曜日

となっているが、そこに派遣する派遣労働者Aさんの雇用契約書は、

157

> ・ 雇用契約期間：令和 2 年 12 月 1 日〜令和 3 年 1 月 31 日
> ・ 就業日：月曜日、水曜日、金曜日

となっている場合、A さんに渡す就業条件明示書には

> ・ 派遣期間：令和 2 年 12 月 1 日〜令和 3 年 1 月 31 日
> ・ 派遣就業をする日：月曜日、水曜日、金曜日

と記載します。

　つまり、就業条件明示書は個別契約書に記載された派遣契約内容の中で、その派遣労働者が具体的にどのように就業するかを記載する書類となります。

❻　派遣就業の開始及び終了の時刻並びに休憩時間

　個別契約書と基本的には同じ内容となりますが、その派遣労働者に対する派遣就業の開始及び終了の時刻並びに休憩時間を記載します。

　例えば、個別契約書は、

> ・ 派遣就業の開始及び終了の時刻：9 時〜18 時
> ・ 休憩時間：60 分

となっているが、そこに派遣する派遣労働者 A さんの雇用契約書は、

> ・ 就業時間：9 時〜13 時
> ・ 休憩時間：なし

となっている場合、A さんに渡す就業条件明示書には

> ・ 派遣就業の開始及び終了の時刻：9 時〜13 時
> ・ 休憩時間：なし

と記載します。

❼　安全及び衛生に関する事項

　個別契約書と同じ内容を記載します。

❽　派遣労働者から苦情の申出を受けた場合における当該申出を受けた苦情の処理に関する事項

　個別契約書と同じ内容を記載します。

❾　派遣労働者の新たな就業の機会の確保、派遣労働者に対する休業手当等

の支払いに要する費用を確保するための当該費用の負担に関する措置その他の労働者派遣契約の解除にあたって講ずる派遣労働者の雇用の安定を図るために必要な措置に関する事項

個別契約書と基本的には同じ内容となりますが、個別契約書は派遣元と派遣先との契約内容について記載しているため「派遣先都合で派遣契約を中途解除した場合は派遣元が派遣労働者に支払った休業手当や解雇予告手当相当額について派遣先は派遣元に対して損害賠償しなければならない」旨を記載しているのに対して、就業条件明示書は派遣元が派遣労働者に対して「派遣労働者の都合以外で派遣契約を中途解除する場合、派遣元は派遣労働者に対して休業手当や解雇予告手当等の支払いをする」旨を記載します。

⑩　労働者派遣契約が紹介予定派遣に係るものである場合にあっては、当該職業紹介により従事すべき業務の内容及び労働条件その他の当該紹介予定派遣に関する事項

個別契約書と同じ内容を記載します。

⑪　派遣労働者個人単位の期間制限に抵触する最初の日

こちらは、個別契約書に記載のない事項となります。

抵触日通知（本章2⑤②ロ参照）のところで説明した「派遣労働者個人単位の期間制限」に抵触する最初の日（以下「個人単位の抵触日」とする）を記載します。よく「期間制限の日」を記載しているのを見かけますが、ここは「派遣労働者をその派遣先の組織単位に派遣できる最後の日の翌日」を記載します。

例えば、令和2年4月1日から派遣労働者を派遣先の組織単位に派遣したのであれば、個人単位の抵触日は「令和5年4月1日」となります。「令和5年3月31日」ではないのでお気をつけください。

覚え方としては、最初に派遣先の組織単位に派遣する日が「令和2年4月1日」であれば、それに3年を足した日（この場合は「令和2年4月1日＋3年＝令和5年4月1日」）と覚えておくとわかりやすいと思います。

また、その派遣労働者が「無期雇用派遣労働者」や「60歳以上の派遣労働者」など事業所単位の期間制限及び個人単位の期間制限の対象とならない「期間制限の例外（本章2⑤②ハ参照）」に該当する者については、「無期雇用派遣労働者のため期間制限なし」等と記載してください。

⑫ **派遣先の事業所単位の期間制限に抵触する最初の日**

こちらは、個別契約書に記載のない事項となります。

抵触日通知（本章2 **5** ②イ参照）のところで説明した「派遣先事業所単位の期間制限」に抵触する最初の日（以下「事業所単位の抵触日」とする）を記載します。

事業所単位の抵触日についても、個人単位の抵触日同様、「期間制限の日」ではなく「抵触する日」を記載してください。

その派遣労働者が「無期雇用派遣労働者」や「60歳以上の派遣労働者」など事業所単位の期間制限及び個人単位の期間制限の対象とならない「期間制限の例外（本章2 **5** ②ハ参照）」に該当する者については、「無期雇用派遣労働者のため期間制限なし」等と記載してください。

⑬ **事業所単位の期間制限又は個人単位の期間制限を超えて派遣労働者を受け入れた場合、派遣先は派遣労働者に対し労働契約の申込みをしたものとみなされることとなる旨**

こちらは、個別契約書に記載のない事項となります。

事業所単位の期間制限又は個人単位の期間制限を超えて派遣労働者を受け入れた場合は、労働者派遣法に抵触することとなるため派遣元及び派遣先とも労働局から指導を受けることになります。

また、派遣先については、事業所単位の期間制限又は個人単位の期間制限を超えて派遣労働者を受け入れた場合、派遣先はその派遣労働者に対し、直接雇用の申込みをしたものとみなされ、その派遣労働者が「では、直接雇ってください」と申出をすれば、派遣先は派遣されていた時の労働条件（派遣元が派遣労働者に対して支払うこととなっていた賃金額等の労働条件をいいます）で、その派遣労働者を直接雇用しなければなりません（これを「労働契約申込みみなし制度」といいます。労働者派遣法第40条の6第1項）。

この「労働契約申込みみなし制度」を派遣労働者に周知するために、就業条件明示書にその内容を記載します。

⑭ **派遣元責任者及び派遣先責任者に関する事項**

個別契約書と同じ内容を記載します。

⑮ **派遣先が派遣就業をする日以外の日に派遣就業をさせることができ、又は派遣就業の開始時刻から終了時刻までの時間を延長することができる旨の定めをした場合には、当該派遣就業をさせることができる日又は延長す**

ることができる時間数

個別契約書と基本的には同じ内容を記載します。ただし、個別契約書に記載されている時間外労働時間数や休日労働日数よりも少ない時間や日数を記載することも可能です（その派遣労働者に対しては少ない時間外労働時間数や休日労働日数とする場合など）。

❻　派遣元と派遣先との間で、派遣先が当該派遣労働者に対し、派遣先が設置及び運営する物品販売所、病院、診療所、浴場、理髪室、保育所、図書館、講堂、娯楽室、運動場、体育館、保養施設等の施設であって現に派遣先に雇用される労働者が通常利用しているもの（給食施設、休憩室及び更衣室を除く）の利用、レクリエーション等に関する施設又は設備の利用、制服の貸与、教育訓練その他の派遣労働者の福祉の増進のための便宜を供与する旨の定めをした場合における当該便宜の供与に関する事項

2020 年 4 月 1 日より一部改正

個別契約書と同じ内容を記載します。

❼　労働者派遣の役務の提供を受ける者が、労働者派遣の終了後に、当該労働者派遣に係る派遣労働者を雇用する場合に、その雇用意思を事前に労働者派遣をする者に対し示すこと、当該者が職業紹介を行うことが可能な場合は職業紹介により紹介手数料を支払うことその他の労働者派遣の終了後に労働者派遣契約の当事者間の紛争を防止するために講ずる措置

個別契約書と同じ内容を記載します。

❽　健康保険被保険者資格取得届等の書類が行政機関に提出されていない場合は、その理由

こちらは、個別契約書に記載のない事項となります。

その派遣労働者に対して、以下の取得届が提出されていない場合はその理由を記載します。

　㋑　健康保険被保険者資格取得届

　㋺　厚生年金保険被保険者資格取得届

　㋩　雇用保険被保険者資格取得届

つまり、雇用保険、健康保険、厚生年金に加入していない場合はその理由を記載しなさいということです。

この理由については「雇用保険：労働時間が週 20 時間に満たないため」「健康保険：労働時間が通常の労働者の 4 分の 3 に満たないため」等、具体

的に記載しなければならず、「雇用保険：加入要件を満たさないため」等の記載では不十分とされています。また、手続中の場合についても「雇用保険：現在手続中」だけでは足りず、「雇用保険：現在手続中。○月○日届出予定」と記載してください。

就業条件明示書では、雇用保険、健康保険、厚生年金に加入していない場合のみその理由を記載すればいいのですが、加入していない場合だけ記載するとなると、記載漏れの可能性が生じるため、加入している場合も記載する方がよいでしょう。

❶❾ 派遣可能期間の制限を受けない業務に係る労働者派遣に関する事項

個別契約書と同じ内容を記載します。

❷⓿ 派遣料金額

こちらは、個別契約書に記載のない事項となります。

派遣元は、派遣労働者の雇い入れ時（労働契約を締結するとき）、派遣開始時（実際に派遣するとき）及び派遣料金額の変更時（派遣元と派遣先との間で派遣料金額を変更することとなったとき）に、派遣労働者に対して派遣料金額を明示しなければいけません（労働者派遣法第34条の2）。派遣労働者が、数ある派遣会社の中から、自分が働く派遣会社を選ぶ時の指標の一つとなるよう、派遣料金額の書面での明示が義務付けられています。

明示する派遣料金額は、

㋑ その派遣労働者が派遣される個々の派遣契約ごとの派遣料金額（派遣元と派遣先との派遣契約に基づく実際の派遣料金の額）

㋺ 毎年6月末までに労働局に提出する事業報告書に記載した派遣料金額の平均額

のいずれかを明示することとなります。

派遣労働者の賃金の平均額が記載されている就業条件明示書をよく見かけますが、ここに記載するのは派遣労働者の賃金額ではなく、派遣元と派遣先との間で契約した派遣料金額（ビジネス上の契約金額）を記載しなければならないのでご注意ください。

明示する派遣料金額については、時間額・日額・月額・年額等は問いません（上記㋺の場合は、日額を明示）が、その料金額の単位（時間額・日額・月額・年額等）がわかるように明示してください。

この派遣料金額の記載については、労働者派遣法上、就業条件明示書の記

載事項ではないので、別に「派遣料金額の明示書」等として派遣元から派遣労働者へ明示（書面等を渡すこと）しても構いませんが、一般的には就業条件明示書に記載されるパターンがほとんどです。

③　就業条件明示書の明示方法

就業条件明示書は、派遣労働者を派遣する前に、派遣元から派遣労働者に対し、書面、ファクシミリ又は電子メール等により明示（書面等を渡すことを意味します）しなければなりません（労働者派遣法施行規則第26条）。また、ファクシミリ又は電子メール等により明示を行うことができるのは、当該派遣労働者が希望した場合に限ります。

就業条件明示書の明示は、新規に派遣する場合のみならず、派遣契約を更新する場合も毎回、派遣元から派遣労働者に対して行わなければなりません。

④　就業条件明示書の記載例

就業条件明示書の記載例は図表2-26のようになります。

図表2-26　就労条件明示書の記載例　　**DL可**

就 業 条 件 明 示 書

契約NO. 12345　　　令和○○年○○月○○日

○○　○○　様

（派遣元事業所名）　株式会社○○○○　大阪支店

A　次の条件で労働者派遣を行います。

B　派遣先事業所
（名称・所在地）　株式会社△△△△　大阪支店　　大阪府大阪市○○区○○　○-○-○
（電話）　06-○○○○-○○○○

C　就業場所
（名称・所在地）　株式会社△△△△　大阪支店　茨木営業所　大阪府茨木市○○　○-○-○
（電話）　○○-○○○○-○○○○

D　組織単位（組織の長の職名）　　○○○○課　（○○○○課長）

E　指揮命令者
（部署）○○○○課○○○○係　　（役職）○○○○係長　　（氏名）○○　○○
（電話）○○-○○○○-○○○○

F	業務内容

営業事務（伝票起票、納品・発注業務、職場内の清掃業務、その他当該業務に付随する業務）

G	派遣労働者が従事する業務に伴う責任の程度　　　役職名：チームリーダー（部下2名）

H	派遣期間　　　令和〇〇年〇〇月〇〇日〜令和〇〇年〇〇月〇〇日

I	事業所単位の抵触日　　　令和〇〇年〇〇月〇〇日

J	個人単位の抵触日　　　令和〇〇年〇〇月〇〇日

K	労働契約申込みなし制度

　派遣先の事業所における派遣可能期間の延長について、当該手続を適正に行っていない場合や事業所単位の期間制限の抵触日又は派遣労働者個人単位の期間制限の抵触日を超えて労働者派遣の役務の提供を受けた場合は、派遣先は労働契約申込みなし制度の対象となる。

L	就業日

　月曜日〜金曜日（祝日、年末年始（会社カレンダーによる）、夏季休暇（会社カレンダーによる）は除く）

M	就業時間及び休憩時間　　　9時00分〜18時00分（休憩時間　60分）

N	休日労働及び時間外労働

　上記就業日以外の就労は、1ヶ月に2日の範囲内で、上記就業時間以外の就労は、1日4時間以内、1ヶ月45時間以内、1年360時間以内の範囲内で命ずることができるものとする。

O	派遣料金額　　　日額　〇〇〇〇〇円（事業所平均日額）

P	安全及び衛生

　派遣先及び派遣元事業主は、労働者派遣法第44条から第47条の4までの規定により課された各法令を遵守し、自己に課された法令上の責任を負う。

Q	派遣労働者の福祉の増進のための便宜の供与

　派遣先は、派遣先が雇用する労働者が利用する保養施設について、本契約に基づく労働者派遣に係る派遣労働者に対しても、利用の機会を与えるように配慮しなければならないこととする。また、派遣労働者の制服は派遣先が貸与するものとする。

R	苦情の申出先、処理方法、連携体制

（1）苦情の申出を受ける者

　　　派遣先　（部署）総務部総務課　　（役職）主任　　　　（氏名）〇〇　〇〇
　　　　　　　（電話）〇〇-〇〇〇〇-〇〇〇〇
　　　派遣元　（部署）営業部営業課　　（役職）営業課長　　（氏名）〇〇　〇〇
　　　　　　　（電話）〇〇-〇〇〇〇-〇〇〇〇

（2）苦情処理方法、連携体制

　　① 派遣先において苦情の申出を受けた時は、ただちに派遣先責任者へ連絡することとし、当該派遣先責任者が中心となって誠意をもって、遅滞なく、当該苦情の適切かつ迅速な処理を計ることとし、その結果について必ず派遣労働者に通知することとする。

　　② 派遣元において苦情の申出を受けた時は、ただちに派遣元責任者へ連絡することとし、当該派遣元責任者が中心となって誠意をもって、遅滞なく、当該苦情の適切かつ迅速な処理を計ることとし、その結果について必ず派遣労働者に通知することとする。

　　③ 派遣先及び派遣元は、自らでその解決が容易であり、即時に処理した苦情の他は、相互に遅滞なく通知するとともに、密接に連絡調整を行いつつ、その解決を図ることとする。

S 派遣元責任者及び派遣先責任者

派遣先責任者　（部署）総務部総務課　　（役職）総務課長　　（氏名）○○　○○
（電話）○○-○○○○-○○○○
派遣元責任者　（部署）営業部　　　　　（役職）営業部長　　（氏名）○○　○○
（電話）○○-○○○○-○○○○

T 労働者派遣契約の解除にあたって講ずる派遣労働者の雇用の安定を図るための措置

　派遣元事業主は、労働者派遣契約の契約期間が満了する前に派遣労働者の責に帰すべき事由以外の事由によって労働者派遣契約の解除が行われた場合には、当該労働者派遣契約にかかる派遣先と連携して、当該派遣先からその関連会社での就業のあっせんを受けること、当該派遣元事業主において他の派遣先を確保すること等により、当該労働者派遣契約に係る派遣労働者の新たな就業機会の確保を図ることとする。また、当該派遣元事業主は、当該労働者派遣契約の解除にあたって、新たな就業機会の確保ができない場合は、まず休業等を行い、当該派遣労働者の雇用の維持を図るようにするとともに、休業手当の支払いの労働基準法等に基づく責任を果たすこととする。さらに、やむを得ない事由によりこれができない場合において、当該派遣労働者を解雇しようとするときであっても、労働契約法の規定を遵守することはもとより、少なくとも30日前に予告することとし、30日前に予告しない時は労働基準法第20条第1項に基づく解雇予告手当を支払うこと、休業させる場合には労働基準法第26条に基づく休業手当を支払うこと等、雇用主にかかる労働基準法等の責任を負うこととする。

U 派遣先が派遣労働者を雇用する場合の紛争防止措置

　労働者派遣の役務の提供の終了後、当該派遣労働者を派遣先が雇用する場合には、その雇用意思を事前に派遣元事業主に対して示すこと。

　また、職業紹介を経由して行うこととし、紹介手数料として派遣先は派遣元事業主に対して、別途定める紹介手数料表に基づき支払うものとする。

V 雇用保険・健康保険・厚生年金保険の取得届等の提出の有無及び提出していない場合はその理由

（入社してすぐに派遣されたため、まだ提出できていない場合の記載例）
雇用保険：提出していない（理由：書類準備中、○月○日届出予定）
健康保険：提出していない（理由：書類準備中、○月○日届出予定）
厚生年金保険：提出していない（理由：書類準備中、○月○日届出予定）

（雇用保険は加入要件を満たしているが、健康保険・厚生年金保険は加入要件を満たしていない場合の記載例）
雇用保険：提出済み（理由：　　　　）
健康保険：提出していない（理由：労働時間が通常の労働者の4分の3に満たないため）
厚生年金保険：提出していない（理由：労働時間が通常の労働者の4分の3に満たないため）

紹介予定派遣に関する事項

W ☑　紹介予定派遣ではない

X □　紹介予定派遣である
（1）派遣先が雇用する場合に予定される労働条件等
契約期間　　期間の定めなし
業務内容　　営業事務（伝票起票、納品・発注業務、職場内の清掃業務、その他当該業務に付随する業務）
試用期間に関する事項　　なし

就業場所　　株式会社△△△△　大阪支店　茨木営業所

（〒○○○−○○○○　大阪府茨木市○○　○−○−○

TEL ○○−○○○○−○○○○）

始業・終業時間　始業：9時00分　　終業：18時00分

休憩時間　　60分

所定時間外労働　有り（1日4時間、1箇月45時間、1年360時間の範囲内）

休日　　毎週土、日、祝日、年末年始（会社カレンダーによる）、夏季休暇（会社

　　　　カレンダーによる）

休暇　　年次有給休暇：10日（6箇月継続勤務後）

賃金　　基本賃金　月給18万円〜24万円（毎月15日締切、毎月25日支払）

通勤手当　　通勤定期券代の実費相当（上限月額35,000円）

所定時間外、休日又は深夜労働に対して支払われる割増賃金率

　　所定時間外：法定超　25％、休日：法定休日　35％、深夜：25％

昇給　　有（0円〜3千円/月）

賞与　　有（年2回、計1箇月分）

社会保険の加入状況：厚生年金、健康保険、雇用保険、労災保険　に加入

労働者を雇用しようとする者の名称：株式会社△△△△

(2) その他

・　派遣先は、職業紹介を受けることを希望しなかった又は職業紹介を受けた者
を雇用しなかった場合には、その理由を、派遣元事業主に対して書面により明
示する。

・　紹介予定派遣を経て派遣先が雇用する場合には、年次有給休暇及び退職金の
取扱いについて、労働者派遣の期間を勤務期間に含めないこととする。**Y**

派遣受入期間の制限を受けない業務について行う労働者派遣に関する事項

Z ☑ 派遣受入期間の制限を受けない業務ではない

AA {

AB ☐ 有期プロジェクト業務

有期プロジェクトの内容：事業の廃止に伴う閉鎖業務への派遣

AC ☐ 日数限定業務

① 日数限定業務である旨：　書店での棚卸業務

② ①の業務が1ヶ月間に行われる日数：　3日

③ 当該派遣先の正社員の1箇月間の所定労働日数：　21.7日

AD ☐ 産前産後休業、育児休業等、介護休業等の代替要員として労働者派遣を行う場合

① 産前産後休業　☐　　　　育児休業　☑　　　　介護休業　☐

② 上記①の育児休業等をする者の氏名：○○　　○○

③ 上記②の者が行っていた業務内容：営業事務（伝票起票、納品・発注業務、職場
内の清掃業務、その他当該業務に付随する業務）

④ 上記①の育児休業等の開始日：令和○○年○○月○○日

⑤ 上記①の育児休業等の終了予定日：令和○○年○○月○○日

Point

A この文言は必須記載事項のため、記載漏れのないようご注意ください（就

業条件明示書には「当該労働者派遣をしようとする旨」を記載しなければいけないため)。

B 事業所単位の期間制限の対象となる事業所名、つまり、雇用保険の適用事業所番号を持つ事業所名とその所在地を記載してください。

C 実際の就業場所を記載してください。派遣先事業所と同じである場合は「派遣先事業所と同じ」と記載し、派遣先事業所と異なる場合はその事業所名と住所を記載してください。

D 個人単位の期間制限における組織単位を記載してください。組織の長の職名は必須記載事項ではありませんが、記載する方が望ましいとされています。

E 主たる指揮命令者を記載してください。

F 通常その業務では想定できない業務(記載例でいうと、「職場内の清掃業務」等)が業務内容に含まれる場合は、後々、派遣労働者からの苦情の原因となるため、できるだけ記載していただいた方が良いでしょう。日雇い派遣の場合は派遣法施行令第4条第1項各号の号番号を記載してください。

G 具体的な役職名を記載してください。役職を有さない派遣労働者であればその旨を記載してください。「(例)役職なし」。また、役職がある場合は部下の人数等についても記載する方が望ましいとされています。

H 派遣期間は事業所単位の抵触日の前日までしか派遣できないのでご注意ください。

I 事業所単位の期間制限の日ではなく、期間制限に抵触する日(期間制限日の翌日)を記載してください。無期雇用派遣労働者や60歳以上の派遣労働者等、期間制限を受けない場合は「無期雇用派遣労働者のため期間制限なし」等と記載してください。

J 個人単位の期間制限の日ではなく、期間制限に抵触する日(期間制限日の翌日)を記載してください。無期雇用派遣労働者や60歳以上の派遣労働者等、期間制限を受けない場合は「無期雇用派遣労働者のため期間制限なし」等と記載してください。

K 無期雇用派遣労働者や60歳以上の派遣労働者等、期間制限を受けない場合は記載不要ですが、記載漏れを防ぐためにも、常に記載しておく方が良いでしょう。

L その派遣労働者の派遣就業する日を記載してください。日雇派遣の場合は「〇月〇日」等と記載してください。

休日が派遣先の会社カレンダーによる場合は、「休日は派遣先の会社カレンダーによる」と記載し、必ず、派遣期間開始前に派遣先から当該派遣期間にかかる派遣先の会社カレンダーを取得し、この就業条件明示書に添付してください。添付がない場合は、派遣法に抵触することになるのでご注意ください。

　特定の日や曜日が決まっておらず、毎月、派遣先のシフトによる場合は「派遣先シフトによる」とし、少なくともそのシフトの開始日より前に派遣先から派遣元にシフトを渡し、そのシフトに基づいて派遣元が派遣労働者の就業する日を決定し、この就業条件明示書に添付してください。添付がない場合は、派遣法に抵触することになるのでご注意ください。

　派遣元の就業規則に記載している就業日・就業時間の範囲内でしか就業させられないことにもご注意ください。

Ⓜ　就業時間が派遣先シフトによる場合は、「派遣先シフトによる」と記載し、少なくともそのシフトの開始日より前に派遣先から派遣元にシフトを渡し、そのシフトに基づいて派遣元が派遣労働者の就業する時間を決定し、この就業条件明示書に添付してください。添付がない場合は、派遣法に抵触することになるのでご注意ください。

　派遣元の就業規則に記載している就業日・就業時間の範囲内でしか就業させられないことにもご注意ください。

Ⓝ　派遣元が届け出ている「36協定」に記載している時間外労働時間数の範囲内でしか時間外労働はさせられないのでご注意ください。

　休日労働については、1ヶ月間で休日労働させる可能性がある日数を記載し、時間外労働については、1日・1ヶ月・1年間の時間外労働をさせる可能性がある時間数を記載してください。

Ⓞ　派遣労働者の賃金額ではなく、派遣元と派遣先との派遣料金額を記載してください。時間額・日額・月額のいずれでも可（ただし、単位の記載は必要です。（例）時間額○○○○円、又は、日額○○○○円、又は、月額○○○○円。）。また、派遣料金額は当該派遣契約の派遣料金額でも毎年6月末までに労働局に提出する事業報告書に記載した派遣料金額の平均額のいずれかの額を記載いただいても結構です。

Ⓟ　派遣労働者が業務遂行するにあたって派遣元及び派遣先の安全衛生に関する責務を記載してください。派遣元・派遣先にて安全衛生に関する取決めを

具体的に定めていない場合は記載例の文言をそのまま記載していただければ結構です。

Q　派遣労働者に対し、派遣先の福利厚生施設（物品販売所、病院、診療所、浴場、理髪室、保育所、図書館、講堂、娯楽室、運動場、体育館、保養施設等）の利用又は派遣先のレクリエーション等に関する施設又は設備の利用、派遣先の制服の貸与などの取決めを行った場合にはその旨記載してください。これらの取り決めを行っていない場合は「なし」と記載してください。

R　派遣元・派遣先の苦情担当者及び苦情処理方法並びに派遣元と派遣先の連携体制について記載してください。記載例の文言をそのまま記載していただければ結構です。

S　派遣元責任者は必ず労働局に届け出ている派遣元責任者を記載してください。

　物の製造業務に労働者派遣をする場合は派遣元及び派遣先は製造業務に従事させる派遣労働者を専門に担当する「製造業務専門派遣元責任者」「製造業務専門派遣先責任者」を選任し、「製造業務専門派遣元責任者　部署○○○○…」等と記載してください。

T　個別契約書では派遣先が派遣元に対して損害賠償する内容を記載していましたが、就業条件明示書では派遣元が派遣労働者に対して休業手当や解雇予告手当等の労基法その他の法令上の責務を果たす旨を記載してください。記載例の文言をそのまま記載していただければ結構です。

U　派遣元が有料職業紹介の許可を取得していない場合は紹介手数料を支払う旨の記載は削除してください（もし、無許可で職業紹介を行った場合は職業安定法に抵触することとなります）。

V　各保険の取得届を提出していない場合はその理由を詳細に記載してください。

W　紹介予定派遣ではない場合はこちらにチェックをしてください。

X　紹介予定派遣の場合はこちらにチェックをして、記載例にある内容を記載してください。

Y　年次有給休暇及び退職金の取扱いについて、労働者派遣の期間を勤務期間に含めて計算する場合は「含めることとする」と記載してください。

Z　派遣受入期間の制限を受けない業務ではない場合は「派遣受入期間の制限を受けない業務ではない」にチェックを入れてください。

派遣受入期間の制限を受けない業務の場合はAB〜ADのいずれかにチェックを入れて、その内容を記載してください。

AB 事業の開始、転換、拡大、縮小又は廃止のための業務であって一定の期間内に完了することが予定されている業務に対して、労働者派遣を行う場合に限られるので、建設会社の新規マンションの建設などの有期プロジェクト業務やIT企業の新規のソフトウェア開発等の有期プロジェクト業務などは、これには該当しない（理由：事業の開始、転換、拡大、縮小又は廃止のための業務ではないため）のでご注意ください。

AC 派遣労働者の従事する業務の1ヶ月間に行われる日数が、当該派遣就業に係る派遣先に雇用される正社員の1ヶ月間の所定労働日数の半分以下で、かつ、月10日以下である業務に限ります。その業務自体が日数限定業務でないと該当しないのでご注意ください。

AD 派遣先の直接雇用の労働者が育児休業等を取得する場合に、その代替要員として派遣労働者を派遣する場合に限ります。

⑤　就業条件明示書の保管期間

　労働者派遣法上、「就業条件明示書」の書類の保管期間は定められていませんが、少なくとも当該派遣期間中は必ず保管しておいてください。労働局の調査の際に提出を求められる場合があり、その際に提出できなければ書類不備となり指導の対象となる可能性があります。

10　待遇に関する事項等の説明（雇用した時）　＜派遣元＜

2020年4月1日派遣法改正に伴い新規に追加

①　内容

　派遣労働者を雇い入れた際（雇用契約を締結した際）には、派遣元は派遣労働者に対して、次のイ及びロを行わなければなりません。

　　イ　一定の労働条件を書面で明示

　　ロ　派遣先均等・均衡方式又は労使協定方式により講ずべきこととされている措置の説明

　労働者派遣法には、「派遣元事業主は、労働者を派遣労働者として雇い入れようとするときは、あらかじめ、当該労働者派遣に係る派遣労働者に対し、文

書の交付等により、労働条件に関する事項を明示するとともに、派遣先均等・均衡方式、労使協定方式、職務の内容等を勘案した賃金の決定について講ずる措置の内容を説明しなければならない（労働者派遣法第31条の2第2項）」と規定されています。

派遣労働者の労働条件は、派遣元に直接雇用されている派遣労働者以外の労働者に比べて、個々の事情に応じて多様に設定されることが多く、派遣労働者が雇用された後に労働条件等の説明を受けていないということも少なくありません。

このため、派遣労働者が個々の待遇について知らされていないなどのトラブルを回避するため、派遣元に対し、雇用契約書に記載されていない労働条件を文書で派遣労働者に明示するとともに、派遣先均等・均衡方式や労使協定方式により派遣労働者の待遇はどのように決定されているのかについて説明することとしたものです。

これは、2020年4月1日の労働者派遣法の改正に伴い新規に追加された事項となります。

② 待遇に関する事項等の説明（雇用した時）の記載及び説明事項

前述のとおり、待遇に関する事項等の説明（雇用した時）には派遣労働者に文書で明示しなければならないものと口頭で説明しなければならないものがあります。それぞれの具体的な内容を説明します。

イ 書面で明示しなければならない事項

待遇に関する事項等の説明（雇用した時）における書面での明示事項は次の❶〜❺の項目となります。

❶ 昇給の有無

「昇給」とは、一つの労働契約期間中での賃金の増額のことをいいます。したがって、有期労働契約の契約更新時の賃金改定は、「昇給」には該当しません。

「昇給」が業績等に基づき実施されない可能性がある場合には、制度としては「有り」と明示し、併せて「昇給」が業績等に基づき実施されない可能性がある旨を明示することが必要です。

❷ 退職手当の有無

「退職手当」とは、労使間において、労働契約等によってあらかじめ支給

条件が明確になっており、退職により支給されるものであればよく、その支給形態が退職一時金として支給されるか、退職年金として支給されるかは特に問題となりません。

「退職手当」が勤続年数等に基づき支給されない可能性がある場合には、制度としては「有り」と明示し、併せて「退職手当」が勤続年数等に基づき支給されない可能性がある旨を明示することが必要です。

❸ **賞与の有無**

「賞与」とは、定期的又は臨時に支給されるものであって、その支給額があらかじめ確定されていないものをいいます。

「賞与」が業績等に基づき支給されない可能性がある場合には、制度としては「有り」と明示しつつ、併せて「賞与」が業績等に基づき支給されない可能性がある旨を明示することが必要です。

❹ **協定対象派遣労働者であるか否か（協定対象派遣労働者である場合には、当該協定の有効期間の終期）**

その雇用した派遣労働者が労使協定方式の対象となる派遣労働者であるのかそうでないのかを明示してください。その派遣労働者が労使協定方式の対象となる派遣労働者である場合は、その労使協定の有効期間の終期を明示する必要があります。

❺ **派遣労働者から申出を受けた苦情の処理に関する事項**

「派遣労働者から申出を受けた苦情の処理に関する事項」とは、派遣労働者の苦情の申出を受ける者、派遣元事業主及び派遣先において苦情処理をする方法、派遣元事業主と派遣先との連携のための体制等のことをいいます。

個別契約書や就業条件明示書に記載した「派遣労働者から苦情の申出を受けた場合における当該申出を受けた苦情の処理に関する事項」と全く同じ内容を明示すれば結構です。

□ **口頭で説明しなければならない事項**

待遇に関する事項等の説明（雇用した時）における口頭で説明しなければならない事項は次の❶〜❸の項目となります。

❶ **法第30条の3の規定（派遣先均等・均衡方式）により講ずべきこととされている事項に関し講ずることとしている措置の内容**

派遣先均等・均衡方式を採用した場合に講ずべき措置の内容に関して説明します。

具体的には、派遣先均等・均衡方式と労使協定方式の違い、比較対象労働者の待遇等に関する情報の提供の様式に基づいて派遣先均等・均衡方式による賃金の決定手順について、参考資料等を活用しながら説明します。

❷　**法第 30 条の 4 第 1 項の規定（労使協定方式）により講ずべきこととされている事項に関し講ずることとしている措置の内容**

労使協定方式を採用した場合に講ずべき措置の内容に関して説明します。

具体的には、派遣先均等・均衡方式と労使協定方式の違い、実際の労使協定に基づいて労使協定方式による派遣労働者の賃金の決定手順について説明します。

❸　**法第 30 条の 5 の規定（派遣先均等・均衡方式の均衡待遇の場合における職務の内容等を勘案した賃金の決定）により講ずべきこととされている事項**

労働者派遣法第 30 条の 5 には、

「派遣元事業主は、派遣先に雇用される通常の労働者との均衡を考慮しつつ、その雇用する派遣労働者（均等待遇の対象となる派遣労働者及び労使協定方式の対象となる派遣労働者を除く）の職務の内容、職務の成果、意欲、能力又は経験その他の就業の実態に関する事項を勘案し、その賃金（通勤手当その他の厚生労働省令で定めるものを除く）を決定するように努めなければならない。」

と規定されています。

派遣先均等・均衡方式において均衡待遇の対象となる派遣労働者の賃金については、派遣先に雇用される正社員との間で、職務内容や転勤の範囲等を踏まえて不合理な待遇差がなければ法律違反とはなりません。

しかし、それだけでは派遣労働者の納得感の向上や就業意欲を増進させるには不十分であるため、派遣先の直接雇用の正社員と派遣労働者との間の待遇に関して不合理な待遇差を設けないことはもちろんのこと、さらに、個々の派遣労働者の貢献度や意欲も考慮して賃金額を決定するように努めることを派遣元に促す規定となります。

具体的には、派遣元が均衡待遇の対象となる派遣労働者に対し、その者の意欲や能力に応じて賃金額がアップするような賃金制度について説明します。

③　待遇に関する事項等の説明（雇用した時）の方法

繰り返しになりますが、待遇に関する事項等の説明（雇用した時）は、派遣労

働者と雇用契約を締結した際に、派遣元から派遣労働者に対し、書面の交付及び口頭での説明が必要となります。

　書面の交付については文書で交付するほか、ファクシミリを利用してする送信又は電子メール等の送信（ただし、ファクシミリや電子メールの場合は派遣労働者が希望した場合に限ります）により行うことも可能です（労働者派遣法施行規則第25条の15）。

　また、書面の交付については「待遇に関する事項等の説明（雇用した時）」という様式（任意様式となります）を使って説明するほか、雇用契約締結時の労働条件通知書や雇用契約書等に上記の記載事項を記載しても構いません。

　口頭での説明については、書面の活用その他の適切な方法により行っていただく必要があります（労働者派遣法施行規則第25条の18）。

　派遣労働者が、派遣元が講ずる措置の内容を理解できるよう、書面を活用し、口頭により行うことが基本となります。当該書面としては、就業規則、賃金規程、派遣先に雇用される通常の労働者の待遇のみを記載した書面等が想定されます。

　また、派遣労働者が措置の内容を的確に理解することができるようにするという観点から、説明に活用した書面を交付することが望ましいとされています。

　一方、説明すべき事項を全て記載した派遣労働者が容易に理解できる内容の書面を用いる場合には、当該書面を交付する等の方法でも構いません。ほかに、待遇の内容の説明に関して、就業規則の条項を書面に記載し、その詳細は、別途就業規則を閲覧させるという方法も考えられますが、派遣元は、就業規則を閲覧する者からの質問に対して誠実に対応する必要があります。

　有期雇用派遣労働者の場合は雇用契約を締結するたび（更新するたび）に、待遇に関する事項等の説明（雇用した時）を行わなければなりません（派遣契約の期間と同一の期間で有期雇用契約を締結している場合は、その都度説明が必要となります）。

④　待遇に関する事項等の説明（雇用した時）の記載例

　待遇に関する事項等の説明（雇用した時）の記載例は図表2-27のようになります。

待遇に関する事項等の説明（雇用時）
【法31条の2第2項】

書面での明示事項

令和〇〇年〇月〇〇日

＿＿＿＿＿＿＿＿＿＿　殿

事業所名：〇〇〇〇㈱
事業所所在地：〇〇〇県〇〇〇市〇〇〇町〇-〇-〇
使用者職氏名：代表取締役　〇〇　〇〇

　労働者派遣事業の適正な運営の確保及び派遣労働者の保護等に関する法律第31条の2第2項に基づき、下記の内容の事項等について明示いたします。

A	昇給の有無	なし
B	退職手当の有無	退職手当の制度としてはあるが、就業規則に基づき、勤続年数等により支給されない可能性あり
C	賞与の有無	賞与の制度はあるが、業績等に基づき支給されない可能性あり
	協定対象派遣労働者であるか否かの別	□　協定対象派遣労働者である 　　（当該協定の有効期間の終了日：　　年　月　日） ☑　協定対象派遣労働者ではない
D	派遣労働者から申出を受けた苦情の処理に関する事項	(1)　苦情の申出を受ける者 　　　派遣先：営業課主任　〇〇〇〇　TEL：〇〇-〇〇〇〇-〇〇〇〇 　　　派遣元：総務部長　〇〇〇〇　TEL：〇〇-〇〇〇〇-〇〇〇〇 (2)　苦情処理方法、連携体制等 　①　派遣元における(1)の記載の者が苦情の申出を受けた時は、ただちに派遣元責任者へ連絡することとし、当該派遣元責任者が中心となって、誠意をもって、遅滞なく、当該苦情の適切迅速な処理を図ることとし、その結果について必ず派遣労働者に通知することとする。 　②　派遣先における(1)の記載の者が苦情の申出を受けた時は、ただちに派遣先責任者へ連絡することとし、当該派遣先責任者が中心となって、誠意をもって、遅滞なく、当該苦情の適切迅速な処理を図ることとし、その結果について必ず派遣労働者に通知することとする。 　③　派遣元及び派遣先は、自らでその解決が容易であり、即時に処理した苦情の他は、相互に遅滞なく通知するとともに、密接に連絡調整を行いつつ、その解決を図ることとする。

Point

A 「昇給」とは、一つの労働契約の中での賃金の増額をいいます。したがって、有期労働契約の契約更新時の賃金改定は、「昇給」にはあたりません。

　「昇給」が業績等に基づき実施されない可能性がある場合には、制度としては「有」と明示しつつ、あわせて「昇給」が業績等に基づき実施されない可能性がある旨を明示することが必要です。

B 「退職手当」とは、労使間において、労働契約等によってあらかじめ支給条件が明確になっており、退職により支給されるものであればよく、その支給形態が退職一時金であるか、退職年金であるかは問われません。

　「退職手当」が勤続年数等に基づき支給されない可能性がある場合には、制度としては「有」と明示しつつ、あわせて「退職手当」が勤続年数等に基づき支給されない可能性がある旨について明示することが必要です。

C 「賞与」とは、定期又は臨時に支給されるものであって、その支給額があらかじめ確定されていないものをいいます。「賞与」が業績等に基づき支給されない可能性がある場合には、制度としては「有」と明示しつつ、あわせて「賞与」が業績等に基づき支給されない可能性がある旨を明示することが必要です。

D 「派遣労働者から申出を受けた苦情の処理に関する事項」とは、以下の事項をいいます。

　　①　派遣労働者の苦情の申出を受ける者（派遣元及び派遣先）
　　②　派遣元及び派遣先において苦情処理をする方法
　　③　派遣元と派遣先との連携のための体制等

　口頭での説明事項

（1）　派遣先の通常の労働者と派遣労働者との間で不合理な相違を設けない旨【法第30条の3関係】（均等均衡方式の場合）
　①　派遣先均等・均衡方式と労使協定方式の違い
　　イ　派遣先均等・均衡方式
　　　　派遣先均等・均衡方式とは派遣契約を締結する前に、派遣先は、派遣先で直接雇用される正社員等の詳細な賃金等の情報（基本給や賞与、各種手当の金額やその金額を決定するにあたって考慮した事項等の情報）について、派遣元に

情報を提供し（これを「比較対象労働者の待遇等に関する情報の提供」といいます）、その情報を基に派遣元は派遣労働者の賃金額等を決定する方式です。

　この派遣先均等・均衡方式が、派遣労働者の賃金決定をする上で原則的な方法となります。

ロ　労使協定方式

　労使協定方式とは、本来、同一労働同一賃金の概念に基づいた場合、派遣先均等・均衡方式が原則の方式となりますが、派遣元が派遣元の労働者の過半数で組織する労働組合がある場合はその労働組合と、労働組合がない場合は、派遣元の労働者の過半数を代表する者と労使協定を締結した場合には、その労使協定に基づいて派遣労働者の賃金額等を決定する方法です。

　具体的には、厚生労働省の職業安定局長が毎年６〜７月頃に「派遣労働者専用の派遣労働者が従事する職種ごと能力ごとの賃金統計」（これを「職業安定局長通達」といいます）を公表するので、その賃金統計以上の賃金を派遣労働者に支払うことを定めた労使協定を上記の労働組合又は過半数を代表する者と締結して、その締結した労使協定にしたがって派遣労働者の賃金額を決定することとなります。

派遣先均等・均衡方式と労使協定方式のイメージ図

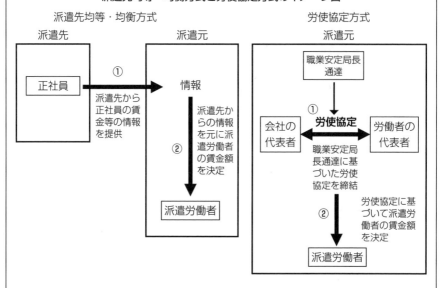

②　派遣先均等・均衡方式が適用される場合及びそれぞれの待遇の内容

イ　派遣先均等・均衡方式の均衡待遇が適用される場合

　派遣先に直接雇用される通常の労働者（正社員や無期雇用フルタイム労働者。以下「正社員」といいます）と

① 職務内容
　　→　職務内容とは「業務の内容」＋「責任の程度」をいいます
② 職務内容及び配置の変更の範囲
　　→　職務内容及び配置の変更の範囲とは「人事異動の範囲」＋「職務内容の変更の範囲」＋「転勤の範囲」をいいます

のうち、一部だけが同じ派遣労働者には均衡待遇が適用されます。

　均衡待遇が適用される派遣労働者については、派遣先に直接雇用される正社員との間で待遇差を設けることは構いませんが、その待遇差について整合性を図らなければいけません。

ロ　派遣先均等方式の均等待遇が適用される場合

　派遣先に直接雇用される正社員と
① 職務内容（上記イ①と同じ）
② 職務内容及び配置の変更の範囲（上記イ②と同じ）

の全てが同じ派遣労働者には均等待遇が適用されます。

　均等待遇が適用される派遣労働者については、派遣先に直接雇用される正社員との間で待遇差を設けてはいけません（つまり、派遣労働者の賃金等については派遣先の直接雇用される正社員と全く同じ待遇にしなければいけません）。

③　派遣先の正社員の賃金等の情報提供

　派遣先から、下記のような派遣先の直接雇用の正社員の待遇に関する情報（これを「比較対象労働者の待遇等に関する情報」といいます）の提供を受けた場合に、均衡待遇の対象となる派遣労働者にはその内容に基づいて、派遣先の通常の労働者と派遣労働者との間で不合理な相違とならないよう、派遣労働者の賃金額等の待遇を決定します。

　また、均等待遇の対象となる派遣労働者の賃金額等の待遇については、派遣先の直接雇用の正社員と派遣労働者との間で待遇差を設けないこととします。（下記の比較対象労働者の待遇等に関する情報の内容は、参考例です）
※　作成のポイントについては、図表2-23を参照してください。

令和○年○月○日

（派遣元）
○○○○株式会社　御中

　　　　　　　　　　　　　（派遣先）
　　　　　　　　　　　　　株式会社△△△△
　　　　　　　　　　　　　役職：総務部長
　　　　　　　　　　　　　氏名：□□　□□

比較対象労働者の待遇等に関する情報提供
（派遣労働者を協定対象派遣労働者に<u>限定しない場合</u>）
【法26条第7項】

　労働者派遣事業の適正な運営の確保及び派遣労働者の保護等に関する法律第26条第7項に基づき、比較対象労働者の待遇等に関する情報を下記のとおり情報提供いたします。

1．比較対象労働者の職務の内容（業務の内容及び責任の程度）、当該職務の内容及び配置の変更の範囲並びに
　　雇用形態【則第24条の4第1号イ関係】

　(1)　業務の内容

①　職種：○○○○○○【厚生労働省編職業分類　細分類○○○-○○】
②　中核的業務：○○○○
③　その他の業務：○○○○

　(2)　責任の程度

①　権限の範囲： 　　役職名：○○○○ 　　単独で契約締結可能な金額の範囲：○○○○ 　　管理する部下の数：○名 　　決裁権限の範囲：○○○○
②　トラブル・緊急対応：○○○○
③　成果への期待・役割：○○○○
④　所定外労働の有無及び頻度：○○○○
⑤　その他：

　(3)　職務の内容及び配置の変更の範囲

①　転勤の有無：○○○○
②　転勤の範囲：○○○○
③　職務の内容・配置の変更の有無：○○○○
④　職務の内容・配置の変更の範囲：○○○○

　(4)　雇用形態

正社員（年間所定労働時間○○○○時間）

2. 比較対象労働者を選定した理由 【則第 24 条の 4 第 1 号ロ関係】
- ・ 比較対象労働者の分類：業務の内容が同一である通常の労働者
- ・ 比較対象労働者の区分等：○○○○
- ・ 上記の比較対象労働者を選定した理由：

　　　受け入れようとする派遣労働者と「職務の内容及び配置の変更の範囲」又は「職務の内容」が同一である通常の労働者はいないが、「業務の内容」が同一である通常の労働者がいるため

〈参考：チェックリスト〉

比較対象労働者（次の①〜⑥の優先順位により選出）	対象者の有無（○ or ×）
① 【職務の内容】並びに【職務の内容及び配置の変更の範囲】が派遣労働者と同一であると見込まれる通常の労働者	×
② 【職務の内容】が派遣労働者と同一であると見込まれる通常の労働者	×
③ 【業務の内容】又は【責任の程度】のいずれかが派遣労働者と同一であると見込まれる通常の労働者	○
④ 【職務の内容及び配置の変更の範囲】が派遣労働者と同一であると見込まれる通常の労働者	―
⑤ ①〜④までに相当する【短時間労働者】又は【有期雇用労働者】 ※ 派遣先の通常の労働者との間で短時間・有期雇用労働法等に基づく均衡が確保されている者に限る	―
⑥ 派遣労働者と同一の【職務の内容】で業務に従事させるために新たに通常の労働者を雇い入れたと仮定した場合における当該通常の労働者（【仮想の通常の労働者】） ※ 派遣先の通常の労働者との間で適切な待遇が確保されている者に限る	―

3. 待遇の内容等
(1) 比較対象労働者の待遇のそれぞれの**内容**（昇給、賞与その他の主な待遇がない場合にはその旨）【則第 24 条の 4 第 1 号ハ関係】
(2) 比較対象労働者の待遇のそれぞれの**性質**及び待遇を行う**目的** 【則第 24 条の 4 第 1 号ニ関係】
(3) 待遇のそれぞれを決定するにあたって**考慮した事項** 【則第 24 条の 4 第 1 号ホ関係】

(待遇の種類)		
(待遇の内容)	(待遇の性質・目的)	(待遇決定にあたって考慮した事項)

① 基本給		
○○万円／月	・労働に対する基本的な対償として支払われるもの ・労働者の能力の向上のための努力を促進する目的 ・長期勤続を奨励する目的	能力、経験、勤続年数を考慮 ・能力、経験：定型的な販売業務の処理、クレーム対応が可能 ・勤続年数：○年目（入社後○年）

② 賞与：制度あり		
○○万円／年	・会社の利益を分配することによって、社員の士気を高める目的	基本給額、支給月数により算定 ・個人業績に係る評価を考慮 ・個人業績：○評価 （【特に優秀】【優秀】【普通】の3段階評価の中評価）

③ 役職手当：制度あり		
○○万円／月	・一般社員にはない特別な責任と役割に応じて支給されるもの ・一定の責任と役割の履行を促進する目的	責任の程度を考慮 ・役職：副リーダー

④ 特殊作業手当：制度なし		
―	―	―

⑤ 特殊勤務手当：制度なし		
―	―	―

⑥ 精皆勤手当：制度あり		
0円	・一定数の業務を行う人数を確保するための皆勤を奨励する目的	責任の程度と意欲を考慮し、部下がいない場合であり、かつ、無欠勤の場合に一律○万円を支給 ・責任の程度：部下○名 ・欠勤の有無：無欠勤

⑦ 時間外労働手当（法定割増率以上）：制度なし		
―	―	―

⑧ 深夜及び休日労働手当（法定割増率以上）：制度なし		
―	―	―

⑨ 通勤手当：制度あり		
○○万円（実費）／月	・通勤に要する交通費を補てんする目的	通勤距離を考慮

⑩　出張旅費：制度あり		
０円	・出張に要する交通費を補てんする目的	出張距離を考慮 ・出張なし

⑪　食事手当：制度なし		
－	－	－

⑫　単身赴任手当：制度なし		
－	－	－

⑬　地域手当：制度なし		
－	－	－

⑭　食堂：施設あり		
食堂なし	・業務の円滑な遂行に資する目的	就業する事業所に食堂があるか否かを考慮し、食堂がある場合には利用の機会を付与 ・就業する事業所：Ａ支店（食堂なし）

⑮　休憩室：施設なし		
－	－	－

⑯　更衣室：施設あり		
利用可	・業務の円滑な遂行に資する目的	就業する事業所に更衣室があるか否かを考慮し、更衣室がある場合には利用の機会を付与 ・就業する事業所：Ａ支店（更衣室あり）

⑰　転勤者用社宅：制度あり		
利用なし	・住宅を確保し、転勤に伴う負担を軽減する目的	職務の内容及び人材活用の範囲を考慮し、転勤がある場合に提供 ・職務の内容及び人材活用の範囲：転勤を伴う人事異動なし

⑱　慶弔休暇：制度あり		
○日／年	・冠婚葬祭への参加を促進することで就業継続や業務能率の向上を図る目的	勤続年数を考慮 ・勤続１年以上の者に一律○日／年付与 ・勤続年数：○年目（入社後○年○ヶ月）

⑲　健康診断に伴う勤務免除及び有給：制度なし		
—	—	—

⑳　病気休職：制度なし		
—	—	—

㉑　法定外の休暇（慶弔休暇を除く）：制度なし		
—	—	—

㉒　教育訓練：制度あり		
接客に関する教育訓練	・職務の遂行に必要な技能又は知識を習得する目的	業務の内容を考慮 ・接客に従事する場合には、○ヶ月に1回、希望者に限り、接客に関する基礎を習得するための教育訓練を実施

㉓　安全管理に関する措置及び給付：制度なし		
—	—	—

㉔　退職手当：制度あり		
0円	・長期勤続を奨励する目的 ・退職後の生活を保障する目的	基本給額、勤続年数、離職理由により算定 ・勤続○年であって、会社都合により退職した場合は、基本給額○ヶ月分の退職手当を支給 ・勤続年数：○年目（入社後○年○ヶ月）

㉕　住宅手当：制度なし		
—	—	—

㉖　家族手当：制度あり		
○万円／月	・労働者の家族を扶養するための生活費を補助する目的	扶養家族の人数を考慮 ・扶養家族1人につき○万円を支給（上限○万円） ・扶養家族：○人

㉗　○○○○手当：制度○○○		
—	—	—

（2）　賃金等の待遇が法第30条の4第1項の労使協定に基づき決定される旨【法第30条の4第1項関係】（労使協定方式の場合）

　別紙「労使協定書」に基づいて説明します。

（3）職務の内容、職務の成果、意欲、能力又は経験その他就業の実態に関する事項のうち、どの要素を勘案するか【法第 30 条の 5 関係】（均等均衡方式（均衡待遇）の場合）

　半期ごとに行う勤務評価の結果、その経験の蓄積・能力の向上があると認められた場合には、基本給額の 1〜3 ％の範囲で能力手当を支払うこととする。

　※　労使協定方式のみを採用する派遣元については(1)及び(3)の説明は省略してください。
　※　派遣先に均等・均衡方式のみを採用する派遣元については(2)の説明は省略してください。

📎 Point

E　労使協定方式を採用しない派遣元については、「当社は労使協定方式を適用しません」と記載してください。

F　この項目は均衡待遇が適用される派遣労働者に対してのみ適用されます（均等待遇が適用される派遣労働者については適用されません）。

　この項目は、派遣先均等・均衡方式の均衡待遇の対象となる派遣労働者に対して、派遣先に雇用される正社員との均衡を考慮しつつ、その派遣労働者の職務の内容や職務の成果、意欲、能力又は経験その他の就業の実態に関する事項を勘案し、その派遣労働者の賃金額を決定する制度を適用するよう派遣元に課した努力義務規定となります。

　「職務の内容、職務の成果、意欲、能力又は経験その他の就業の実態に関する事項を勘案」した措置の例としては、職務の内容、職務の成果、意欲、能力又は経験その他の就業の実態に関する事項を踏まえた
　　①　賃金水準の見直し
　　②　昇給・昇格制度や成績等の考課制度の整備
　　③　職務手当、役職手当、成果手当の支給等
が考えられます。

⑤　待遇に関する事項等の説明（雇用した時）書類の保管期間

　労働者派遣法上、「待遇に関する事項等の説明（雇用した時）」の書類の保管期間は定められていませんが、少なくとも当該労働者の派遣期間の間は保管しておいた方が良いでしょう。労働局の調査の際に提出を求められる場合があり、そ

の際に提出できない場合は書類不備となり指導の対象となる可能性があります。

11　待遇に関する事項等の説明（派遣する時）　◆派遣元◆

2020 年 4 月 1 日派遣法改正に伴い新規に追加

①　内容

　「待遇に関する事項等の説明（派遣する時）」については、労働者派遣法第 31 条の 2 第 3 項に規定されています。その内容は「派遣元事業主は、労働者派遣（第 30 条の 4 第 1 項の協定（労使協定方式）に係るものを除く）をしようとするときは、あらかじめ、当該労働者派遣に係る派遣労働者に対し、文書の交付等により一定の事項を明示するとともに、厚生労働省令で定めるところにより、措置の内容を説明しなければならない」となっています。

　つまり、労働者派遣法上、労使協定方式の対象となる派遣労働者については、「待遇に関する事項等の説明（派遣する時)」の書面の交付及び口頭での説明は除かれると規定されています。

　しかし、労働者派遣事業関係業務取扱要領には、労使協定方式の対象となる派遣労働者についても「協定対象派遣労働者であるか否か（協定対象派遣労働者である場合には、当該協定の有効期間の終期）」について書面で交付する旨記載されており、法律上の規定と運営マニュアルである要領との間に相違が生じているように思われます。

　では、どうすればいいかというと、一応、文書交付はしておいた方が無難でしょう。

　ただし、労使協定方式の対象となる派遣労働者については、口頭での説明は不要となります。

②　待遇に関する事項等の説明（派遣する時）の記載及び説明事項
イ　書面で明示しなければならない事項

　　待遇に関する事項等の説明（派遣する時）における書面での明示事項は次の❶の項目のみとなります。

❶　協定対象派遣労働者であるか否か（協定対象派遣労働者である場合には、当該協定の有効期間の終期）

185

□　口頭で説明しなければならない事項

口頭で説明しなければならない事項はありません。

③　待遇に関する事項等の説明（派遣する時）の方法

原則、書面での交付等により各派遣労働者に説明をしなければなりません。

④　待遇に関する事項等の説明（派遣する時）の記載例

労使協定方式の対象となる派遣労働者に対する待遇に関する事項等の説明（派遣する時）の記載例は図表2-28のようになります。

図表2-28　待遇に関する事項等の説明（派遣する時）	DL可

待遇に関する事項等の説明（派遣する時）
（労使協定方式の場合）【法31条の2第3項】

明示事項

令和○○年○月○○日

＿＿＿＿＿＿＿＿＿＿＿殿

事業所名：○○○○㈱　○○○支店
事業所所在地：○○○県○○○市○○○町○−○−○
許可番号：派○○−○○○○○○○○

　労働者派遣事業の適正な運営の確保及び派遣労働者の保護等に関する法律第31条の2第3項に基づき、下記の内容の事項等について明示いたします。

協定対象派遣労働者であるか否かの別	協定対象派遣労働者である （労使協定の有効期間の終了日　：　令和○年○月○○日）

⑤　待遇に関する事項等の説明（派遣する時）書類の保管期間

労働者派遣法上、「待遇に関する事項等の説明（派遣する時）」の書類の保管期間は定められていませんが、少なくとも当該労働者の派遣期間の間は保管しておいた方が良いでしょう。労働局の調査の際に提出を求められる場合があり、その際に提出できない場合は書類不備となり指導の対象となる可能性がありま

す。

⓬　派遣先への通知　<派遣元>

2020 年 4 月 1 日派遣法改正に伴い一部追加事項あり

①　内容

　派遣労働者を派遣する際は、派遣元は派遣先に対し、派遣労働者に関する一定の事項を通知しなければなりません。

　労働者派遣法には、「派遣元事業主は、労働者派遣をするときは、当該労働者派遣に係る派遣労働者の氏名、当該労働者派遣に係る派遣労働者が協定対象派遣労働者であるか否かの別、当該労働者派遣に係る派遣労働者が無期雇用派遣労働者であるか有期雇用派遣労働者であるかの別、当該労働者派遣に係る派遣労働者が 60 歳以上の者であるかの別、当該派遣労働者の労働・社会保険への加入状況等を派遣先に通知しなければならない（労働者派遣法第 35 条第 1 項）」と規定されています。

　派遣労働者を派遣先にいつ、どのように派遣するかは派遣元が決定し、派遣先は、派遣元が決めた派遣労働者を、その派遣労働者の就業条件（派遣元と派遣労働者との間で交わされた雇用契約書に記載された労働条件）に従って就業させることとなります。

　しかしながら、派遣元と派遣先との間で締結された個別契約書においては、当該労働者派遣に係る全体としての就業条件と派遣労働者の人数は定められてはいるものの、実際の派遣就業にあたって、どのような派遣労働者が派遣され、かつ、その派遣労働者がどのような就業条件で派遣就業させることができるのかまでは定められていません。つまり、個別契約書では月曜日〜金曜日の 9 時〜18 時に事務の仕事で 1 人、派遣労働者に来て欲しいということを定めていても、月・水・金に派遣就業する A さん、火・木に派遣就業する B さんというように、どのような形で派遣労働者を派遣するかということは派遣元にしか決められないため、派遣先は実際派遣されるまでどのような形で派遣労働者が派遣されるのかわからないことになります。

　このため、労働者派遣契約の適正な履行を確保する観点から、派遣元から派遣先に対して、派遣する派遣労働者の氏名のほか、当該派遣労働者の派遣就業に係る就業条件等、必要な情報を通知させるという目的で派遣先への通知が義

務付けられています。

②　派遣先への通知の記載事項

派遣先への通知には次の❶〜❼の項目を定める必要があります。

❶　派遣労働者の氏名

派遣労働者の氏名を記載します。

❷　派遣労働者の性別

派遣労働者の性別を記載します（労働者派遣法施行規則第 28 条第 1 項）。

❸　派遣労働者の年齢に関する事項

派遣労働者の年齢に関する以下の事項を記載します。

　㋑　派遣労働者が 60 歳以上か否か

　㋺　派遣労働者が 45 歳以上の場合はその旨（労働者派遣法施行規則第 28 条第 1 項）

　㋩　派遣労働者が 18 歳未満の場合は派遣労働者の年齢（労働者派遣法施行規則第 28 条第 1 項）

❹　派遣労働者が協定対象派遣労働者であるか否かの別

2020 年 4 月 1 日より追加

派遣労働者が労使協定方式の対象となる派遣労働者かそうでないかを記載します。

❺　派遣労働者が無期雇用派遣労働者であるか有期雇用派遣労働者であるかの別

派遣労働者が無期雇用派遣労働者（派遣元と派遣労働者との雇用契約において期間の定めのない雇用契約を締結している者）か有期雇用派遣労働者（派遣元と派遣労働者との雇用契約において期間の定めのある雇用契約を締結している者）かを記載します。

労働者派遣法上、特に義務付けられているわけではないですが、有期雇用派遣労働者の場合は、雇用契約の期間も併せて記載する方が望ましいとされています。

❻　健康保険被保険者資格取得届等の書類の行政機関への提出の有無及び提出されていない場合は、その理由

今回派遣する個々の派遣労働者について、以下の取得届の提出の有無及び提出されていない場合はその理由を記載します。

　㋑　健康保険被保険者資格取得届

　㋺　厚生年金保険被保険者資格取得届

　㋩　雇用保険被保険者資格取得届

　上記の取得届が提出されていない場合については、「雇用保険：労働時間が週20時間に満たないため」「健康保険：労働時間が通常の労働者の4分の3に満たないため」等、具体的に記載しなければならず、「雇用保険：加入要件を満たさないため」等の記載では不十分とされています。また、手続中の場合についても「雇用保険：現在手続中」だけでは足りず、「雇用保険：現在手続中。○月○日届出予定」と記載してください。

　就業条件明示書のところでも同じようなお話をしましたが、就業条件明示書の場合は、雇用保険、健康保険、厚生年金に加入していない場合のみ、その理由を記載すればいいのですが、派遣先への通知については、加入の有無も記載する必要があることにご注意ください。

　また、派遣先への通知をする際には、上記の取得届が提出されていることを証明するため、個々の派遣労働者ごとの上記の被保険者証のコピー等を派遣元は派遣先に提示（そのコピー等を派遣先に持参して見せること）又は送付しなければなりません。その際、原則として派遣元は派遣労働者本人の同意を得なければならず、派遣労働者が同意しない場合は、被保険者証の生年月日、年齢等が記載されている部分を黒塗りするとともに、派遣先が確認した後は、派遣元に返送することを依頼する等個人情報の保護に配慮することが必要です。

❼　個々の派遣労働者ごとの就業条件明示書における就業条件の内容が個別契約書における派遣契約の内容と異なる場合は、就業条件明示書の内容を記載

　先程もお話ししたとおり、派遣元と派遣先との間で締結された個別契約書においては、当該労働者派遣に係る全体としての就業条件と派遣労働者の人数は定められてはいるものの、実際の派遣就業にあたって、どのような派遣労働者が派遣され、かつ、その派遣労働者がどのような就業条件で派遣就業させることができるのかまでは定められてません。

　例えば、個別契約書では月曜日～金曜日の9時～18時に事務の仕事で1人、派遣労働者に来て欲しいということを定めていても、月・水・金に派遣就業するAさん、火・木に派遣就業するBさんというように、どのような形で派

遣労働者を派遣するかは派遣元が決めることになります。

　したがって、個別契約書に記載されている就業条件と個々の派遣労働者の就業条件が異なる場合は、派遣元は派遣先にそのことを知らせてあげなければ、派遣先はいつ誰が派遣されるかわからないという状態になります。

　そこで、個別契約書と個々の派遣労働者の下記の就業条件が異なる場合は、派遣先への通知にそのことを記載します。

- ㋑　派遣期間
- ㋺　派遣就業する日
- ㋩　始業・終業時間
- ㊁　休憩時間
- ㋭　休日労働日数、時間外労働時間数
- ㋬　その派遣労働者を担当する派遣元責任者・派遣先責任者
- ㋣　派遣労働者の福利厚生に関する事項

③　派遣先への通知の方法

　派遣先への通知は、派遣労働者を実際に派遣する前に、派遣元から派遣先に対し、書面の交付もしくはファクシミリを利用して送信する方法又は電子メール等の送信により行わなければなりません（労働者派遣法施行規則第27条第2項及び第3項）。

　また、派遣先への通知は新規に派遣労働者を派遣する場合のみならず、派遣契約を更新する場合もその都度、通知をしなければなりません。

　派遣先への通知の内容（協定対象派遣労働者であるか否かの別、無期雇用派遣労働者であるか有期雇用派遣労働者であるかの別、60歳以上の者であるか否かの別、各種保険への加入状況）に変更があった場合も、遅滞なく、その旨を書面等により派遣先へ通知しなければなりません。

④　派遣先への通知の記載例

　派遣先への通知の記載例は図表2-29のようになります。

派 遣 先 通 知 書

令和○○年○○月○○日

株式会社○○○○　　御中

〒○○○−○○○○
大阪市○○区○○　○丁目　○−○−○
㈱△△△△
（派○○−○○○○○○）

令和○○年○○月○○日に締結した労働者派遣契約（契約 NO. ○○○○○）に基づき次の者を派遣します。

氏名	◇◇　◇◇	■■　■■
性別	(男)・女	男・(女)
年齢に関する事項	□ 60歳以上　☑ 60歳未満　□ 45歳以上60歳未満　□ 18歳未満（　歳）	□ 60歳以上　☑ 60歳未満　☑ 45歳以上60歳未満　□ 18歳未満（　歳）
雇用期間	☑ 無期雇用　□ 有期雇用（　ヶ月契約）	□ 無期雇用　☑ 有期雇用（ 3ヶ月契約）
労働・社会保険の被保険者資格取得届の提出の有無及び提出していない場合はその理由	雇用保険 (有)・無　提出していない場合はその理由（　）健康保険 (有)・無　提出していない場合はその理由（　）厚生年金保険 (有)・無　提出していない場合はその理由（　）確認書類（別添の被保険者証の写しの通り）	雇用保険 有・(無)　提出していない場合はその理由（現在手続中。○月○日加入予定）健康保険 有・(無)　提出していない場合はその理由（現在手続中。○月○日加入予定）厚生年金保険 有・(無)　提出していない場合はその理由（現在手続中。○月○日加入予定）確認書類（　）
協定対象派遣労働者か否かの別	協定対象派遣労働者ではない	協定対象派遣労働者ではない

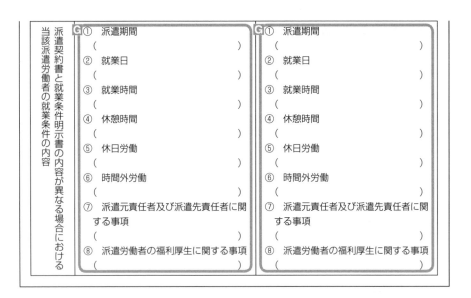

当該派遣労働者の就業条件の内容

派遣契約書と就業条件明示書の内容が異なる場合における

G① 派遣期間 （　　　　　　　　　　）	G① 派遣期間 （　　　　　　　　　　）
② 就業日 （　　　　　　　　　　）	② 就業日 （　　　　　　　　　　）
③ 就業時間 （　　　　　　　　　　）	③ 就業時間 （　　　　　　　　　　）
④ 休憩時間 （　　　　　　　　　　）	④ 休憩時間 （　　　　　　　　　　）
⑤ 休日労働 （　　　　　　　　　　）	⑤ 休日労働 （　　　　　　　　　　）
⑥ 時間外労働 （　　　　　　　　　　）	⑥ 時間外労働 （　　　　　　　　　　）
⑦ 派遣元責任者及び派遣先責任者に関する事項 （　　　　　　　　　　）	⑦ 派遣元責任者及び派遣先責任者に関する事項 （　　　　　　　　　　）
⑧ 派遣労働者の福利厚生に関する事項 （　　　　　　　　　　）	⑧ 派遣労働者の福利厚生に関する事項 （　　　　　　　　　　）

 POINT

Ａ 派遣先への通知を行った後、通知内容に変更が生じた場合は遅滞なく再度変更内容を通知しなければいけません。

例えば、各種保険の加入手続中であったが、加入手続が完了した場合なども変更内容の通知が必要となります。

Ｂ 上記は派遣労働者を２名派遣する場合の記載例ですので、１名の場合は、左側のみ記載して通知してください。

Ｃ 18歳未満の場合は派遣労働者の年齢を記載してください。

Ｄ 有期雇用の場合は雇用期間も記載する方が望ましいとされています。

Ｅ 労働・社会保険の取得届の提出が「無」の場合は、具体的な理由を記載してください。

　　（例）　１週間の所定労働時間が通常の労働者の４分の３に満たないため。

　　（例）　現在手続中。○月○日加入予定。

被保険者証の写し等の提示は労働者本人の同意を得て行って下さい。同意が得られない場合は、生年月日、年齢を黒塗りするとともに確認後は派遣元に返却するよう派遣先に依頼してください。

確認書類は、各種資格取得届の事業主控えの写しでも結構です。

Ｆ 労使協定方式の対象となる派遣労働者である場合は「協定対象派遣労働者

である」と記載してください。

Ｇ　「派遣契約書（個別契約書）」と「就業条件明示書」の内容で、①派遣期間、②就業日、③就業時間、④休憩時間、⑤休日労働、⑥時間外労働、⑦派遣元責任者及び派遣先責任者に関する事項、⑧派遣労働者の福利厚生に関する事項の内容が異なる場合のみ記載してください。

　　内容が同じである場合は、記載は不要です。

⑤　派遣先への通知の保管期間

　労働者派遣法上、「派遣先への通知」の書類の保管期間は定められていませんが、少なくとも当該派遣期間中は必ず保管しておいてください。労働局の調査の際に提出を求められる場合があり、その際に提出できなければ書類不備となり指導の対象となる可能性があります。

13　待遇に関する事項等の説明
（派遣労働者から求めがあった場合）　◀派遣元◀

2020 年 4 月 1 日派遣法改正に伴い新規に追加

①　内容

　「待遇に関する事項等の説明（派遣労働者から求めがあった場合）」は、基本的には、労使協定の内容を説明することとなります。

②　待遇に関する事項等の説明（派遣労働者から求めがあった場合）の説明事項

　待遇に関する事項等の説明（派遣労働者から求めがあった場合）の説明事項は、労使協定方式の対象とならない派遣労働者に対する説明事項と労使協定方式の対象となる派遣労働者に対する説明事項とに分かれます。ここでは、労使協定の対象となる派遣労働者に対する説明事項について説明します。

❶　**協定対象派遣労働者の賃金が労使協定で定めた事項及び労使協定の定めによる公正な評価に基づき決定されていることについての説明**

　労使協定の内容を説明します。

❷　**労使協定に定められた待遇の決定方法をどのように適用したか**

　例えば、能力をどのような方法でどのように評価して賃金を決定したかな

どを労使協定に基づいて説明します。

❸ 協定対象派遣労働者の待遇（賃金、法第 40 条第 2 項の教育訓練及び同条第 3 項の福利厚生施設を除く）について、当該待遇が労使協定で定めた決定方法に基づき決定されている旨

賃金や労働者派遣法第 40 条第 2 項に定める教育訓練及び同条第 3 項に定める福利厚生施設（給食施設、休憩室、更衣室）以外の協定対象派遣労働者の待遇（例えば、慶弔休暇等）について、労使協定に定めた方法により協定対象派遣労働者の待遇が適正に決定されている旨を説明します。

❹ 法第 40 条第 2 項の教育訓練（派遣先が派遣先の正社員等に行っている教育訓練）及び同条第 3 項の福利厚生施設（給食施設、休憩室、更衣室）について、派遣労働者と派遣先に雇用される通常の労働者との間で均等・均衡が確保されている旨

派遣先で派遣先の正社員等に行っている教育訓練や派遣先の給食施設、休憩室、更衣室については、派遣労働者にも同じように教育訓練を受けさせ、当該施設を使用させなければならないため、それらの措置が適正に行われていることを説明します。

❺ 法第 30 条の 6 の規定（就業規則の作成の手続）により講ずべきこととされている事項に関し考慮した内容

労働者派遣法第 30 条の 6 の規定とは、派遣労働者に関係する就業規則の内容を作成又は変更する場合において、派遣労働者の過半数を代表する者の意見を聴くよう努めることを求めた規定です。

ここでは、労働者派遣法第 30 条の 6 の規定により、派遣労働者に関係する就業規則の作成又は変更しようとする時の意見聴取の対象となった派遣労働者がどのように選出され、どのような事項に関して意見聴取したのかについて説明します。

③ 待遇に関する事項等の説明（派遣労働者から求めがあった場合）の方法

説明については、書面の活用その他の適切な方法により行わなければなりません。

派遣労働者が、派遣元が講ずる措置の内容を理解できるよう、書面を活用し、口頭により行うことが基本となります。

　また、派遣労働者が措置の内容を的確に理解することができるようにするという観点から、説明に活用した書面を交付することが望ましいとされています。

　一方、説明すべき事項を全て記載した派遣労働者が容易に理解できる内容の書面を用いる場合には、当該書面を交付する等の方法でも構いません。ほかに、待遇の内容の説明に関して、就業規則の条項を書面に記載し、その詳細は、別途就業規則を閲覧させるという方法も考えられますが、派遣元は、就業規則を閲覧する者からの質問に対して誠実に対応する必要があります。

④　待遇に関する事項等の説明（派遣労働者から求めがあった場合）の記載例

　待遇に関する事項等の説明（派遣労働者から求めがあった場合）の記載例は図表2-30のようになります。

図表2-30	待遇に関する事項等の説明（派遣労働者から求めがあった場合）の記載例	DL可

待遇に関する事項等の説明（派遣労働者から求めがあった場合）
（労使協定方式の場合）【法31条の2第4項】

説明事項

令和○○年○月○○日

＿＿＿＿＿＿＿＿＿＿　殿

事業所名：○○○○㈱
事業所所在地：○○○県○○○市○○○町○-○-○
許可番号：派○○-○○○○○○○

　労働者派遣事業の適正な運営の確保及び派遣労働者の保護等に関する法律第31条の2第4項に基づき、下記の内容の事項等について説明いたします。

1　協定対象派遣労働者の賃金が労使協定で定めた事項及び労使協定の定めによる公正な評価に基づき決定されていることについての説明
A

2　労使協定に定められた待遇の決定方法をどのように適用したか？
B

3　協定対象派遣労働者の待遇（賃金、法第40条第2項の教育訓練及び同条第3項の福利厚生施設を除く）について、当該待遇が労使協定で定めた決定方法に基づき決定されている旨 C
4　法第40条第2項の教育訓練（派遣先が派遣席の正社員等に行っている教育訓練）及び同条第3項の福利厚生施設（更衣室、給食施設、休憩室）について、派遣労働者と派遣先に雇用される通常の労働者との間で均等・均衡が確保されている旨 D
5　就業規則の作成又は変更をしようとする時の意見聴取の対象となった派遣労働者がどのように選出され、どのような事項に関して意見聴取をしたか？ E

 Point

A　労使協定に基づき説明します。

B　労使協定に基づき説明します。例えば、能力をどのような方法でどのように評価して賃金を決定したかなどを説明します。

C　派遣労働者の待遇（賃金、法第40条第2項の教育訓練及び同条第3項の福利厚生施設を除く）のそれぞれについて、派遣元事業主に雇用される通常の労働者（派遣労働者を除く）の待遇との間において、当該派遣労働者及び通常の労働者の職務の内容、当該職務の内容及び配置の変更の範囲その他の事情のうち、当該待遇の性質及び当該待遇を行う目的に照らして適切と認められるものを考慮して、不合理と認められる相違が生じていないことを説明します。

D　派遣先で派遣先の正社員等に行っている教育訓練や派遣先の更衣室、給食施設、休憩室については、派遣労働者にも同じように教育訓練を受けさせ、当該施設を使用させなければならないため、それらの措置が適正に行われていることを説明します。

E　例えば、以下のように記載します。

・　意見聴取の対象となった派遣労働者の選出方法
　立候補を募り、その中から投票にて選定

・　意見聴取した内容
　賃金額の変更について意見聴取を行う

⑤　待遇に関する事項等の説明（派遣労働者から求めがあった場合）の保管期間

　労働者派遣法上、「待遇に関する事項等の説明（派遣労働者から求めがあった場合）」については、口頭で説明を行えば良いため、書類の作成は義務付けられてはいませんが、派遣労働者とのトラブルを回避（例えば派遣労働者から「待遇に関する事項等の説明を受けていない」といったトラブルを避けるため）するためにも書類を活用して説明し、当該書類は一定期間保管しておく方が良いでしょう。

14　派遣元管理台帳の作成　◁ 派遣元 ◁

2020 年 4 月 1 日派遣法改正に伴い一部追加事項あり

① 内容

　労働者派遣法には「派遣元は、労働者派遣を行うたびに、派遣元管理台帳を作成し、当該台帳に派遣労働者ごとに一定の事項を記載しなければいけない（労働者派遣法第 37 条第 1 項）」と規定されています。

　これは、派遣元が、派遣先において派遣就業する派遣労働者の雇用主として、適正な雇用管理を行うために義務付けられたものです。

　派遣元管理台帳の作成の時期についてですが、派遣労働者を派遣した後、速やかに作成してください。派遣元管理台帳の記載事項の中には、派遣直後ではまだわからない内容のもの（派遣労働者から申出を受けた苦情の処理に関する事項等）もありますが、それらの内容については、処理を行った都度、派遣元管理台帳に記載するようにしてください。

② 派遣元管理台帳の記載事項

　派遣元管理台帳は大部分が就業条件明示書と同じ内容となります。

　派遣元管理台帳には次の❶〜⓴の項目を記載してください。

❶　派遣労働者の氏名

❷　協定対象派遣労働者であるか否かの別

2020 年 4 月 1 日より追加

❸　無期雇用派遣労働者か有期雇用派遣労働者かの別、有期雇用派遣労働者の場合は労働契約の期間

❹　60 歳以上の者であるか否かの別

❺　派遣先の氏名又は名称

個人の場合は氏名を、法人の場合は名称を記載してください。

❻　派遣先の事業所の名称

❼　派遣先の事業所の所在地その他派遣就業の場所及び組織単位

個別契約書のところでもお話しましたが、実際に就業する場所が派遣先の事業所単位の期間制限における事業所と同じであれば、その事業所所在地だけ記載すればいいのですが、異なる場合は、派遣先の事業所単位の期間制限における事業所の所在地及び実際に就業する場所の所在地の記載が必要となります。

❽　労働者派遣の期間及び派遣就業をする日

❾　始業及び終業の時刻

❿　従事する業務の種類

「従事する業務の種類」となっていますが、派遣労働者の業務内容を記載すれば結構です。具体的には、就業条件明示書に記載されている業務内容を記載してください。

⓫　派遣労働者が従事する業務に伴う責任の程度

2020年4月1日より追加

⓬　派遣労働者から申出を受けた苦情の処理に関する事項

これは、就業条件明示書にはない項目です。

派遣元が、派遣労働者から苦情があった場合に、その苦情に対し処理を行った都度、記載してください。後程説明する派遣先管理台帳にも同じ項目がありますが、そちらには、派遣先が派遣労働者から苦情を受けた場合の処理内容等を記載します。

記載内容は以下のとおりとなります。

　㋑　苦情の申出を受けた年月日
　㋺　苦情の内容
　㋩　苦情の処理状況

⓭　紹介予定派遣に係る派遣労働者については、当該紹介予定派遣に関する事項

記載内容は以下のとおりとなります。

　㋑　紹介予定派遣である旨
　㋺　求人・求職の意思確認等の職業紹介の時期及び内容

㋩ 採否結果

㊁ 紹介予定派遣を受けた派遣先が、職業紹介を受けることを希望しなかった場合又は職業紹介を受けた者を雇用しなかった場合に、派遣先から明示された理由

⑭ 派遣元責任者及び派遣先責任者に関する事項

個別契約書や就業条件明示書と同じ内容を記載します。

⑮ 労働者派遣契約において、派遣先が労働者派遣法第37条第1項第6号に掲げる派遣就業をする日以外の日に派遣就業をさせることができ、又は同項第7号に掲げる始業の時刻から終業の時刻までの時間を延長することができる旨の定めをした場合には、当該派遣就業させることができる日又は延長することのできる時間数

就業条件明示書に記載した休日労働日数及び時間外労働時間数を記載します。休日労働や時間外労働をさせない場合については、「休日労働なし」「時間外労働なし」と記載してください。

⑯ 期間制限のない労働者派遣に関する事項

就業条件明示書の「派遣可能期間の制限を受けない業務に係る労働者派遣に関する事項」と同じ内容を記載します。

⑰ 派遣労働者に係る健康保険、厚生年金保険及び雇用保険の被保険者資格取得届の提出の有無

提出していない場合はその理由を具体的に記載してください。

また、その後、提出した場合は「有」に書き換えてください。

⑱ 段階的かつ体系的な教育訓練を行った日時とその内容に関する事項

労働者派遣の許可申請の際に届け出た教育訓練計画（許可申請後に教育訓練計画の内容を変更した場合はその教育訓練計画）に基づいて、派遣元が派遣労働者に対し教育訓練を行った場合は、

㋑ 教育訓練を行った日

㋺ 教育訓練を行った時間

㋩ 行った教育訓練の内容（概要を１行程度記入すれば結構です）

を記載してください。

特に、教育訓練を行った時間は、記載し忘れることが多い項目となりますので、ご注意ください。

また、派遣元が派遣労働者に対し行った教育訓練について記載すればよく、

派遣先が派遣労働者に対して行った教育訓練については記載しなくて結構です（派遣先が派遣労働者に対して行った教育訓練については派遣先管理台帳に記載することになります）。

❶⓽ **キャリアコンサルティングを行った日とその内容に関する事項**

派遣元は、派遣労働者が正規雇用労働者になったり、派遣労働者のままステップアップしていくためには、派遣労働者がどのようなキャリアパス（ある職務等に就くために必要な業務経験とそこに行くまでの道筋等のことをいいます）を歩んでいくのか、派遣労働者の希望を聴きながら、適切な派遣先の選択や必要な資格取得等についての知識を付与する等の支援を行うことが重要となります。

このため、労働者派遣法では、希望者に対してキャリアコンサルティング（労働者の職業生活の設計に関する相談その他の援助を行うことをいいます）の実施を派遣元に義務付けており、派遣元は、キャリアコンサルティングの担当者を相談窓口に配置しなければなりません。

派遣元は、派遣労働者からの求めがあり、キャリアコンサルティングを行った場合は、キャリアコンサルティングを行った日とその内容を記載します。

❷⓿ **雇用安定措置の内容**

労働者派遣法では、1年以上継続して同じ派遣先の組織単位に派遣された（例えば、「〇〇〇〇株式会社の△△課に1年以上派遣された場合」等を意味します）派遣労働者について、派遣元は以下のいずれかの措置を講ずるよう努めなければならないとされています（これを「雇用安定措置」といいます）。

⑦ 派遣先への直接雇用の依頼

派遣元から現在、派遣している派遣先に対して「今、派遣している派遣労働者を直接雇用してもらえませんか」とお願いすることをいいます。

⓪ 新たな就業機会（派遣先）の提供

派遣元から派遣労働者に対して「他にも、こんな派遣先がありますよ」と新たな派遣先を紹介することをいいます。

⑧ 派遣元で無期雇用労働者として雇用

派遣元が派遣労働者を自社の派遣労働者以外の労働者（いわゆる、内部スタッフ）として期間の定めのない雇用契約を締結することをいいます。

㊁　その他、安定した雇用の継続が確実に図られると認められる措置

　職業紹介の許可を取得している派遣元であれば、派遣労働者を他の会社に紹介すること等をいいます。

　また、3年以上継続して同じ派遣先の組織単位に派遣される見込みがある（「見込みがある」とは、同じ派遣先の組織単位に3年間派遣されることが決定することをいいます。例えば、ある派遣先に1年更新で派遣されている派遣労働者については2回目の更新をした時点で3年間派遣されることが決定するので、「3年以上継続して同じ派遣先の組織単位に派遣される見込みがある」となります）派遣労働者については、上記の雇用安定措置のいずれかを講じなければならない（義務）こととなります。

　派遣元が派遣労働者に対して上記の雇用安定措置のいずれかを実施した場合は、雇用安定措置を行った日付及び雇用安定措置の内容並びにその結果について記載します。雇用安定措置の内容が「派遣先への直接雇用の依頼」の場合については、派遣先の受入れの可否についても記載してください。

③　派遣元管理台帳の記載例

　派遣元管理台帳の記載例は図表2-31のようになります。

図表2-31　派遣元管理台帳の記載例　　　DL可

派　遣　元　管　理　台　帳

派遣労働者の氏名 ○○　○○	無期雇用派遣労働者か有期雇用派遣労働者かの別、有期雇用派遣労働者の場合はその労働契約期間 　有期雇用派遣労働者 　（雇用期間：令和○○年○○月○○日～令和○○年○○月○○日）
派遣労働者が60歳以上か否かの別 　60歳未満	協定対象派遣労働者であるか否かの別 　協定対象派遣労働者ではない

A　派遣先の氏名又は名称　　　株式会社△△△△

B　派遣先事業所
（名称・所在地）　株式会社△△△△　大阪支店　　大阪市○○区○○　○-○-○
（電話）　06-○○○○-○○○○

C 就業場所
(名称・所在地)　株式会社△△△△　大阪支店　茨木営業所　大阪府茨木市○○　○-○-○
(電話)　06-○○○○-○○○○

D 組織単位（組織の長の職名）　　○○○○課　（○○○○課長）

E 派遣期間　　　令和○○年○○月○○日～令和○○年○○月○○日

F 就業日
　月曜日～金曜日（祝日、年末年始（会社カレンダーによる）、夏季休暇（会社カレンダーによる）は除く）。就業状況は別添タイムシートのとおり。

G 就業時間及び休憩時間　　　9時00分～18時00分（休憩時間　60分）。就業状況は別添タイムシートのとおり。

H 従事する業務の種類
　営業事務（伝票起票、納品・発注業務、職場内の清掃業務、その他当該業務に付随する業務）

I 派遣労働者が従事する業務に伴う責任の程度　　　役職名：チームリーダー（部下2名）

紹介予定派遣に関する事項
J ☑　紹介予定派遣ではない

K □　紹介予定派遣である
　(1)　職業紹介の時期：令和○○年○○月○○日頃
　(2)　派遣先が雇用する場合に予定される労働条件等
　　　　　派契約期間　　期間の定めなし
　　　　　業務内容　　営業事務（伝票起票、納品・発注業務、職場内の清掃業務、その他
　　　　　　　　　　　当該業務に付随する業務）
L　試用期間に関する事項　　　なし
　　　　　就業場所　　株式会社△△△△　大阪支店　茨木営業所
　　　　　（〒○○○-○○○○　大阪府茨木市○○　○-○-○
　　　　　　TEL ○○-○○○○-○○○○）
　　　　　始業・就業時間　　始業：9時00分　　終業：18時00分
　　　　　休憩時間　　60分
　　　　　所定時間外労働　　有（1日4時間、1箇月45時間、1年360時間の範囲内）
　　　　　休日　　毎週土、日、祝日、年末年始（会社カレンダーによる）、夏季休業（会社
　　　　　　　　　カレンダーによる）
　　　　　休暇　　年次有給休暇：10日（6箇月継続勤務後）
　　　　　賃金　　基本賃金　月給18万円～24万円（毎月15日締切、毎月20日支払）
　　　　　通勤手当　　通勤定期券代の実費相当（上限月額35,000円）
　　　　　所定時間外、休日又は深夜労働に対して支払われる割増賃金率
　　　　　　　・所定時間外：法定超　25％、休日：法定休日　35％、深夜：25％
　　　　　昇給　　有（0円～3千円/月）
　　　　　賞与　　有（年2回、計1箇月分）
　　　　　社会保険の加入状況：厚生年金、健康保険、雇用保険、労災保険　有
　　　　　労働者を雇用しようとする者の名称：株式会社△△△△
　(3)　採否結果：　　採用　・　不採用

(4)　紹介予定派遣を受けた派遣先が、職業紹介を受けることを希望しなかった場合又は
職業紹介を受けた者を雇用しなかった場合に派遣先から明示された理由
　　派遣期間中の仕事ぶりを観察していたが、派遣先が期待するレベルまで達するこ
とができなかったため

M 派遣元責任者及び派遣先責任者
　　派遣先責任者　（部署）総務部総務課　　（役職）総務課長　　（氏名）○○　　○○
　　　　　　　　　（電話）○○−○○○○−○○○○
　　派遣元責任者　（部署）営業部　　　　　（役職）営業部長　　（氏名）○○　　○○
　　　　　　　　　（電話）○○−○○○○−○○○○

N 休日労働及び時間外労働
　　上記就業日以外の就労は、1ヶ月に2日の範囲内で、上記就業時間以外の就労は、1日4時
間、1ヶ月45時間、1年360時間の範囲内で命ずるものとする。

派遣受入期間の制限を受けない業務について行う労働者派遣に関する事項
O ☑　派遣受入期間の制限を受けない業務ではない

P
Q □　有期プロジェクト業務
　　　有期プロジェクトの内容：事業の廃止に伴う閉鎖業務への派遣

R □　日数限定業務
　　①　日数限定業務である旨：書店での棚卸業務
　　②　①の業務が1ヶ月間に行われる日数：3日
　　③　当該派遣先の通常の労働者の1箇月間の所定労働日数：21.7日

S □　産前産後休業、育児休業等、介護休業等の代替要員として労働者派遣を行う場合
　　①　産前産後休業　□　　　　　育児休業　☑　　　　　介護休業　□
　　②　上記①の育児休業等をする者の氏名：○○　　○○
　　③　上記②の者が行っていた業務内容：営業事務（伝票起票、納品・発注業務、職場
　　　内の清掃業務、その他当該業務に付随する業務）
　　④　上記①の育児休業等の開始日：令和○○年○○月○○日
　　⑤　上記①の育児休業等の終了予定日：令和○○年○○月○○日

T 派遣労働者に係る雇用保険・健康保険・厚生年金保険の取得届等の提出の有無及び提出してい
ない場合はその理由

（入社してすぐに派遣されたため、まだ提出できていない場合の記載例）
　　雇用保険：　　　有　・　無　（理由：書類準備中、○月○日届出予定）
　　健康保険：　　　有　・　無　（理由：書類準備中、○月○日届出予定）
　　厚生年金保険：　有　・　無　（理由：書類準備中、○月○日届出予定）

（雇用保険は加入要件を満たしているが、健康保険・厚生年金保険は加入要件を満たしていな
い場合の記載例）
　　雇用保険：　　　有　・　無　（理由：　　　　　　　　　　　　　　　　　　　　）
　　健康保険：　　　有　・　無　（理由：労働時間が通常の労働者の4分の3に満たないため）
　　厚生年金保険：　有　・　無　（理由：労働時間が通常の労働者の4分の3に満たないため）

U 派遣労働者から申出を受けた苦情の処理に関する事項
　　（1）　苦情の申出を受けた年月日：令和○○年○○月○○日

(2)　苦情の内容：派遣先の部署の担当者から個人情報を聞かれた
　　(3)　苦情の処理状況：
　　　　　派遣元責任者である○○が派遣先の部署の担当者の○○氏と直接話し合い、派遣労
　　　　働者の派遣先通知に記載した内容以外の派遣労働者の個人情報についてはお伝えでき
　　　　ないことを説明し、納得してもらう。

Ⅴ 段階的かつ体系的な教育訓練を行った日時とその内容に関する事項
　　(1)　教育訓練を行った日：令和○○年○○月○○日
　　(2)　(1)の教育訓練に要した時間数：○時間○○分
　　(3)　(1)の教育訓練の内容：雇入れ時の教育訓練である○○○○の訓練を実施

Ⅵ キャリアコンサルティングを行った日とその内容に関する事項
　　(1)　キャリアコンサルティングを行った日：令和○○年○○月○○日
　　(2)　キャリアコンサルティングの内容：
　　　　　もうすぐ個人単位の期間制限日を迎えるため、今後の進路について話し合いをする。
　　　　○○氏（派遣労働者）は、派遣先での直接雇用を希望しているため、派遣先へ働きか
　　　　ける方向で今後調整していく。

Ⅶ 雇用安定措置の内容
　　(1)　雇用安定措置を実施した年月日：令和○○年○○月○○日
　　(2)　雇用安定措置の内容：派遣先への直接雇用の依頼
　　(3)　雇用安定措置の結果：
　　　　　派遣先担当者である○○氏に当該派遣労働者の直接雇用の依頼をするも、派遣先に
　　　　おいて直接雇用労働者を増員する予定がないということで断られる。
　　　　　○○氏（派遣労働者）については、今後、他の雇用安定措置を講じるよう働きかけ
　　　　る。

【派遣期間終了後、3年間保存】

Point

A　派遣先が法人であれば法人名を、派遣先が個人事業主であればその個人事
業主の氏名を記載してください。

B　事業所単位の期間制限の対象となる事業所名を記載してください。つまり、
雇用保険の適用事業所番号を持つ事業所名とその所在地を記載してください。

C　実際の就業場所を記載してください。派遣先事業所と同じである場合は
「派遣先事業所と同じ」と記載し、派遣先事業所と異なる場合はその事業所
名と住所を記載してください。

D　個人単位の期間制限における組織単位を記載してください。組織の長の職
名は必須記載事項ではないが、できれば記載する方が望ましいとされていま
す。

E　就業条件明示書に記載されている派遣期間を記載してください。

F　派遣先から派遣元へ毎月1回通知を受ける派遣労働者の実際の就業状況を

示す書類（タイムシート等）も必ずこの派遣元管理台帳と一緒に保管してください。

Ｇ　派遣先から派遣元へ毎月１回通知を受ける派遣労働者の実際の就業状況を示す書類（タイムシート等）も必ずこの派遣元管理台帳と一緒に保管してください。

Ｈ　就業条件明示書に記載されている内容をそのまま記載してください。

Ｉ　具体的な役職名を記載してください。役職を有さない派遣労働者であれば、その旨を記載してください。（例）役職なし

Ｊ　紹介予定派遣でない場合は「紹介予定派遣ではない」にチェックをしてください。この場合、Ｋの記載は不要となります。

Ｋ　紹介予定派遣の場合は「紹介予定派遣である」にチェックし、内容を記載してください。

Ｌ　紹介予定派遣の場合は直接雇用後の試用期間を設けてはいけません。

Ｍ　派遣元責任者は必ず労働局に届け出ている派遣元責任者を記載してください。

Ｎ　派遣元事業主が届け出ている「36協定」の範囲内で休日労働日数及び時間外労働時間数を記載してください。

Ｏ　派遣受入期間の制限を受けない業務ではない場合は「派遣受入期間の制限を受けない業務ではない」にチェックを入れてください。

Ｐ　派遣受入期間の制限を受けない業務の場合はＱ～Ｓのいずれかにチェックを入れ、内容を記載してください。

Ｑ　事業の開始、転換、拡大、縮小又は廃止のための業務であって一定の期間内に完了することが予定されているものについて労働者派遣の役務の提供を受ける場合に限るので、建設業務やIT企業の有期プロジェクト業務などはこれに該当しません（理由：事業の開始、転換、拡大、縮小又は廃止のための業務ではないから）のでご注意ください。

Ｒ　派遣労働者の従事する業務が、１ヶ月間に行われる日数が当該派遣就業に係る派遣先に雇用される通常の労働者の１ヶ月間の所定労働日数に比べ相当程度少なく（２分の１以下）、かつ、月10日以下である業務に限ります。その業務自体が日数限定業務でないと該当しないのでご注意ください。

Ｓ　派遣先の直接雇用の労働者が育児休業等を取得することにより、その代替要員として派遣する場合に限ります。

各保険の取得届を提出していない場合はその理由を詳細に記載してください。「加入要件を満たさないため」など理由を具体的に記載していない場合は労働局からの指導の対象となる可能性があります。

U 苦情の処理を実際に行う都度、記載してください。

V 教育訓練を実際に行った場合に記載してください。教育訓練に要した時間数の記載漏れにはご注意ください。派遣先が派遣労働者に対して行った教育訓練については、記載は不要です（派遣先が派遣労働者に対して行った教育訓練については派遣先管理台帳に記載します）。

W キャリアコンサルティングを実際に行った場合に記載してください。

X 雇用安定措置を実際に行った場合に記載してください。

④ 派遣元管理台帳の保管期間

派遣元は、派遣元管理台帳を労働者派遣の終了の日から起算して3年間保管しなければなりません（労働者派遣法第37条第2項、労働者派遣法施行規則第32条）。

労働者派遣契約が更新された場合は、更新後の派遣期間の終了の日から3年間保管しなければなりません。

15 派遣先管理台帳の作成 　派遣先

2020年4月1日派遣法改正に伴い一部追加事項あり

① 内容

派遣元が派遣元管理台帳を作成しなければならないように、派遣先は派遣先管理台帳を作成しなければなりません。労働者派遣法にも「派遣先は、派遣就業に関し、派遣先管理台帳を作成し、当該台帳に派遣労働者ごとに、一定の事項を記載しなければならない（労働者派遣法第42条第1項）」と規定されています。

これは、派遣先が、労働日、労働時間等の派遣労働者の就業実態を的確に把握すること、また、その情報を派遣元へ通知（これを「派遣労働者の就業実績の通知」といいます。後程説明します）することにより、派遣元が派遣労働者に対し適正な雇用管理を行うために、派遣先に義務付けられたものです。

派遣先管理台帳は、派遣先が派遣労働者を受け入れた後、速やかに作成してください。派遣先管理台帳の記載事項の中には、派遣直後ではまだわからない

内容のもの（派遣労働者から申出を受けた苦情の処理に関する事項等）もありますが、それらの内容については、処理を行った都度、派遣先管理台帳に記載するようにしてください。

②　派遣先管理台帳の記載事項

派遣先管理台帳は大部分が個別契約書と同じ内容となります。

派遣先管理台帳には次の❶〜⓲の項目を記載してください。

❶　派遣労働者の氏名

❷　派遣元事業主の氏名又は名称

個人の場合は氏名を、法人の場合は名称を記載してください。

❸　派遣元事業主の事業所の名称

❹　派遣元事業主の事業所の所在地

派遣先が必要な場合に、派遣元を直接訪れて連絡が取れる程度の内容を記載してください。

❺　協定対象派遣労働者であるか否かの別

2020年4月1日より追加

❻　無期雇用派遣労働者か有期雇用派遣労働者かの別

❼　派遣就業した日

実際に派遣就業した日の実績を記載します。タイムカードや勤務表を派遣先管理台帳に添付して保管する方法でも結構です（その場合は、派遣先管理台帳に派遣就業した日の記載は不要です）。

❽　派遣就業をした日ごとの始業し、及び終業した時刻並びに休憩した時間

実際の始業及び終業の時刻並びに休憩時間の実績を記載します。タイムカードや勤務表を派遣先管理台帳に添付して保管する方法でも結構です（その場合は、派遣先管理台帳に始業、終業及び休憩時間の記載は不要です）。ただし、タイムカードや勤務表には休憩時間が記載されていないことが多いので、休憩時間の記載漏れにはご注意ください（休憩時間が記載されていない場合は、労働局からの指導の対象となる可能性があります）。

❾　従事した業務の種類

「従事した業務の種類」となっていますが、派遣労働者の業務内容を記載すれば結構です。具体的には、個別契約書に記載されている業務内容を記載してください。

⓾ **派遣労働者が従事する業務に伴う責任の程度**

個別契約書と同じ内容を記載します。

⓫ **派遣労働者が労働者派遣に係る労働に従事した事業所の名称及び所在地その他派遣就業をした場所並びに組織単位**

個別契約書と同じ内容を記載します。

⓬ **派遣労働者から申出を受けた苦情の処理に関する事項**

派遣先が、派遣労働者から苦情があった場合に、その苦情に対し処理を行った都度、記載してください。派遣元管理台帳にも同じ項目がありますが、そちらには、派遣元が派遣労働者から苦情を受けた場合の処理内容等を記載します。

記載内容は、以下のとおりです。

　㋑　苦情の申出を受けた年月日

　㋺　苦情の内容

　㋩　苦情の処理状況

⓭ **紹介予定派遣に係る派遣労働者については、当該紹介予定派遣に関する事項**

記載内容は、以下のとおりです。

　㋑　紹介予定派遣である旨

　㋺　派遣労働者を特定することを目的とする行為を行った場合には、当該行為の内容及び複数人から派遣労働者の特定を行った場合には当該特定の基準

派遣先は派遣労働者を特定する行為（派遣する前に派遣労働者を派遣先が面接したり、派遣する前に派遣労働者の履歴書等を派遣先に送らせたりする行為等をいいます）については禁止されています。

しかし、紹介予定派遣は派遣期間終了後、派遣元が派遣先に派遣労働者を紹介の上、直接雇用する可能性があることから、派遣労働者を特定する行為が認められています。

派遣先が派遣労働者を特定する行為を行った場合はその内容（例えば、派遣先が派遣労働者を派遣する前に面接したり、派遣する前に派遣労働者の履歴書を派遣元から派遣先に送らせたりする行為等）を記載してください。

また、派遣労働者の枠が1人のところ、派遣元から5人の派遣労働者の

208

候補を伝えられた場合、5人のうち1人を選んだ基準（記載例参照）についても記載してください。

　　㋩　採否結果

　　㋥　紹介予定派遣を受けることを希望しなかった場合又は職業紹介を受けた者を雇用しなかった場合には、その理由

⓮　**教育訓練を行った日時及び内容**

　派遣先が派遣労働者に対して教育訓練を行った場合は、

　　㋑　教育訓練を行った日

　　㋺　教育訓練を行った時間

　　㋩　行った教育訓練の内容（概要を1行程度記入すれば結構です）

を記載してください。

　特に、教育訓練を行った時間は、記載し忘れることが多い項目となりますので、ご注意ください。

　また、派遣先が派遣労働者に対して行った教育訓練について記載すればよく、派遣元が派遣労働者に対して行った教育訓練については記載しなくて結構です（派遣元が派遣労働者に対して行った教育訓練については派遣元管理台帳に記載することになります）。

⓯　**派遣先責任者及び派遣元責任者に関する事項**

　個別契約書と同じ内容を記載します。

⓰　**期間制限を受けない業務について行う労働者派遣に関する事項**

　個別契約書の「派遣可能期間の制限を受けない業務に係る労働者派遣に関する事項」と同じ内容を記載します。

⓱　**派遣元から通知を受けた派遣労働者に係る健康保険、厚生年金保険及び雇用保険の被保険者資格取得届の提出の有無（「無」の場合は、その具体的な理由）**

　派遣労働者の以下の取得届の提出の有無及び提出されていない場合はその理由を記載します。

　　㋑　健康保険被保険者資格取得届

　　㋺　厚生年金保険被保険者資格取得届

　　㋩　雇用保険被保険者資格取得届

　上記の取得届が提出されていない場合については、「雇用保険：労働時間が週20時間に満たないため」「健康保険：労働時間が通常の労働者の4分の

3に満たないため」等、具体的に記載しなければならず、「雇用保険：加入要件を満たさないため」等の記載では不十分とされています。また、手続中の場合についても「雇用保険：現在手続中」だけでは足りず、「雇用保険：現在手続中。○月○日届出予定」と記載してください。

⑱　60歳以上の者であるか否かの別

③　派遣先管理台帳の記載例
　派遣先管理台帳の記載例は図表2-32のようになります。

図表2-32　派遣先管理台帳の記載例　　　　　　　　　　　　　　　　　DL可

派　遣　先　管　理　台　帳

派遣労働者の氏名 ○○　○○	無期雇用派遣労働者か有期雇用派遣労働者かの別 　有期雇用派遣労働者	派遣労働者が60歳以上か否かの別 　60歳未満

A　派遣元事業主の氏名又は名称　　　株式会社○○○○

B　派遣元事業所
　（名称・所在地）　株式会社○○○○　大阪中央支店　　大阪府大阪市中央区○○　○-○-○
　（電話）　06-○○○○-○○○○

C　派遣就業をした日　　　別添タイムシートのとおり

D　派遣就業をした日ごとの始業し、及び終業した時刻並びに休憩した時間
　別添タイムシートのとおり

E　従事した業務の種類
　営業事務（伝票起票、納品・発注業務、職場内の清掃業務、その他当該業務に付随する業務）

協定対象派遣労働者であるか否かの別　　　協定対象派遣労働者ではない

F　派遣先事業所
　（名称・所在地）　株式会社△△△△　大阪支店　　大阪府大阪市○○区○○　○-○-○
　（電話）　06-○○○○-○○○○

G　就業場所
　（名称・所在地）　株式会社△△△△　大阪支店　茨木営業所　大阪府茨木市○○　○-○-○
　（電話）　06-○○○○-○○○○

H　組織単位（組織の長の職名）　　　○○○○課　（○○○○課長）

I　派遣労働者が従事する業務に伴う責任の程度　　　役職名：チームリーダー（部下2名）

紹介予定派遣に関する事項

J　☑　紹介予定派遣ではない

K☐　紹介予定派遣である
　（1）　派遣労働者を特定することを目的とする行為を行った場合におけるその内容
　　　　事前面接を実施
　（2）　複数の派遣労働者の中から特定行為を行った場合におけるその当該特定の基準
　　　　５人の派遣労働者の事前面接を実施し、その中から職務経験が長く、かつ、応対
　　　　の仕方が一番適していた者を選定
　（3）　採否結果：　　採用　・　(不採用)
　（4）　職業紹介を受けることを希望しなかった場合又は職業紹介を受けた者を雇用しな
　　　　かった場合におけるその理由
　　　　　派遣期間中の仕事ぶりを観察していたが、当社が期待するレベルまで達すること
　　　　ができなかったため

派遣先責任者及び派遣元責任者
　　派遣先責任者　（部署）総務部総務課　　（役職）総務課長　　（氏名）○○　　○○
　　　　　　　　　（電話）○○-○○○○-○○○○
　　派遣元責任者　（部署）営業部　　　　　（役職）営業部長　　（氏名）○○　　○○
　　　　　　　　　（電話）○○-○○○○-○○○○

派遣受入期間の制限を受けない業務について行う労働者派遣に関する事項

L☑　派遣受入期間の制限を受けない業務ではない

N☐　有期プロジェクト業務
　　　有期プロジェクトの内容：事業の廃止に伴う閉鎖業務への派遣

O☐　日数限定業務
　　①　日数限定業務である旨：　書店での棚卸業務
　　②　①の業務が１ヶ月間に行われる日数：　３日
　　③　当該派遣先の正社員の１箇月間の所定労働日数：　21.7日

P☐　産前産後休業、育児休業等、介護休業等の代替要員として労働者派遣を行う場合
　　①　産前産後休業　☐　　　育児休業　☑　　　介護休業　☐
　　②　上記①の育児休業等をする者の氏名：○○　　○○
　　③　上記②の者が行っていた業務内容：営業事務（伝票起票、納品・発注業務、職場
　　内の清掃業務、その他当該業務に付随する業務）
　　④　上記①の育児休業等の開始日：令和○○年○○月○○日
　　⑤　上記①の育児休業等の終了予定日：令和○○年○○月○○日

Q　派遣元事業主から通知を受けた派遣労働者に係る雇用保険・健康保険・厚生年金保険の取得届
等の提出の有無及び提出していない場合はその理由

（入社してすぐに派遣されたため、まだ提出できていない場合の記載例）
　雇用保険：　　　　有　・　(無)　（理由：書類準備中、○月○日届出予定）
　健康保険：　　　　有　・　(無)　（理由：書類準備中、○月○日届出予定）
　厚生年金保険：　　有　・　(無)　（理由：書類準備中、○月○日届出予定）

（雇用保険は加入要件を満たしているが、健康保険・厚生年金保険は加入要件を満たしていない場合の記載例）

雇用保険：　　⦅有⦆　・　無　（理由：　　　　　　　　　　　　　　　　　　　　　　）
健康保険：　　有　・　⦅無⦆　（理由：労働時間が通常の労働者の４分の３に満たないため）
厚生年金保険：　有　・　⦅無⦆　（理由：労働時間が通常の労働者の４分の３に満たないため）

R 派遣労働者から申出を受けた苦情の処理に関する事項
　　（1）苦情の申出を受けた年月日：令和〇〇年〇〇月〇〇日
　　（2）苦情の内容：派遣先の部署の担当者から個人情報を聞かれた
　　（3）苦情の処理状況：
　　　　　派遣元責任者である〇〇氏が派遣先の部署の担当者の〇〇と直接話し合い、派遣労働者の派遣先通知に記載した内容以外の派遣労働者の個人情報については伝えられないことの説明を受け、派遣労働者の□□□□氏には納得してもらう。

S 教育訓練を行った日時とその内容に関する事項
　　（1）教育訓練を行った日：令和〇〇年〇〇月〇〇日
　　（2）（1）の教育訓練に要した時間数：〇時間〇〇分
　　（3）（1）の教育訓練の内容：〇〇〇〇の訓練を実施

【派遣期間終了後、３年間保存】

Point

A　派遣元が法人であれば法人名を、派遣元が個人事業主であればその個人事業主の氏名を記載してください。

B　派遣労働者を派遣している派遣元の事業所名及びその所在地を記載してください。

C　実際に就業した日の実績を記載してください。記載例のように「別添タイムシートのとおり」等と記載する場合は、派遣先管理台帳に必ずタイムシートを添付しておいてください（添付していなければ記載不備として労働局の指導の対象となる可能性があります）。

D　実際に就業した日ごとの始業・終業時間及び休憩時間の実績を記載してください。記載例のように「別添タイムシートのとおり」等と記載する場合は、派遣先管理台帳に必ずタイムシートを添付しておいてください（添付していなければ記載不備として労働局の指導の対象となる可能性があります）。特に、休憩時間の記載漏れが多いのでご注意ください。

E　個別契約書に記載されている内容をそのまま記載してください。

F　事業所単位の期間制限の対象となる事業所名を記載してください。つまり、雇用保険の適用事業所番号を持つ事業所名とその所在地を記載すれば結構です。

212

Ｇ　実際の就業場所を記載してください。派遣先事業所と同じである場合は「派遣先事業所と同じ」と記載し、派遣先事業所と異なる場合はその事業所名と住所を記載してください。

Ｈ　個人単位の期間制限における組織単位を記載してください。組織の長の職名は必須記載事項ではありませんが、記載する方が望ましいとされています。

Ｉ　具体的な役職名を記載してください。役職を有さない派遣労働者であればその旨を記載してください。（例）役職なし

Ｊ　紹介予定派遣ではない場合は「紹介予定派遣ではない」にチェックをしてください。この場合、Ｋの記載は不要です。

Ｋ　紹介予定派遣の場合は、内容を記載してください。

Ｌ　派遣受入期間の制限を受けない業務ではない場合は「派遣受入期間の制限を受けない業務ではない」にチェックを入れてください。

Ｍ　派遣受入期間の制限を受けない業務の場合はＮ～Ｐのいずれかにチェックを入れ、その内容を記載してください。

Ｎ　<u>事業の開始、転換、拡大、縮小又は廃止のための業務であって</u>一定の期間内に完了することが予定されている業務に対して、労働者派遣を行う場合に限られるので、建設会社の新規マンションの建設などの有期プロジェクト業務やIT企業の新規のソフトウェア開発等の有期プロジェクト業務などは、これには該当しない（理由：事業の開始、転換、拡大、縮小又は廃止のための業務ではないため）のでご注意ください。

Ｏ　派遣労働者の従事する業務の1ヶ月間に行われる日数が、当該派遣就業に係る派遣先に雇用される正社員の1ヶ月間の所定労働日数の半分以下で、かつ、月10日以下である業務に限ります。
　　その業務自体が日数限定業務でないと該当しないのでご注意ください。

Ｐ　派遣先の直接雇用の労働者が育児休業等を取得する場合に、その代替要員として派遣労働者を派遣する場合に限ります。

Ｑ　各種保険の取得届を提出していない場合はその理由を詳細に記載してください。

Ｒ　苦情の処理を実際に行う都度、記載してください。

Ｓ　派遣先が派遣労働者に対して実際に教育訓練を行った場合に記載してください。派遣元が派遣労働者に対して行った教育訓練の記載は不要です（派遣元が派遣労働者に対して行った教育訓練については派遣元管理台帳に記載します）。

④　派遣先管理台帳の保管期間

　派遣先は、派遣先管理台帳を労働者派遣の終了の日から起算して3年間保管しなければなりません（労働者派遣法第42条第2項、労働者派遣法施行規則第37条）。

　労働者派遣契約が更新された場合は、更新後の派遣期間の終了の日から3年間保管しなければなりません。

16　派遣労働者の就業実績の通知　　◀派遣先▶

2020年4月1日派遣法改正に伴い一部追加事項あり

①　内容

　派遣先は派遣労働者を受け入れた後、派遣先から派遣元に対し、派遣先管理台帳の中の一定の事項（就業実績に関する事項）を通知しなければなりません（労働者派遣法第42条第3項、労働者派遣法施行規則第38条）。

　派遣労働者が何時間働いたのか、時間外労働や休日労働を行ったのか等について派遣先から派遣元に対して一定期間ごとに通知をします。

②　派遣労働者の就業実績の通知の記載事項

　派遣労働者の就業実績の通知には、派遣先管理台帳に記載されているものの中から、次の❶～❻の項目を記載する必要があります。

❶　派遣労働者の氏名

❷　派遣就業した日

❸　派遣就業をした日ごとの始業し、及び終業した時刻並びに休憩した時間

❹　従事した業務の種類

❺　派遣労働者が従事する業務に伴う責任の程度

2020年4月1日より追加

❻　派遣労働者が労働者派遣に係る労働に従事した事業所の名称及び所在地その他派遣就業をした場所並びに組織単位

③　派遣労働者の就業実績の通知の方法

　派遣労働者の就業実績の通知は、1ヶ月ごとに1回以上、一定の期日を定めて派遣労働者ごとに通知すべき事項に係る書面の交付もしくはファクシミリを利用してする送信又は電子メールの送信をすることにより行わなければなりま

せん（労働者派遣法施行規則第 38 条第 1 項）。

　また、派遣元から請求があった場合は、遅滞なく、上記の方法により通知しなければなりません（労働者派遣法施行規則第 38 条第 2 項）。

④　派遣労働者の就業実績の通知の記載例

　派遣労働者の就業実績の通知の記載例は図表 2-33 のようになります。

図表2-33　派遣労働者の就業実績通知の記載例　　　　　　　　　　DL 可

A タイムシート（就業実績通知）

株式会社○○○○　大阪中央支店（派遣元）　御中

株式会社△△△△　大阪支店

派遣労働者の氏名 ○○　○○	従事した業務の種類 営業事務（伝票起票、納品・発注業務、職場内の清掃業務、その他当該業務に付随する業務）

B 派遣先事業所
（名称・所在地）　株式会社△△△△　大阪支店　　大阪府大阪市○○区○○　○-○-○
（電話）　06-○○○○-○○○○

C 就業場所
（名称・所在地）　株式会社△△△△　大阪支店　茨木営業所　大阪府茨木市○○　○-○-○
（電話）　06-○○○○-○○○○

D 組織単位（組織の長の職名） ○○○○課　（○○○○課長）	**E** 派遣労働者が従事する業務に伴う責任の程度 役職なし

令和○○年○月分

日付	曜日	※実際に就業した時間を記入して下さい 開始時間	終了時間	**F** 休憩時間	**G** 個別契約書に記載している就業日・就業時間と異なる場合はその理由を記載してください
1	金	9：00	18：05	60 分	
2	土	：	：	分	
3	日	9：00	18：00	60 分	休日労働
4	月	9：00	18：00	60 分	
5	火	9：00	19：01	60 分	残業　1 時間
6	水	9：00	18：00	60 分	
7	木	9：00	18：02	60 分	

8	金	9：00	19：33	60分	残業　1時間30分
9	土	：	：	分	
10	日	：	：	分	
11	月	9：00	14：00	60分	派遣労働者の都合により早退
12	火	9：00	19：45	60分	残業　1時間45分
13	水	9：00	18：00	60分	
14	木	9：00	20：02	60分	残業　2時間
15	金	9：00	18：00	60分	
16	土	：	：	分	
17	日	：	：	分	
18	月	9：00	18：30	60分	残業　30分
19	火	9：00	18：04	60分	
20	水	9：00	19：30	60分	残業　1時間30分
21	木	9：00	18：00	60分	
22	金	9：00	18：01	60分	
23	土	：	：	分	
24	日	：	：	分	
25	月	9：00	20：02	60分	残業　2時間
26	火	9：00	18：00	60分	
27	水	9：00	18：00	60分	
28	木	9：00	18：20	60分	残業　20分
29	金	9：00	18：00	60分	
30	土	：	：	分	
31	日	：	：	分	

【派遣元は派遣元管理台帳に添付して、派遣先は派遣先管理台帳に添付した上、派遣期間終了後3年間保存】

Point

Ⓐ　派遣先は派遣元に当該タイムシートを1ヶ月ごとに1回以上、一定の期日を定めて、書面の交付等により通知してください。

Ⓑ　事業所単位の期間制限の対象となる事業所名を記載してください。つまり、雇用保険の適用事業所番号を持つ事業所名とその所在地を記載すれば結構です。

C　実際の就業場所を記載してください。派遣先事業所と同じである場合は「派遣先事業所と同じ」と記載し、派遣先事業所と異なる場合はその事業所名と住所を記載してください。

D　個人単位の期間制限における組織単位を記載してください。組織の長の職名は必須記載事項ではありませんが、記載する方が望ましいとされています。

E　具体的な役職名を記載してください。役職を有さない派遣労働者であればその旨を記載してください。（例）役職なし

F　休憩時間は必ず記載してください（記載がないと派遣法に抵触します）。

G　休日労働や時間外労働は派遣契約書（個別契約書）に記載した時間内でしか行えないので、ご注意ください。

　　個別契約書に記載した就業時間と実際の就業時間が異なる場合はその理由を記載してください。

⑤　派遣労働者の就業実績の通知の保管期間

　　労働者派遣法上、「派遣労働者の就業実績の通知」の書類の保管期間は定められていませんが、派遣元管理台帳や派遣先管理台帳の一部としている場合は、労働者派遣の終了の日から起算して3年間保管しなければなりません。

第3章

派遣先均等・均衡方式

1 派遣先均等・均衡方式の意義

　労働者派遣事業関係業務取扱要領には、派遣先均等・均衡方式の意義について以下のように記載されています。

　「派遣労働者の待遇については、実態として正社員との間で格差が存在すること等が指摘されている。同一就業先における通常の労働者と派遣労働者との間の不合理な待遇差を解消することにより、派遣労働という働き方を選択しても納得が得られる待遇が受けられ、多様な働き方を自由に選択できるようにするため、派遣元事業主に対し、派遣労働者の待遇について、派遣先の通常の労働者との間で均等・均衡を確保する措置を講ずることを義務付けたものである。」

　第2章「労使協定方式」でもお話ししたとおり、派遣労働者については、今まで、派遣先の正社員との賃金等の待遇について格差が見られたため、同一労働同一賃金の観点から、2020年4月1日以降は、派遣労働者という立場で働いても派遣先の正社員という立場で働いても仕事内容や責任の程度等に応じて賃金額等の待遇が決定される派遣先均等・均衡方式によって賃金等を決定することが義務付けられました。

2 派遣先均等・均衡方式における 派遣事業の手続の流れ

　派遣先均等・均衡方式による派遣事業の手続の流れは図表3-1のとおりとなります。**1**〜**15**の各項目について説明していきたいと思います。

1 派遣の依頼 　派遣元　派遣先

　「第2章　労使協定方式」→「2　労使協定方式における派遣事業の手続の流れ」→「**2**　派遣の依頼」と同じ内容となります。

図表3-1　派遣先均等・均衡方式における派遣事業の手続の流れ

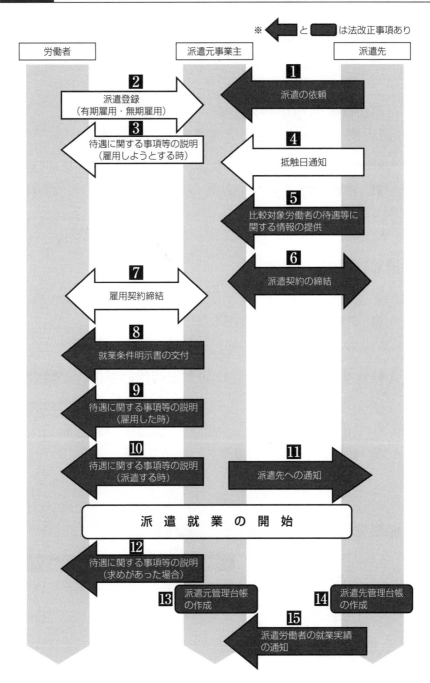

2 派遣登録 <派遣元>

　「第2章　労使協定方式」→「2　労使協定方式における派遣事業の手続の流れ」→「**3**　派遣登録」と同じ内容となります。

3 待遇に関する事項等の説明
（派遣労働者を雇用しようとする時） <派遣元>

　「第2章　労使協定方式」→「2　労使協定方式における派遣事業の手続の流れ」→「**4**　待遇に関する事項等の説明（派遣労働者を雇用しようとする時)」と同じ内容となります。

4 抵触日通知 <派遣先>

　「第2章　労使協定方式」→「2　労使協定方式における派遣事業の手続の流れ」→「**5**　抵触日通知」と同じ内容となります。

5 比較対象労働者の待遇等に関する情報の提供 <派遣先>

2020年4月1日派遣法改正に伴い新規に追加

　「第2章　労使協定方式」→「2　労使協定方式における派遣事業の手続の流れ」→「**6**　比較対象労働者の待遇等に関する情報の提供」と同じ内容となります。

6 派遣契約の締結 <派遣元> <派遣先>

2020年4月1日派遣法改正に伴い一部追加事項あり

　「第2章　労使協定方式」→「2　労使協定方式における派遣事業の手続の流れ」→「**7**　派遣契約の締結」と同じ内容となります。

７　雇用契約の締結　◀派遣元◀

「第２章　労使協定方式」→「２　労使協定方式における派遣事業の手続の流れ」→「**８**　雇用契約の締結」と同じ内容となります。

８　就業条件明示書の交付　◀派遣元◀

2020年４月１日派遣法改正に伴い一部追加事項あり

「第２章　労使協定方式」→「２　労使協定方式における派遣事業の手続の流れ」→「**９**　就業条件明示書の交付」と同じ内容となります。

９　待遇に関する事項等の説明（雇用した時）　◀派遣元◀

2020年４月１日派遣法改正に伴い新規に追加

「第２章　労使協定方式」→「２　労使協定方式における派遣事業の手続の流れ」→「**10**　待遇に関する事項等の説明（雇用した時）」と同じ内容となります。

10　待遇に関する事項等の説明（派遣する時）　◀派遣元◀

2020年４月１日派遣法改正に伴い新規に追加

「待遇に関する事項等の説明（派遣する時）」については、労使協定方式の場合と異なります（労使協定方式における「待遇に関する事項等の説明（派遣する時）」については、「第２章　労使協定方式」→「２　労使協定方式における派遣事業の手続の流れ」→「**11**　待遇に関する事項等の説明（派遣する時）」をご参照ください）。

①　内容

派遣労働者を派遣する際は、派遣元は派遣労働者に対して、次のイ及びロを行わなければなりません。

　イ　一定の労働条件を書面で明示

　ロ　派遣先均等・均衡方式又は労使協定方式により講ずべきこととされている措置の説明

労働者派遣法には、「派遣元事業主は、労働者派遣（労使協定方式に係るものを

除く）をしようとするときは、あらかじめ、当該労働者派遣に係る派遣労働者に対し、文書の交付等により、労働条件に関する事項を明示するとともに、派遣先均等・均衡方式、労使協定方式、職務の内容等を勘案した賃金の決定について講ずる措置の内容を説明しなければならない（労働者派遣法第31条の2第3項）」と規定されています。

派遣先均等・均衡方式が適用される場合、労働契約期間中でも、派遣先が変われば、新たな派遣先から比較対象労働者の待遇等に関する情報の提供を受け、派遣労働者の賃金等の待遇の内容が変わる可能性があります。

このため、派遣元に対し、大きく変更されることがあり得る労働条件に関する事項について、労働者派遣の都度、派遣労働者に対してその労働条件を明示するよう義務付けたものとなります。

これは、2020年4月1日の労働者派遣法の改正に伴い新規に追加された事項となります。

② 待遇に関する事項等の説明（派遣する時）の記載及び説明事項

待遇に関する事項等の説明（派遣する時）には派遣労働者に文書で明示しなければならないものと口頭で説明しなければならないものがあります。それぞれの具体的な内容を説明します。

イ 書面で明示しなければならない事項

待遇に関する事項等の説明（派遣する時）における書面での明示事項は次の❶〜❻の項目となります。

❶ 賃金の決定等に関する事項（退職手当、臨時に支払われる賃金（退職手当を除く）、賞与、精勤手当、勤続手当、奨励加給及び能率手当を除く）

❷ 休暇に関する事項

❸ 昇給の有無

❹ 退職手当の有無

❺ 賞与の有無

❻ 協定対象派遣労働者であるか否か（協定対象派遣労働者である場合には、当該協定の有効期間の終期）

ロ 口頭で説明しなければならない事項

待遇に関する事項等の説明（派遣する時）における口頭で説明しなければならない事項は次の❶及び❷の項目となります。

❶ **法第 30 条の 3 の規定（派遣先均等・均衡方式）により講ずべきこととされている事項に関し講ずることとしている措置の内容**

派遣先均等・均衡方式を採用した場合に講ずべき措置の内容に関して説明します。

具体的には、派遣先均等・均衡方式と労使協定方式の違い、比較対象労働者の待遇等に関する情報の提供の様式に基づいて派遣先均等・均衡方式による賃金の決定手順について、参考資料等を活用しながら説明します。

❷ **法第 30 条の 5 の規定（派遣先均等・均衡方式の均衡待遇の場合における職務の内容等を勘案した賃金の決定）により講ずべきこととされている事項**

労働者派遣法第 30 条の 5 には、

「派遣元事業主は、派遣先に雇用される通常の労働者との均衡を考慮しつつ、その雇用する派遣労働者（均等待遇の対象となる派遣労働者及び労使協定方式の対象となる派遣労働者を除く）の職務の内容、職務の成果、意欲、能力又は経験その他の就業の実態に関する事項を勘案し、その賃金（通勤手当その他の厚生労働省令で定めるものを除く）を決定するように努めなければならない。」
と規定されています。

派遣先均等・均衡方式において均衡待遇の対象となる派遣労働者の賃金については、派遣先に雇用される正社員との間で、職務内容や転勤の範囲等を踏まえて不合理な待遇差がなければ法律違反とはなりません。

しかし、それだけでは派遣労働者の納得感の向上や就業意欲を増進させるには不十分であるため、派遣先の直接雇用の正社員と派遣労働者との間の待遇に関して不合理な待遇差を設けないことはもちろんのこと、さらに、個々の派遣労働者の貢献度や意欲も考慮して賃金額を決定するように努めることを派遣元に促す規定となります。

具体的には、派遣元が均衡待遇の対象となる派遣労働者に対し、その者の意欲や能力に応じて賃金額がアップするような賃金制度について説明します。

③ **待遇に関する事項等の説明（派遣する時）の方法**

待遇に関する事項等の説明（派遣する時）は、派遣労働者を派遣する前に、派遣元から派遣労働者に対し、書面の交付及び口頭での説明が必要となります。

書面の交付については文書で交付するほか、ファクシミリを利用してする送

信又は電子メール等の送信（ただし、ファクシミリや電子メールの場合は派遣労働者が希望した場合に限ります）により行うことも可能です（労働者派遣法第31条の2第3項）。

　また、書面の交付については「待遇に関する事項等の説明（派遣する時)」という様式（任意様式となります）を使って説明するほか、就業条件明示書に上記の記載事項を記載しても結構です。

　口頭での説明については、書面の活用その他の適切な方法により行わなければなりません（労働者派遣法施行規則第25条の18）。

　派遣労働者が、派遣元が講ずる措置の内容を理解できるよう、書面を活用し、口頭により行うことが基本となります。当該書面としては、就業規則、賃金規程、派遣先に雇用される通常の労働者の待遇のみを記載した書面等が想定されます。

　また、派遣労働者が措置の内容を的確に理解することができるようにするという観点から、説明に活用した書面を交付することが望ましいとされています。

　一方、説明すべき事項を全て記載した派遣労働者が容易に理解できる内容の書面を用いる場合には、当該書面を交付する等の方法でも構いません。ほかに、待遇の内容の説明に関して、就業規則の条項を書面に記載し、その詳細は、別途就業規則を閲覧させるという方法も考えられますが、派遣元は、就業規則を閲覧する者からの質問に対して誠実に対応する必要があります。

　この「待遇に関する事項等の説明（派遣する時)」は派遣をするたびに、派遣元から派遣労働者に対して説明しなければなりません。したがって、派遣契約更新時についても毎回、この説明が必要となります。

④　待遇に関する事項等の説明（派遣する時）の記載例
　待遇に関する事項等の説明（派遣する時）の記載例は図表3-2のようになります。

待遇に関する事項等の説明（派遣時）

（派遣先均等・均衡方式の場合）【法 31 条の２第３項】

| 書面での明示事項 |

令和○○年○月○○日

_____　殿

事業所名：○○○○㈱
事業所所在地：○○○県○○○市○○○町○-○-○
使用者職氏名：代表取締役　○○　○○

　労働者派遣事業の適正な運営の確保及び派遣労働者の保護等に関する法律第 31 条の２第３項に基づき、下記の内容の事項等について明示いたします。

賃金の決定等に関する事項 （退職手当、臨時に支払われる賃金（退職手当を除く）、賞与、精勤手当、勤続手当、奨励加給及び能率手当を除く）	1　基本給：　　時給　1,154 円 2　通勤手当：　月額　6,320 円（通勤距離に応じて支給） 3　所定時間外、休日又は深夜労働に対して支払われる割増賃金率 　・所定時間外　　法定超：25 ％、所定超：25 ％ 　・休日　　　　　法定休日：35 ％、法定外休日：25 ％ 　・深夜：25 ％ 4　賃金締切日：毎月　　末日 5　賃金支払日：翌月　10 日 6　賃金の支払い方法：本人が指定する口座に振り込む
休暇に関する事項	年次有給休暇：6ヶ月継続勤務した場合　→　10日 （ただし、8 割以上勤務した場合に限る）
Ⓐ 昇給の有無	なし
Ⓑ 退職手当の有無	退職手当の制度としてはあるが、就業規則に基づき、勤続年数等により支給されない可能性あり
Ⓒ 賞与の有無	賞与の制度はあるが、業績等に基づき支給されない可能性あり
協定対象派遣労働者であるか否かの別	□　協定対象派遣労働者である 　　（当該協定の有効期間の終了日：　　年　月　日） ☑　協定対象派遣労働者ではない

✐ **Point**

Ⓐ　「昇給」とは、一つの労働契約の中での賃金の増額をいいます。したがって、有期労働契約の契約更新時の賃金改定は、「昇給」にはあたりません。

「昇給」が業績等に基づき実施されない可能性がある場合には、制度としては「有」と明示しつつ、あわせて「昇給」が業績等に基づき実施されない可能性がある旨を明示することが必要です。

B　「退職手当」とは、労使間において、労働契約等によってあらかじめ支給条件が明確になっており、退職により支給されるものであればよく、その支給形態が退職一時金であるか、退職年金であるかは問われません。

　　「退職手当」が勤続年数等に基づき支給されない可能性がある場合には、制度としては「有」と明示しつつ、あわせて「退職手当」が勤続年数等に基づき支給されない可能性がある旨について明示することが必要です。

C　「賞与」とは、定期又は臨時に支給されるものであって、その支給額があらかじめ確定されていないものをいいます。「賞与」が業績等に基づき支給されない可能性がある場合には、制度としては「有」と明示しつつ、あわせて「賞与」が業績等に基づき支給されない可能性がある旨を明示することが必要です。

口頭での説明事項

（1）　派遣先の通常の労働者と派遣労働者との間で不合理な相違を設けない旨【法第30条の3関係】（均等均衡方式の場合）

　①　派遣先均等・均衡方式と労使協定方式の違い

　　イ　派遣先均等・均衡方式

　　　派遣先均等・均衡方式とは派遣契約を締結する前に、派遣先は、派遣先で直接雇用される正社員等の詳細な賃金等の情報（基本給や賞与、各種手当の金額やその金額を決定するにあたって考慮した事項等の情報）について、派遣元に情報を提供し（これを「比較対象労働者の待遇等に関する情報の提供」といいます）、その情報を基に派遣元は派遣労働者の賃金額等を決定する方式です。

　　　この派遣先均等・均衡方式が、派遣労働者の賃金決定をする上で原則的な方法となります。

　　ロ　労使協定方式

　　　労使協定方式とは、本来、同一労働同一賃金の概念に基づいた場合、派遣先均等・均衡方式が原則の方式となりますが、派遣元が派遣元の労働者の過半数で組織する労働組合がある場合はその労働組合と、労働組合がない場合は、派遣元の労働者の過半数を代表する者と労使協定を締結した場合には、その労使協定に基づいて派遣労働者の賃金額等を決定する方法です。

具体的には、厚生労働省の職業安定局長が毎年6～7月頃に「派遣労働者専用の派遣労働者が従事する職種ごと能力ごとの賃金統計」（これを「職業安定局長通達」といいます）を公表するので、その賃金統計以上の賃金を派遣労働者に支払うことを定めた労使協定を上記の労働組合又は過半数を代表する者と締結して、その締結した労使協定にしたがって派遣労働者の賃金額を決定することとなります。

派遣先均等・均衡方式と労使協定方式のイメージ図

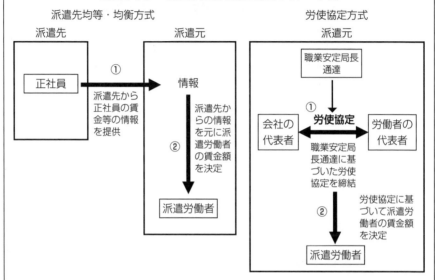

②　派遣先均等・均衡方式が適用される場合及びそれぞれの待遇の内容

イ　派遣先均等・均衡方式の均衡待遇が適用される場合

　派遣先に直接雇用される通常の労働者（正社員や無期雇用フルタイム労働者。以下「正社員」といいます）と

　　　①　職務内容
　　　　　→　職務内容とは「業務の内容」＋「責任の程度」をいいます
　　　②　職務内容及び配置の変更の範囲
　　　　　→　職務内容及び配置の変更の範囲とは「人事異動の範囲」＋「職務内容の変更の範囲」＋「転勤の範囲」をいいます

のうち、一部だけが同じ派遣労働者には均衡待遇が適用されます。

　均衡待遇が適用される派遣労働者については、派遣先に直接雇用される正社員との間で待遇差を設けることは構いませんが、その待遇差について整合性を図らなければいけません。

ロ　派遣先均等方式の均等待遇が適用される場合

　派遣先に直接雇用される正社員と

① 職務内容（上記イ①と同じ）

② 職務内容及び配置の変更の範囲（上記イ②と同じ）

の全てが同じ派遣労働者には均等待遇が適用されます。

　均等待遇が適用される派遣労働者については、派遣先に直接雇用される正社員との間で待遇差を設けてはいけません（つまり、派遣労働者の賃金等については派遣先の直接雇用される正社員と全く同じ待遇にしなければいけません）。

③ **派遣先の正社員の賃金等の情報提供**

　派遣先から、下記のような派遣先の直接雇用の正社員の待遇に関する情報（これを「比較対象労働者の待遇等に関する情報」といいます）の提供を受けた場合に、均衡待遇の対象となる派遣労働者にはその内容に基づいて、派遣先の通常の労働者と派遣労働者との間で不合理な相違とならないよう、派遣労働者の賃金額等の待遇を決定します。

　また、均等待遇の対象となる派遣労働者の賃金額等の待遇については、派遣先の直接雇用の正社員と派遣労働者との間で待遇差を設けないこととします。（下記の比較対象労働者の待遇等に関する情報の内容は、参考例です）

※　作成のポイントについては、図表 2-23 を参照してください

令和○年○月○日

（派遣元）
○○○○株式会社　御中

　　　　　　　　　　　　　　　　　（派遣先）
　　　　　　　　　　　　　　　　　株式会社△△△△
　　　　　　　　　　　　　　　　　役職：総務部長
　　　　　　　　　　　　　　　　　氏名：□□　　□□

比較対象労働者の待遇等に関する情報提供
（派遣労働者を協定対象派遣労働者に限定しない場合）
【法 26 条第 7 項】

　労働者派遣事業の適正な運営の確保及び派遣労働者の保護等に関する法律第26 条第 7 項に基づき、比較対象労働者の待遇等に関する情報を下記のとおり情報提供いたします。

1．比較対象労働者の職務の内容（業務の内容及び責任の程度）、当該職務の内
　容及び配置の変更の範囲並びに雇用形態【則第24条の4第1号イ関係】
　　(1)　業務の内容

①　職種：○○○○○○【厚生労働省編職業分類　細分類○○○-○○】
②　中核的業務：○○○○
③　その他の業務：○○○○

　　(2)　責任の程度

①　権限の範囲： 　　　役職名：○○○○ 　　　単独で契約締結可能な金額の範囲：○○○○ 　　　管理する部下の数：○名 　　　決裁権限の範囲：○○○○
②　トラブル・緊急対応：○○○○
③　成果への期待・役割：○○○○
④　所定外労働の有無及び頻度：○○○○
⑤　その他：

　　(3)　職務の内容及び配置の変更の範囲

①　転勤の有無：○○○○
②　転勤の範囲：○○○○
③　職務の内容・配置の変更の有無：○○○○
④　職務の内容・配置の変更の範囲：○○○○

　　(4)　雇用形態

正社員（年間所定労働時間○○○○時間）

2．比較対象労働者を選定した理由　【則第24条の4第1号ロ関係】
　　・　比較対象労働者の分類：業務の内容が同一である通常の労働者
　　・　比較対象労働者の区分等：○○○○
　　・　上記の比較対象労働者を選定した理由：
　　　　　　受け入れようとする派遣労働者と「職務の内容及び配置の変更の
　　　　　範囲」又は「職務の内容」が同一である通常の労働者はいないが、
　　　　　「業務の内容」が同一である通常の労働者がいるため

第3章　派遣先均等・均衡方式

231

〈参考：チェックリスト〉

比較対象労働者（次の①～⑥の優先順位により選出）	対象者の有無 （○ or ×）
① 【職務の内容】並びに【職務の内容及び配置の変更の範囲】が派遣労働者と同一であると見込まれる通常の労働者	×
② 【職務の内容】が派遣労働者と同一であると見込まれる通常の労働者	×
③ 【業務の内容】又は【責任の程度】のいずれかが派遣労働者と同一であると見込まれる通常の労働者	○
④ 【職務の内容及び配置の変更の範囲】が派遣労働者と同一であると見込まれる通常の労働者	―
⑤ ①～④までに相当する【短時間労働者】又は【有期雇用労働者】 　※ 派遣先の通常の労働者との間で短時間・有期雇用労働法等に基づく均衡が確保されている者に限る	―
⑥ 派遣労働者と同一の【職務の内容】で業務に従事させるために新たに通常の労働者を雇い入れたと仮定した場合における当該通常の労働者（【仮想の通常の労働者】） 　※ 派遣先の通常の労働者との間で適切な待遇が確保されている者に限る	―

3．待遇の内容等

(1) 比較対象労働者の待遇のそれぞれの**内容**（昇給、賞与その他の主な待遇がない場合にはその旨）【則第24条の4第1号ハ関係】

(2) 比較対象労働者の待遇のそれぞれの**性質及び待遇を行う目的**【則第24条の4第1号ニ関係】

(3) 待遇のそれぞれを決定するにあたって**考慮した事項**【則第24条の4第1号ホ関係】

（待遇の種類）		
（待遇の内容）	（待遇の性質・目的）	（待遇決定にあたって考慮した事項）

① 基本給		
○○万円／月	・労働に対する基本的な対償として支払われるもの ・労働者の能力の向上のための努力を促進する目的 ・長期勤続を奨励する目的	能力、経験、勤続年数を考慮 ・能力、経験：定型的な販売業務の処理、クレーム対応が可能 ・勤続年数：○年目（入社後○年）

②　賞与：制度あり		
○○万円／年	・会社の利益を分配することによって、社員の士気を高める目的	基本給額、支給月数により算定 ・個人業績に係る評価を考慮 ・個人業績：○評価 （【特に優秀】【優秀】【普通】の3段階評価の中評価）

③　役職手当：制度あり		
○○万円／月	・一般社員にはない特別な責任と役割に応じて支給されるもの ・一定の責任と役割の履行を促進する目的	責任の程度を考慮 ・役職：副リーダー

④　特殊作業手当：制度なし		
―	―	―

⑥　精皆勤手当：制度あり		
0円	・一定数の業務を行う人数を確保するための皆勤を奨励する目的	責任の程度と意欲を考慮し、部下がいない場合であり、かつ、無欠勤の場合に一律○万円を支給 ・責任の程度：部下○名 ・欠勤の有無：無欠勤

⑤　特殊勤務手当：制度なし		
―	―	―

⑦　時間外労働手当（法定割増率以上）：制度なし		
―	―	―

⑧　深夜及び休日労働手当（法定割増率以上）：制度なし		
―	―	―

⑨　通勤手当：制度あり		
○○万円（実費）／月	・通勤に要する交通費を補てんする目的	通勤距離を考慮

⑩　出張旅費：制度あり		
0円	・出張に要する交通費を補てんする目的	出張距離を考慮 ・出張なし

⑪　食事手当：制度なし		
―	―	―

⑫ 単身赴任手当：制度なし		
―	―	―

⑬ 地域手当：制度なし		
―	―	―

⑭ 食堂：施設あり		
食堂なし	・業務の円滑な遂行に資する目的	就業する事業所に食堂があるか否かを考慮し、食堂がある場合には利用の機会を付与 ・就業する事業所：A支店（食堂なし）

⑮ 休憩室：施設なし		
―	―	―

⑯ 更衣室：施設あり		
利用可	・業務の円滑な遂行に資する目的	就業する事業所に更衣室があるか否かを考慮し、更衣室がある場合には利用の機会を付与 ・就業する事業所：A支店（更衣室あり）

⑰ 転勤者用社宅：制度あり		
利用なし	・住宅を確保し、転勤に伴う負担を軽減する目的	職務の内容及び人材活用の範囲を考慮し、転勤がある場合に提供 ・職務の内容及び人材活用の範囲：転勤を伴う人事異動なし

⑱ 慶弔休暇：制度あり		
○日／年	・冠婚葬祭への参加を促進することで就業継続や業務能率の向上を図る目的	勤続年数を考慮 ・勤続1年以上の者に一律○日／年付与 ・勤続年数：○年目（入社後○年○ヶ月）

⑲ 健康診断に伴う勤務免除及び有給：制度なし		
―	―	―

⑳ 病気休職：制度なし		
―	―	―

㉑　法定外の休暇（慶弔休暇を除く）：制度なし		
―	―	―

㉒　教育訓練：制度あり		
接客に関する教育訓練	・職務の遂行に必要な技能又は知識を習得する目的	業務の内容を考慮 ・接客に従事する場合には、○ヶ月に１回、希望者に限り、接客に関する基礎を習得するための教育訓練を実施

㉓　安全管理に関する措置及び給付：制度なし		
―	―	―

㉔　退職手当：制度あり		
０円	・長期勤続を奨励する目的 ・退職後の生活を保障する目的	基本給額、勤続年数、離職理由により算定 ・勤続○年であって、会社都合により退職した場合は、基本給額○ヶ月分の退職手当を支給 ・勤続年数：○年目（入社後○年○ヶ月）

㉕　住宅手当：制度なし		
―	―	―

㉖　家族手当：制度あり		
○万円／月	・労働者の家族を扶養するための生活費を補助する目的	扶養家族の人数を考慮 ・扶養家族１人につき○万円を支給（上限○万円） ・扶養家族：○人

㉗　○○○○手当：制度○○○		
―	―	―

（２）職務の内容、職務の成果、意欲、能力又は経験その他就業の実態に関する事項のうち、どの要素を勘案するか【法第30条の５関係】（均等均衡方式（均衡待遇）の場合）

　半期ごとに行う勤務評価の結果、その経験の蓄積・能力の向上があると認められた場合には、基本給額の１〜３％の範囲で能力手当を支払うこととする。

Point

D　この項目は均衡待遇が適用される派遣労働者に対してのみ適用されます（均等待遇が適用される派遣労働者については適用されません）。

　　この項目は、派遣先均等・均衡方式の均衡待遇の対象となる派遣労働者に対して、派遣先に雇用される正社員との均衡を考慮しつつ、その派遣労働者の職務の内容や職務の成果、意欲、能力又は経験その他の就業の実態に関する事項を勘案し、その派遣労働者の賃金額を決定する制度を適用するよう派遣元に課した努力義務規定となります。

　　「職務の内容、職務の成果、意欲、能力又は経験その他の就業の実態に関する事項を勘案」した措置の例としては、職務の内容、職務の成果、意欲、能力又は経験その他の就業の実態に関する事項を踏まえた

　　　①　賃金水準の見直し
　　　②　昇給・昇格制度や成績等の考課制度の整備
　　　③　職務手当、役職手当、成果手当の支給等

が考えられます。

⑤　待遇に関する事項等の説明（派遣する時）書類の保管期間

　労働者派遣法上、「待遇に関する事項等の説明（派遣する時）」の書類の保管期間は定められていませんが、少なくとも当該労働者の派遣期間の間は保管しておいた方が良いでしょう。労働局の調査の際に提出を求められる場合があり、その際に提出できない場合は書類不備となり指導の対象となる可能性があります。

11　派遣先への通知　＜派遣元＜

2020年4月1日派遣法改正に伴い一部追加事項あり

　「第2章　労使協定方式」→「2　労使協定方式における派遣事業の手続の流れ」→「12　派遣先への通知」と同じ内容となります。

⓬　待遇に関する事項等の説明 （派遣労働者から求めがあった場合）　＜派遣元＞

2020年4月1日派遣法改正に伴い新規に追加

「待遇に関する事項等の説明（派遣労働者から求めがあった時）」については、労使協定方式の場合と異なります（労使協定方式における「待遇に関する事項等の説明（派遣労働者から求めがあった場合）」については、「第2章　労使協定方式」→「2　労使協定方式における派遣事業の手続の流れ」→「⓭　待遇に関する事項等の説明（派遣労働者から求めがあった場合）」をご参照ください）。

①　内容

派遣元は、その雇用する派遣労働者から求めがあったときは、その派遣労働者に対し、「その派遣労働者と比較対象労働者（派遣先で直接雇用されている正社員等）との間の待遇の相違の内容及び理由」並びに「派遣先均等・均衡方式の措置を講ずる場合に考慮した事項」、「労使協定方式の措置を講ずる場合に考慮した事項」、「派遣先均等・均衡方式の均衡待遇の場合における職務の内容等を勘案した賃金の決定を行う際に考慮した事項」、「派遣労働者に関係する就業規則の内容を作成又は変更する場合において、派遣労働者の過半数を代表する者の意見を聴くよう努めることとする規定に関して考慮した事項」について説明しなければなりません（労働者派遣法第31条の2第4項）。

これは、派遣労働者の待遇に関する納得性を高めるとともに、派遣労働者が自らの待遇に納得できない場合に、まずは、労使間での対話を行い、不合理な待遇差の是正につなげていくとともに、事業主である派遣元しか持っていない情報のために、派遣労働者が訴えを起こすことができないことを防止する等の理由により、派遣元事業主に対し、派遣労働者の求めに応じ、派遣労働者と比較対象労働者との間の待遇の相違の内容及び理由等の説明義務を課すこととしたものです。

②　待遇に関する事項等の説明（派遣労働者から求めがあった場合）の説明事項

待遇に関する事項等の説明（派遣労働者から求めがあった場合）の説明事項は、労使協定方式の対象とならない派遣労働者に対する説明事項と労使協定方式の

第3章　派遣先均等・均衡方式

237

対象となる派遣労働者に対する説明事項とに分かれます。ここでは、労使協定方式の対象とならない派遣労働者に対する説明事項について説明します（労使協定方式の対象となる派遣労働者に対する説明事項は第2章を参照してください）。

❶ 比較対象労働者の待遇の個別具体的な内容

派遣先から送られてきた「比較対象労働者の待遇等に関する情報提供」の中から比較対象労働者の賃金等の待遇の内容を説明します。

❷ 比較対象労働者の分類

派遣先から送られてきた「比較対象労働者の待遇等に関する情報提供」の中から比較対象労働者の分類（「【職務の内容】及び【職務の内容及び配置の変更の範囲内容】が派遣労働者と同一」等）を説明します。

❸ 比較対象労働者の区分

派遣先から送られてきた「比較対象労働者の待遇等に関する情報提供」の中から比較対象労働者の区分（「1人の労働者」、「複数人の労働者」等）を説明します。

❹ 派遣労働者と比較対象労働者との間の待遇の相違の有無及び相違の内容並びにその理由

その派遣労働者と比較対象労働者との間の待遇の相違の有無及び相違の内容並びにその理由を説明します。

❺ 法第30条の5の規定（派遣先均等・均衡方式の均衡待遇の場合における職務の内容等を勘案した賃金の決定）により講ずべきこととされている事項に関し考慮した内容

労働者派遣法第30条の5の規定とは、派遣先均等・均衡方式において均衡待遇を確保する対象となる派遣労働者の賃金については、派遣先に雇用される正社員との間で、職務内容や転勤の範囲等を考慮して不合理と認められる相違（つまり派遣先の正社員と派遣労働者の賃金の違いについて、「働き方が違うからこれぐらいの賃金の相違は仕方ないよね」と言えるかどうか）がなければ問題ないのですが、それだけでは派遣労働者の納得感の向上や就業意欲を促進するには不十分であるということから、派遣先の直接雇用の正社員等と派遣労働者との間の待遇に関して不合理な待遇差を設けないとした上で、さらに、個々の派遣労働者の貢献度や意欲も考慮して賃金額を決定することを求めた規定です。

ここでは、労働者派遣法第30条の5の規定により、派遣労働者の職務の

内容、職務の成果、意欲、能力又は経験等のうち、どの要素を勘案して賃金額を決定しているかについて説明します。

❻ **法第30条の6の規定（就業規則の作成の手続）により講ずべきこととされている事項に関し考慮した内容**

労働者派遣法第30条の6の規定とは、派遣労働者に関係する就業規則の内容を作成又は変更する場合において、派遣労働者の過半数を代表する者の意見を聴くよう努めることを求めた規定です。

ここでは、労働者派遣法第30条の6の規定により、派遣労働者に関係する就業規則の作成又は変更しようとする時の意見聴取の対象となった派遣労働者がどのように選出され、どのような事項に関して意見聴取したのかについて説明します。

③ 待遇に関する事項等の説明（派遣労働者から求めがあった場合）の方法

説明については、書面の活用その他の適切な方法により行わなければなりません。

派遣労働者が、派遣元が講ずる措置の内容を理解できるよう、書面を活用し、口頭により行うことが基本となります。当該書面としては、就業規則、賃金規程、派遣先に雇用される通常の労働者の待遇のみを記載した書面等が想定されます。

また、派遣労働者が措置の内容を的確に理解することができるようにするという観点から、説明に活用した書面を交付することが望ましいとされています。

一方、説明すべき事項を全て記載した派遣労働者が容易に理解できる内容の書面を用いる場合には、当該書面を交付する等の方法でも構いません。ほかに、待遇の内容の説明に関して、就業規則の条項を書面に記載し、その詳細は、別途就業規則を閲覧させるという方法も考えられますが、派遣元は、就業規則を閲覧する者からの質問に対して誠実に対応する必要があります。

④ 待遇に関する事項等の説明（派遣労働者から求めがあった場合）の記載例

「待遇に関する事項等の説明（派遣労働者から求めがあった場合）」の記載例は図表3-3のようになります。

待遇に関する事項等の説明（派遣労働者から求めがあった場合）

（派遣先均等・均衡方式の場合）【法31条の2第4項】

説明事項

令和○○年○月○○日

_____　殿

事業所名：○○○○㈱
事業所所在地：○○○県○○○市○○○町○-○-○
使用者職氏名：代表取締役　○○　○○

　労働者派遣事業の適正な運営の確保及び派遣労働者の保護等に関する法律第31条の2第4項に基づき、下記の内容の事項等について説明いたします。

1　派遣先の比較対象労働者【法第30条の3関係】
（1）業務内容
　　①　職種：衣服・身の回り品販売店員【厚生労働省編職業分類　細分類323-04】
　　②　中核的業務：品出し、レジ、接客
　　③　その他の業務：クレーム対応
（2）責任の程度
　　①　権限の範囲
　　　・役職名：副リーダー
　　　・単独で契約締結可能な金額の範囲：特になし
　　　・管理する部下の数：0名
　　　・決裁権限の範囲：特になし
　　②　トラブル・緊急対応：リーダー不在である間の週1回程度対応
　　③　成果への期待・役割：個人単位で月の売上目標30万円
　　④　所定外労働の有無及び頻度：週2回、計5時間程度（品出しのため）
　　⑤　その他：特になし
（3）職務の内容及び配置の変更の範囲
　　①　転勤の有無：転勤あり
　　②　転勤の範囲：全国転勤の可能性あり

Ⓑ ③　職務の内容・配置の変更の有無：あり

④　職務の内容・配置の変更の範囲：全ての職種への変更及び昇進の可能性
　　あり

（4）　雇用形態

　　正社員（年間所定労働時間○○○○時間）

2　上記1の比較対象労働者を選定した理由【法第30条の3関係】

（1）　比較対象労働者の分類：業務の内容が同一である通常の労働者

（2）　比較対象労働者の区分等：該当する10名中の1名

（3）　当該比較対象労働者を選定した理由：

　　　　受け入れようとする派遣労働者と「職務の内容及び配置の変更の範囲」
　　　又は「職務の内容」が同一である通常の労働者はいないが、「業務の内
　　　容」が同一である通常の労働者がいるため

〈参考：チェックリスト〉

比較対象労働者（次の①～⑥の優先順位により選出）	対象者の有無
①　【職務の内容】並びに当該【職務の内容及び配置の変更の範囲】が派遣労働者と同一であると見込まれる通常の労働者	×
②　【職務の内容】が派遣労働者と同一であると見込まれる通常の労働者	×
③　【業務の内容】又は【責任の程度】のいずれかが派遣労働者と同一であると見込まれる通常の労働者	○
④　【職務の内容及び配置の変更の範囲】が派遣労働者と同一であると見込まれる通常の労働者	―
⑤　①～④までに相当する【短時間・有期雇用労働者】 　　※　派遣先の通常の労働者との間で短時間・有期雇用労働法等に基づく均衡が確保されている者に限る	―
⑥　派遣労働者と同一の職務の内容で業務に従事させるために新たに通常の労働者を雇い入れたと仮定した場合における当該通常の労働者（【仮想の通常の労働者】） 　　※　派遣先の通常の労働者との間で適切な待遇が確保されている者に限る	―

3　派遣先の通常の労働者と派遣労働者との間の待遇の相違内容及びその理由（均衡）　　　　　　　　　　　　　　　　　　　　【法第30条の3関係】

基本給	比較対象労働者との待遇の違いの有無	ある　・　ない
	比較対象労働者との待遇の違いの内容 　　比較対象労働者の基本給は月額20万円（時給換算額：1,154円）、 　　派遣労働者の基本給は月額18万円（時給換算額：1,039円）	

比較対象労働者との待遇の違いの理由
　比較対象労働者には、
　　　・リーダー不在時のトラブル、緊急対応が週1回程度あり
　　　・所定外労働が週2回、計5時間程度（品出しのため）あり
　　　・個人単位で月の売上目標が30万円
　　　・全国転勤の可能性あり
　派遣労働者には、
　　　・トラブル、緊急対応なし
　　　・所定外労働なし
　　　・個人単位での月の売上目標なし
　　　・転勤の可能性なし
以上のことから、上記の待遇の違いを設けています。

賞与	比較対象労働者との待遇の違いの有無	ある ・ ない

比較対象労働者との待遇の違いの内容
　比較対象労働者の賞与は年額40万円、派遣労働者の賞与は年額10万円

比較対象労働者との待遇の違いの理由
　比較対象労働者には、
　　　・個人単位での月の売上目標が30万円
　派遣労働者には、
　　　・個人単位での月の売上目標なし
以上のことから、派遣労働者に対しては売上が一定額以上を超えた場合につき、
年額10万円を一律に支給しています。

役職手当	比較対象労働者との待遇の違いの有無	ある ・ ない

比較対象労働者との待遇の違いの内容
　比較対象労働者の役職手当は月額2万円ですが、派遣労働者には役職手当は
支給していません。

比較対象労働者との待遇の違いの理由
　比較対象労働者は、
　　　・副リーダーの役職
　派遣労働者は、
　　　・役職なし
以上のことから、派遣労働者に対しては役職手当を支給していません。

通勤手当	比較対象労働者との待遇の違いの有無	ある ・ ない

比較対象労働者との待遇の違いの内容
　比較対象労働者及び派遣労働者ともに通勤手当は実費相当額（全額）を支給
しています。

比較対象労働者との待遇の違いの理由

更衣室	比較対象労働者との待遇の違いの有無	ある ・ ない

比較対象労働者との待遇の違いの内容
　比較対象労働者及び派遣労働者ともに更衣室の利用は可能です。

	比較対象労働者との待遇の違いの理由	
教育訓練	比較対象労働者との待遇の違いの有無	ある ・ （ない）
	比較対象労働者との待遇の違いの内容 　比較対象労働者及び派遣労働者ともに「接客に関する教育訓練」を行っています。	
	比較対象労働者との待遇の違いの理由	
家族手当	比較対象労働者との待遇の違いの有無	ある ・ （ない）
	比較対象労働者との待遇の違いの内容 　比較対象労働者及び派遣労働者ともに扶養家族1人につき1万円を支給（上限3万円）しています。	
	比較対象労働者との待遇の違いの理由	

C 4　賃金の決定にあたって勘案する職務の内容、職務の成果、意欲、能力、経験等のうち、どれを勘案しているか？　どのように勘案しているか？（均衡待遇の場合のみ）　　　　　　　　　　　　　　【法第30条の5関係】

　　半期ごとに行う勤務評価の結果、その経験の蓄積・能力の向上があると認められた場合には、基本給額の1～3％の範囲で能力手当を支払うこととする。

5　就業規則の作成又は変更をしようとする時の意見聴取の対象となった派遣労働者がどのように選出され、どのような事項に関して意見聴取をしたのか？　　　　　　　　　　　　　　　　　　　　　　【法第30条の6関係】
　・　意見聴取の対象となった派遣労働者の選出方法：立候補を募り、その中から投票にて選定
　・　意見聴取した内容：賃金額の変更について意見聴取を行う

D 【比較対象労働者が「短時間・有期雇用労働者」である場合】
6　比較対象労働者と派遣先に雇用される通常の労働者との間で、短時間・有期雇用労働法第8条等に基づく「均衡待遇」が確保されている根拠

E 【比較対象労働者が「仮想の通常の労働者」である場合】
6　比較対象労働者と派遣先に雇用される通常の労働者との間で、「適切な待遇」が確保されている根拠

 POINT

A　ほかに「近畿圏内への転勤あり」等。

B　「人事異動の可能性」や「職務内容の変更の可能性」、「昇進の可能性」につ

いて記載してください。

C 職務の内容に密接に関連して支払われる賃金以外の賃金（例えば、通勤手当、家族手当、住宅手当、別居手当、子女教育手当）は説明の対象から除かれます。

D 派遣先から提供された「比較対象労働者の待遇等に関する情報提供」において比較対象労働者が短時間労働者（パート、アルバイト）や有期雇用労働者である場合は、そのパート（アルバイト）又は有期雇用労働者である比較対象労働者と派遣先の正社員との間で賃金額等の待遇について整合性が図られていることを、派遣元は派遣労働者に説明しなければいけません。

派遣元が持っている情報だけではその説明が困難な場合は、派遣先は労働者派遣法第 40 条第 5 項（派遣先の労働者に関する情報、派遣労働者の職務遂行状況等の情報について、派遣先は派遣元に提供するよう配慮しなければいけないことを定めた規定）により派遣先に雇用される通常の労働者と今回比較対象労働者とされている短時間・有期雇用労働者との間で整合性が図られている根拠について派遣元に伝える等、的確に対応しなければいけません。

E 派遣先から提供された「比較対象労働者の待遇等に関する情報提供」において比較対象労働者が仮想の通常の労働者である場合は、その仮想の通常の労働者（比較対象労働者）と派遣先の正社員との間で賃金額等の待遇について整合性が図られていることを、派遣元は派遣労働者に説明しなければいけません。

派遣元が持っている情報だけではその説明が困難な場合は、派遣先は労働者派遣法第 40 条第 5 項（派遣先の労働者に関する情報、派遣労働者の職務遂行状況等の情報について、派遣先は派遣元に提供するよう配慮しなければいけないことを定めた規定）により派遣先に雇用される通常の労働者と今回比較対象労働者とされている仮想の通常の労働者との間で整合性が図られている根拠について派遣元に伝える等、的確に対応しなければいけません。

⑤ 待遇に関する事項等の説明（派遣労働者から求めがあった場合）の保管期間

労働者派遣法上、「待遇に関する事項等の説明（派遣労働者から求めがあった場合）」については口頭で説明を行えば良いため、書類の作成は義務付けられてはいませんが、派遣労働者とのトラブルを回避するため（例えば、派遣労働者から「待遇に関する事項等の説明を受けていない」といったトラブルを避けるため）にも、

書類を活用して説明し、当該書類は一定期間保管しておく方が良いでしょう。

⓭　派遣元管理台帳の作成　<派遣元

　「第2章　労使協定方式」→「2　労使協定方式における派遣事業の手続の流れ」→「⓮　派遣元管理台帳の作成」と同じ内容となります。

⓮　派遣先管理台帳の作成　<派遣先

　「第2章　労使協定方式」→「2　労使協定方式における派遣事業の手続の流れ」→「⓯　派遣先管理台帳の作成」と同じ内容となります。

⓯　派遣労働者の就業実績の通知　<派遣先

　「第2章　労使協定方式」→「2　労使協定方式における派遣事業の手続の流れ」→「⓰　派遣労働者の就業実績の通知」と同じ内容となります。

第**4**章

派遣元・派遣先が陥りやすい 12の間違い

この章では、2020年4月1日の労働者派遣法の改正について、派遣元・派遣先が陥りやすい間違いについてQ&A形式で説明したいと思います。

1 派遣先均等・均衡方式及び労使協定方式に共通するQ&A

Q1 正社員として雇用している派遣労働者への適用は？

　うち（派遣元）は、正社員として雇用している派遣労働者しかいないから、今回の労働者派遣法の改正は関係ないよね？

　いえ、正社員として雇用している派遣労働者に対しても今回の労働者派遣法の改正は適用されます。
　2020年4月1日に、

・　短時間労働者及び有期雇用労働者の雇用管理の改善等に関する法律
（以下「パートタイム・有期雇用労働法」とします）

・　労働者派遣法

の2つの法律が改正されました。
　パートタイム・有期雇用労働法の改正は、簡単に言うと、パートタイム労働者（アルバイトも含む）や有期雇用労働者の賃金等については、今までのように「正社員だから賃金が高く、パートやアルバイト、有期雇用の労働者だから賃金が低い」という曖昧な理由での賃金格差は認められず、パートやアルバイト、有期雇用の労働者であっても正社員と仕事内容や責任の程度等が同じであれば同じ単価の賃金を、仕事内容や責任の程度が異なるのであればその違いに応じた適正な単価の賃金を支払うことを各企業に義務付けたものです。ちなみに、パートタイム・有期雇用労働法の改正は2020年4月1日からは大企業のみに適用され、2021年4月1日からは中小企業にも適用されます。
　対して、労働者派遣法の改正は、「派遣労働者と派遣先の正社員等との賃金等について整合性を図りなさい」というもので、派遣労働者が、派遣元で正社員として雇用されているのか、パートタイム労働者や有期雇用労働者として雇

用されているのかは関係ありません（厚生労働省「不合理な待遇差解消のための点検・検討マニュアル（労働者派遣業界編）」p43、Q1 参照）。

　つまり、派遣労働者として働いていても、派遣先の直接雇用の正社員として働いていても、働き方や責任の程度等に応じて同じ単価の賃金を受けられるようにしたものです。

　全ての派遣労働者に対して、派遣先均等・均衡方式又は労使協定方式が適用されることとなります。労働者派遣法の改正は、2020 年 4 月 1 日から大企業、中小企業を問わず、全ての派遣元及び派遣先に適用されます。

Q2　派遣元で選択する待遇決定方式を統一するのか？

派遣元全体として派遣先均等・均衡方式か労使協定方式のどちらか
1 つを選択しなければいけないんでしょう？

A2　いえ、同じ派遣元や派遣元事業所の中で、派遣先均等・均衡方式と労使協定方式の 2 つの方式を採用することができます。

　労使協定方式の場合、その派遣元の全ての派遣労働者を労使協定方式の対象とする旨を労使協定で締結すればその派遣元の全ての派遣労働者に対して労使協定方式が適用されます。

　また、派遣労働者の一部を労使協定方式の対象とする旨を労使協定に記載すれば、一部の派遣労働者については労使協定方式が適用され、それ以外の派遣労働者については、労使協定方式が適用されないため、自動的に派遣先均等・均衡方式が適用されることになります。

　ただし、労使協定方式の対象となる派遣労働者を選定する場合は、職種（一般事務、エンジニア等）や労働契約期間（有期、無期）などといった客観的な基準によらなければなりません。

　また、客観的な基準であったとしても、性別、国籍等や、他の法令に照らして不適切な基準によることは認められません。

　このほか、例えば、労使協定の対象となる派遣労働者の範囲を「賃金水準が高い企業に派遣する労働者を労使協定対象派遣労働者とする」や「派遣労働者

の○○○○（人の名前）、○○○○（人の名前）、○○○○（人の名前）は労使協定対象派遣労働者とする」、「○○○○㈱、㈲○○○○に派遣する派遣労働者は労使協定対象派遣労働者とする」など、派遣労働者の賃金水準などの待遇を引き下げることを目的として労使協定の対象となる派遣労働者の範囲を定めることは改正労働者派遣法の趣旨に反するものであり、適当ではないとされています。

　これらの事項が遵守されている場合には、実際にどのような範囲を定めるかは基本的には労使間での話合いによって決めていただければ結構です。

Q3　就業規則を変更する必要があるか？

　派遣先均等・均衡方式を採用しても労使協定方式を採用しても、就業規則は変更しなくてもいいんでしょう？

　いえ、派遣先均等・均衡方式、労使協定方式のどちらを採用（又は両方を採用）しても、常時10人以上の労働者を使用する派遣元については、就業規則を改定し労働基準監督署へ届出なければいけません。

　労働基準法第89条には、「常時10人以上の労働者を使用する使用者は、次に掲げる事項について就業規則を作成し、行政官庁に届け出なければならない。次に掲げる事項を変更した場合においても同様とする」と規定されています。「次に掲げる事項」には、「始業及び終業の時刻、休憩時間、休日、休暇」のほか複数の項目が規定されていますが、「賃金（臨時の賃金等を除く）の決定、計算及び支払いの方法（以下「賃金の決定等に関する事項」とする）」や「退職手当の定めをする場合においては、適用される労働者の範囲、退職手当の決定、計算及び支払いの方法並びに退職手当の支払いの時期に関する事項（以下「退職手当に関する事項」とする）」についても就業規則に規定しなければいけない事項とされています。

　派遣先均等・均衡方式及び労使協定方式とも「賃金の決定等に関する事項」に影響を及ぼすものであり、労使協定方式の場合は「退職手当に関する事項」についても関係することとなります。

　したがって、就業規則又は賃金規程への記載が必要となりますが、派遣先均

等・均衡方式の場合は、派遣先により賃金の内容が変更してしまう可能性があり、また、労使協定方式の場合も毎年、職業安定局長通知が更新されることにより、労使協定の内容が変更する可能性があるため、画一的に就業規則や賃金規程に規定することは適していません。

厚生労働省「不合理な待遇差解消のための点検・検討マニュアル（労働者派遣業界編）」（p21 参照）には、「就業規則に、『適用する待遇決定方式』及び『適用した待遇決定方式の対象となる派遣労働者について』を明記しておくことが望まれます」と記載されています。

就業規則の記載例としては以下のようになります。

就業規則の記載例①

第○条（派遣労働者に適用する待遇決定方式）

　派遣労働者に適用する待遇決定方式については、労働者派遣法第 30 条の 3 第 1 項及び第 2 項（派遣先均等・均衡方式）並びに労働者派遣法第 30 条の 4 第 1 項（労使協定方式）を適用する。

就業規則の記載例②

第○条（労使協定方式の対象となる派遣労働者の範囲）

　労働者派遣法第 30 条の 4 第 1 項に基づく労使協定の対象となる派遣労働者の範囲は、派遣先にて以下の職種に就く派遣労働者とする。

- ・　プログラマー
- ・　システムエンジニア

就業規則の記載例③

第○条（派遣先均等・均衡方式の対象となる派遣労働者の範囲）

　労働者派遣法第 30 条の 3 第 1 項及び第 2 項（派遣先均等・均衡方式）の対象となる派遣労働者の範囲は、就業規則第○条に定める労働者派遣法第 30 条の 4 第 1 項に基づく労使協定の対象となる派遣労働者以外の全ての派遣労働者とする。

第○条（派遣労働者の賃金の決定方法）

　　就業規則第○条に定める労使協定方式の対象となる派遣労働者の賃金については、労働者派遣法第30条の４第１項に基づく労使協定に従い、個別の雇用契約書にて定めることとする。

２　就業規則第○条に定める派遣先均等・均衡方式の対象となる派遣労働者の賃金については、労働者派遣法第30条の３第１項及び第２項に基づき、個別の雇用契約書にて定めることとする。

2　派遣先均等・均衡方式に関する Q&A

Q4　通勤手当も支払うのか？

　今までうち（派遣元）は、派遣労働者に対して通勤手当を支払っていなかった。派遣先均等・均衡方式を採用した場合、時給額については派遣先の正社員との仕事内容や責任の程度等に応じて派遣労働者の時給額を考慮しないといけないことは聞いている。だけど、通勤手当については、仕事の能力とかとは関係ないから、派遣先の正社員が通勤手当を全額支給されていたとしても、派遣労働者には今までどおり、通勤手当を支払わなくていいよね？

A4　いえ、派遣先の正社員が通勤手当を全額支給されている場合は、派遣労働者に対しても通勤手当を全額支給しなければ労働者派遣法に抵触する可能性が高いでしょう。

　派遣先均等・均衡方式については、全ての派遣労働者の待遇について、派遣先の通常の労働者（主に「派遣先の正社員」と考えていただいて結構です）と派遣労働者との間で、仕事内容や責任の程度、人事異動の範囲等が同じであれば、同じ待遇を（これを「均等待遇」といいます）、違いがあれば待遇について派遣先の通常の労働者と派遣労働者との間で差を設けても構いません（これを「均衡待

遇」といいます）。

　ただし、その差については、今までのように正社員だから高く派遣労働者だから低いというような曖昧な理由ではなく、仕事内容、責任の程度、人事異動の範囲等の差に応じた待遇差にしなければなりません。

　この「待遇」、には、全ての賃金、教育訓練、福利厚生、休憩、休日、休暇、安全衛生、災害補償等の全ての待遇が含まれます。

　「通勤手当」についても、派遣先の通常の労働者と派遣労働者との間で整合性が図られていなければいけません。

　では、派遣先の通常の労働者には通勤手当が全額支給されていて、派遣労働者には通勤手当が一切支給されていない場合に、その取扱いが不合理となっていないかどうかを確認していきます。

①　通勤手当の「性質・目的」を把握します。

　　派遣先から収集した情報（派遣先からの「比較対象労働者の待遇等に関する情報の提供」の中に記載されている情報）には、派遣先では、「通勤手当は職場に来てもらうために必要な交通費として支給している」と記載されています。

　　実際、この派遣先では、通勤にかかった費用を補てんするため、自宅の最寄り駅から勤務先の最寄り駅までの定期券代を支給しています。

②　次に、①の内容を踏まえ、待遇差が不合理か否かを判断するにあたって、どのような考慮要素があるか、考えてみます。

　　通勤手当の「性質・目的」が、「通勤にかかった費用を補てんする」ということなので、「業務の内容」や「責任の程度」、「人事異動の範囲」といった事情は、通勤手当の支給の有無や支払の方法にあまり関係がないということがわかります。

　　つまり、この派遣先では、

・　社員がどんな仕事をしていようが通勤手当は支給される
・　社員が課長であろうが役職のない社員であろうが通勤手当は支給される
・　転勤のある社員であろうが、転勤のない社員であろうが、通勤手当は支給される

ということです。

　　また、この派遣先では、ほかに「その他の事情」として、通勤手当の支給の有無や支払の方法に影響を及ぼすような事情はありませんでした。

③ 派遣労働者には通勤手当が支給されていないことについて、不合理でないと整理し、派遣労働者が納得するよう説明できるでしょうか？

　勤務先に通勤するということは、派遣先の通常の労働者でも派遣労働者でも変わりません。また、派遣先の通常の労働者には通勤手当を支給して、派遣労働者には通勤手当を支給しないで良い合理的な理由も見当たりません。

　ということは、通勤手当について派遣労働者に支給しないことは「不合理ではない」とは言えず、改善に向けた取組みを進めていく必要があると考えられます。

　ちなみに、当然のことながら、派遣労働者に通勤手当を支払うのは派遣元です。

　派遣元からすれば、「派遣料金額は変わらないのに、派遣労働者に通勤手当も支給しなければいけないようになったら、派遣元の収益が圧迫されてしまって、今後、派遣できなくなってしまう」と思われる方も多いでしょう。

　今回の労働者派遣法の改正では、「派遣先に対する派遣料金額の配慮義務」が課せられました（労働者派遣法第26条第11項）。内容は、「派遣先は、派遣料金額について、派遣元が派遣先に雇用される通常の労働者との間の均等・均衡待遇の確保のための措置及び一定の要件を満たす労使協定に基づく待遇の確保のための措置を遵守することができるように配慮しなければならない」というものです。

　つまり、「今回の労働者派遣法改正で、派遣先均等・均衡方式又は労使協定方式により派遣労働者の賃金額が上がる可能性があるから、派遣先も派遣料金額について配慮してあげないとダメですよ！」ということです。

　この派遣料金額の配慮義務については、「派遣元から要請があるにもかかわらず、派遣先が派遣料金の交渉に一切応じない場合や、派遣元が派遣先均等・均衡方式又は労使協定方式に基づく賃金を確保するために必要な額を派遣先に提示した上で、派遣料金の交渉を行ったにもかかわらず、派遣料金が当該額を下回る場合には、配慮義務を尽くしたとは解されず、指導の対象となり得るものであること」とされています（厚生労働省「労働者派遣事業関係業務取扱要領」第5の2の(4)）。

　また、今回の質問では通勤手当について説明しましたが、前述のとおり、派遣先が派遣先の通常の労働者に支給している全ての手当や待遇（ほかに、役職手

当や皆勤手当、制服等）について、上記の①～③の検証を行った上で、派遣労働者に支給しなければいけないか支給しなくてもいいのかを確認していく必要があります。

Q5　比較対象労働者の選定の範囲は？

　当社（派遣元）は、労使協定方式を採用すると、派遣労働者の賃金額が今よりもかなり高くなるため、派遣先から「派遣先均等・均衡方式にして欲しい」と言われ、派遣先均等・均衡方式を採用しようと考えています。

　派遣先からは、比較対象労働者の待遇等の情報提供（派遣先の通常の労働者（主に派遣先の正社員と考えて結構です）の賃金等の情報を派遣元に提供すること）については、派遣労働者が就業する事業所には、派遣先の直接雇用の労働者はパートタイム労働者しかいないため、パートタイム労働者の情報提供を考えていると言われました。

　派遣先から、パートタイム労働者の情報提供を受けた場合、派遣労働者の賃金等についてはその情報に基づいて算定すればいいですよね？

A5　いえ、適正な比較対象労働者の待遇等の情報提供がなされていないとして、派遣先は行政指導の対象となる可能性があります。また、適正な比較対象労働者の待遇等の情報提供がなされなかったことにより、派遣労働者の待遇が不合理な待遇となっている場合は、派遣労働者から派遣元・派遣先に対して損害賠償請求をされる可能性があります。

　比較対象労働者の待遇等の情報提供については、第2章2 **6**「比較対象労働者の待遇等に関する情報の提供」のところで説明しました。

　簡単におさらいすると、派遣先が自社の比較対象労働者を選定する場合は、以下の①～⑥の順に選定していきます。

① 　派遣労働者の「業務の内容」「責任の程度」「人事異動の範囲」「転勤の範囲」の全てが同じ派遣先の正社員等（「派遣先の正社員等」とは派遣先の正社員及び無期雇用フルタイム労働者のことを意味します。以下同じ）

② 　①に該当する者がいない場合は派遣労働者の「業務の内容」及び「責任

の程度」が同じ派遣先の正社員等

③　①及び②に該当する者がいない場合は派遣労働者の「業務の内容」又は「責任の程度」のいずれかが同一の派遣先の正社員等

④　①～③に該当する者がいない場合は派遣労働者の「人事異動の範囲」及び「転勤の範囲」が同じ派遣先の正社員等

⑤　①～④に該当する者がいない場合は、①～④のいずれかの要件に該当する派遣先のパートタイム労働者又は有期雇用労働者

⑥　①～⑤に該当する者がいない場合は、当該派遣労働者と同一の「業務内容」及び「責任の程度」の業務に従事させる正社員を派遣先が新たに雇い入れたと仮定した場合における派遣先の正社員（以下「仮想の通常の労働者」とする）

　派遣先が、自社に①に該当する労働者がいなければ②に、②の労働者がいなければ③というように、比較対象労働者を選定していきます。

　この比較対象労働者の選定に際して、多くの派遣先は、「派遣労働者が就業する場所に在籍している派遣先の労働者の中から選定する」と勘違いしているようですが、比較対象労働者の選定は、「派遣労働者が就業する場所にとどまらず、派遣先全体（法人全体）の労働者の中から選定する」必要があります（厚生労働省「労働者派遣事業関係業務取扱要領」第5の2（3）ハ（イ）参照）。

　つまり、派遣労働者が派遣先の○○○○㈱大阪支店で就業するから大阪支店の中で該当する派遣先の正社員を探せばいいのではなく、○○○○㈱全体で、該当する正社員を探す必要があるということです。

　派遣先全体の労働者の中から選定した結果、⑤のパートタイム労働者又は有期雇用労働者を選定することとなった場合であっても、⑤のパートタイム労働者又は有期雇用労働者については、派遣先の正社員とそのパートタイム労働者又は有期雇用労働者の待遇について、パートタイム・有期雇用労働法第8条（2021年3月31日までの期間は、派遣先が中小企業の場合はパートタイム労働法第8条又は労働契約法第20条）に基づいて、整合性が図られていなければなりません。

　つまり、派遣先が比較対象労働者にパートタイム労働者（又は有期雇用労働者）を選んだ場合は、そのパートタイム労働者（又は有期雇用労働者）の待遇については、当然、派遣先の正社員との整合性が図られていることが前提となります。

⑥の仮想の通常の労働者についても、派遣先が派遣労働者の賃金額を下げたいがために、急遽考えたものではなく、派遣先の就業規則にその仮想の通常の労働者の待遇が規定されていて、かつ、その仮想の通常の労働者の待遇が派遣先の通常の労働者との待遇と比べて整合性が図られているものでなければなりません（厚生労働省「労働者派遣事業関係業務取扱要領」第5の2(3)ハ（イ）⑥参照）。

　比較対象労働者の待遇等に関する情報の提供で、派遣先が派遣元に対して、情報提供せずもしくは虚偽の情報を提供した場合、又は派遣先が比較対象労働者の待遇の変更を派遣元に提供せず、もしくは虚偽の情報を提供した場合、又は、これらの場合に、派遣先に対して労働者派遣法第48条第1項の規定に基づく労働局からの指導又は助言を行ったにもかかわらず、当該派遣先がその指導等に従わなかった場合には、当該派遣先は労働局から勧告（指導のきついバージョンと思ってください）を受ける可能性があります（労働者派遣法第49条の2第1項）。この勧告にも従わない場合は、派遣先は社名を公表される可能性があります（労働者派遣法第49条の2第2項）。

　また、派遣労働者が「派遣労働者と比較対象労働者との間の待遇の相違の内容及びその相違の理由」について、派遣元に対して説明を求めた場合、派遣元は派遣労働者に対して「派遣労働者と比較対象労働者との間の待遇の相違の内容及びその相違の理由」を説明しなければなりません（労働者派遣法第31条の2第4項）。

　派遣元は派遣労働者から上記の求めがあった場合は派遣労働者に説明するとともに、派遣先からの比較対象労働者の待遇等に関する情報だけでは説明が困難な場合は、派遣元から派遣先に対し、比較対象労働者の待遇と派遣先の通常の労働者との待遇との間で不合理な取扱いがされていないことについて情報の提供を求めることができ、派遣先はその根拠について派遣元に対し情報を提供しなければなりません（労働者派遣法第40条第5項）。

　また、派遣先からの比較対象労働者の待遇に関する情報の提供に誤りがあり、それにより、派遣労働者の待遇が低く抑えられていた場合は、派遣労働者から派遣元及び派遣先に対し損害賠償請求される可能性もあります。

Q6 前回と同じ内容の契約更新でも待遇等の情報提供をする？

前と同じ契約内容で派遣契約を更新する場合は、改めて、派遣先から派遣元への比較対象労働者の待遇等の情報提供はしなくてもいいよね？

 　いえ、前と同じ契約内容で派遣契約を更新する場合も、その都度、比較対象労働者の待遇等に関する情報の提供は必要となります。

労働者派遣法第 26 条第 7 項には、派遣契約を締結するにあたって、あらかじめ比較対象労働者の待遇等に関する情報を提供するよう規定されています。この「派遣契約を締結する」の意味は、新たな派遣契約を締結する場合のみならず、派遣契約を更新する場合も含まれます。

したがって、派遣契約を更新する場合も、その都度、派遣先から派遣元に対して比較対象労働者の待遇等に関する情報の提供は必要となります。

ただし、比較対象労働者及びその待遇に関する情報に変更がない場合には、更新時に改めて同一の情報を提供する必要はなく、「令和○年○月○日付けの情報提供から変更がない」旨を書面の交付もしくはファクシミリを利用してする送信又は電子メール等の送信をすることにより、派遣先から派遣元に提供することで差し支えありません（厚生労働省「派遣先均等・均衡方式に関する Q&A 令和元年 12 月 26 日公表」問 1-6 参照）。

3 労使協定方式に関する Q&A

Q7 以前からある賃金テーブルをそのまま使ってもいい？

当社（派遣元）は労使協定方式を採用しようと考えています。以前から自社の賃金規程の中に賃金テーブル（何等級何号棒等を定めた賃金表）を作成しており、その賃金テーブルに基づいて派遣労働者の賃金を決定しているので、労使協定には具体的な内容を定めずに、「就業規則、賃金規程等による」と記載すればいいですよね？

A7 いえ、以前の賃金規程の内容では労使協定の要件を満たさない可能性が高いので、労働者派遣法に抵触する可能性があります。

派遣元が、以前から自社の賃金規程の中に賃金テーブルを作成しており、今回の労使協定には具体的な内容を定めず、「派遣労働者の賃金については、就業規則、賃金規程等による」とだけ記載することも可能です（厚生労働省「労使協定方式に関する Q&A」問 1-7 参照）。

ただし、労働者派遣法第 30 条の 4 第 1 項第 2 号イには、「労使協定には、一般賃金の額（職業安定局長通知で示されている基本給等、通勤手当、退職手当の額）と同等以上である協定対象派遣労働者の賃金の決定の方法を定めること」と定められているため、派遣労働者の賃金が、職業安定局長通知の別添 1 又は別添 2 の職種ごと・能力ごとの時給額と同等以上であることが客観的に明らかとなるように、派遣労働者の賃金の額に加え、その比較対象となる一般賃金の額も労使協定に記載することが必要とされています（厚生労働省「労使協定方式に関するQ&A」問 1-6 参照）。

以前から作成されている賃金テーブルが一般賃金の額と同等以上であることまでを具体的に定めているのであれば労使協定に「就業規則等による」と記載していても問題ありませんが、一般賃金という考え方は今回の労働者派遣法の改正で初めて公表されたものであり、一般賃金を踏まえた賃金テーブルになっていることはまずあり得ません。

したがって、まずは自社の賃金テーブルが一般賃金以上となっているかどうかを確認し、一般賃金以上となっていれば、賃金テーブルに一般賃金以上であることを具体的に記載した上で、労使協定には「就業規則による」と記載すれば結構です。

　もし、自社の賃金テーブルが一般賃金以上となっていないのであれば、まずは、一般賃金以上となるように賃金テーブルを作成し直す作業から始めなければいけません。

　先程も説明したとおり、一般賃金という考え方は今回の労働者派遣法の改正で初めて公表されたものであるため、ほとんどの派遣元は一から賃金テーブルを作成する必要があるでしょう。

Q8　賞与は支払う必要がある？

　労使協定方式を採用する場合、必ず、賞与を支払わなければいけないんでしょう？

A8　いえ、必ず賞与を支払わなければいけないわけではありません。

　厚生労働省が公開している「不合理な待遇差解消のための点検・検討マニュアル（労働者派遣業界編）」の労使協定の記載例などで、賞与を含めた賃金テーブルが掲載されていますが、派遣労働者に賞与を必ず支払わなければならないわけではありません。

　職業安定局長通知で示されている「基本給・賞与・手当等」「通勤手当」「退職手当」について、それぞれの基準を上回る賃金額を派遣労働者に支払っていれば問題ありません。

　「基本給・賞与・手当等」については、職種ごと能力（年数）ごとに正社員等の全国平均額の時給が掲載されているので、その時給と同等以上の額を派遣労働者に支払えばいいので、その中に賞与が含まれているかいないかについては特に関係ありません。

　要するに、賃金総額（通勤手当、退職手当を除く）が基準を上回っていれば、内訳については特に気にしなくて結構です。

Q9 地域指数は実際に就業する場所のものを使う？

　労使協定方式の場合、職業安定局長通知の別添1（平成30年賃金構造基本統計調査による職種別平均賃金（時給換算））又は別添2（職業安定業務統計の求人賃金を基準値とした一般基本給・賞与等の額（時給換算））の時給額に地域指数を乗じた額以上の賃金額を派遣労働者に支払うことを労使協定に記載しなければいけませんが、この地域指数は、派遣労働者が実際に就業する場所の地域指数を乗ずればいいんでしょう？

　　　　　　　　　　　　　　必ずしも派遣労働者が実際に就業する場所の地域指数とは限りません。

　職業安定局長通知第1の2の（1）には『この「派遣先の事業所その他派遣就業の場所」については、平成11年11月17日付け女発第325号、職発第814号「労働者派遣事業の適正な運営の確保及び派遣労働者の就業条件の整備等に関する法律等の一部を改正する法律、関係政省令等の施行について」の別添「労働者派遣事業関係業務取扱要領」第8の5と同様であり、協定対象派遣労働者が実際に就業する場所ではないこと。例えば、派遣先の事業所が東京都にあるが、協定対象派遣労働者が実際に就業する場所が埼玉県である場合、「派遣先の事業所その他派遣就業の場所」は東京都であること』』と記載されています。

　労働者派遣法上、派遣先の事業所は雇用保険の適用事業所ごとに判断します。派遣先が○○○○㈱大阪支店（雇用保険の適用事業所）に属する神戸営業所（雇用保険は大阪支店で加入）の場合、派遣先の事業所は大阪支店となり、大阪府の地域指数を乗じなければならないこととなります。

　このことは、派遣先の事業所単位の期間制限における事業所の考え方も同じで、上記の場合、神戸営業所単体ではなく、大阪支店全体で派遣労働者を受け入れられる期間は3年間が限度（延長手続を取れば、3年を超えて派遣労働者を受け入れることは可能です）となります（厚生労働省「平成27年9月30日施行の改正労働者派遣法に関するQ&A【第2集】」Q7参照）。

Q10 労使協定は労働基準監督署に提出する？

労使協定方式を採用する場合に作成した労使協定は、労働基準監督署に届出なければいけないんでしょう？

 労働者派遣法第30条の4第1項、いわゆる労使協定方式を採用するために締結した労使協定については、労働基準監督署への届出は不要です。

労使協定というと「時間外・休日労働に関する協定届」、いわゆる「36協定」などが代表的ですが、36協定については、労働基準監督署への届出が必要となります。これは、労働基準法第36条に労働基準監督署へ届け出ることが法律上、規定されているからです。

労働者派遣法第30条の4第1項における労使協定方式にかかる労使協定については、労働者派遣法上、行政官庁への届出は義務付けられていません。

ただし、派遣元が毎年、6月30日までに提出する「労働者派遣事業報告書」に、この労使協定を添付しなければならないこととなっています（労働者派遣法第23条第1項、労働者派遣法施行規則第17条第3項）。

では、労働者派遣事業報告書に労使協定を添付しなかった場合、当該労使協定の効力は無効になるかというと、労働者派遣法第30条の4第1項の規定は、労使協定を適正に締結することが労使協定方式を採用する条件としており、行政官庁への届出については条件とされていないため、労働者派遣事業報告書に労使協定を添付しなかったからといって、労使協定自体が無効になることはないでしょう（ただし、労働者派遣事業報告書に添付していないことに対して、行政からの指導を受ける可能性はあります）。

Q11 経験年数と能力・経験調整指数の年数は同じ？

労使協定方式の場合は、派遣労働者の経験年数と同じ職業安定局長通知に記載されている年数の時給を派遣労働者に支払わなければいけないんでしょう？

A11 いえ、派遣労働者の経験年数と職業安定局長通知に記載されている能力・経験調整指数の年数は必ずしも同じではありません。

職業安定局長通知の別添1及び別添2の表には、「基準値に能力・経験調整指数を乗じた値」として、0年、1年、2年、3年、5年、10年、20年ごとの時給額が職種ごとに記載されています。

この年数については、派遣労働者がその職種に該当する年数の経験がある場合は、その年数の時給額を支給しなければならないと思われている派遣元も多いようですが、この能力・経験調整指数は経験年数を示したものではありません。

能力・経験調整指数とは、簡単に説明すると、例えばプログラマーであれば、プログラマー業界で0年目はいくら、1年目はいくら、2年目はいくらというように、その職種の能力を年数に置き換えて時給額を算定したものと思っていただくとわかりやすいかもしれません。

労使協定方式の場合、派遣元が自社の賃金テーブルを独自に作成するため、「うちは、プログラマー未経験者は能力・経験調整指数の0年目と同じ賃金額にしよう」とか、「うちは中級のプログラマーについては、能力・経験調整指数の3年目と同じ賃金額に、上級のプログラマーについては能力・経験調整指数の5年目と同じ賃金額にしよう」などと決めていきます。

そして、自社で決めた賃金テーブルに基づいて、派遣する派遣労働者の能力は、自社の賃金テーブルの未経験者のランクに該当するのか、中級プログラマーのランクに該当するのか、上級プログラマーのランクに該当するのかを決めていきます。

したがって、プログラマーとして10年経験がある派遣労働者であっても、未経験者と同じ能力又は仕事内容であると派遣元が判断した場合は、0年目の時給額をその派遣労働者に支払うことについて労働者派遣法上、特に問題ありません。

ただし、派遣労働者がその待遇に納得がいかない場合は、派遣元に対して能力をどのように評価してどのように賃金を決定したのか等の説明を求められることがあり、派遣元は派遣労働者からの求めに応じて説明しなければいけません（労働者派遣法第31条の2第4項）。

もし、その説明を聞いても派遣労働者が納得できない場合は、派遣労働者か

ら損害賠償請求等の訴訟を起こされる可能性もあります（厚生労働省「労使協定方式に関するQ&A」問2-8参照）。

Q12　派遣先の希望で待遇決定方式を変更できる？

　労使協定方式を締結する際に協定対象派遣労働者の範囲を定めることとなっているけど、協定対象派遣労働者となってる派遣労働者であっても、派遣先から「派遣先均等・均衡方式にしてほしい」と言われたら、その派遣労働者の待遇を労使協定方式から派遣先均等・均衡方式に変えてもいいよね？

　　　　　　　　　　　いえ、労使協定対象派遣労働者の待遇を派遣先が希望したからといって、派遣先均等・均衡方式に変えることはできません。

　本来、派遣労働者の待遇については、派遣先の正社員との待遇を適正に反映する派遣先均等・均衡方式が原則ですが、それでは派遣先が変わるたびに派遣労働者の待遇も変更することになるため、派遣労働者の待遇が安定しないことになります。

　そこで、派遣労働者の長期的なキャリア形成に配慮した雇用管理を行うことができるようにすることを目的として労使協定方式が定められました。

　したがって、次の派遣先が希望するからといって、協定対象派遣労働者の待遇を労使協定方式から派遣先均等・均衡方式に変更することは労使協定方式が定められた趣旨に反するものであり、適当ではありません。

　また、当然のことながら、待遇を引き下げることを目的として、派遣先ごとに待遇決定方式（派遣先均等・均衡方式又は労使協定方式のこと）を変更することは、改正労働者派遣法の趣旨に反するものであり、適当ではありません。

　ただし、待遇決定方式を変更しなければ派遣労働者が希望する就業機会を提供できない場合であって、当該派遣労働者から合意を得た場合等のやむを得ないと認められる事情がある場合などは、待遇決定方式の変更も認められます。

　つまり、派遣労働者がどうしても行きたい派遣先があり、その派遣先は労使協定方式ではなく、派遣先均等・均衡方式を採用している派遣元を希望してい

た。このままではその派遣先に派遣してもらえないと思った派遣労働者から派遣元に対して、労使協定方式から派遣先均等・均衡方式に変えてほしい旨の申出があった場合などは、待遇決定方式の変更も認められるとされています（厚生労働省「労使協定方式に関する Q&A【第 2 集】 令和元年 11 月 1 日公表」問 1-3 参照）。

各書類の保管期間一覧表
（派遣先均等・均衡方式、労使協定方式共通）

書類の名称	保管期間
労使協定	労使協定の有効期間が終了した日から起算して 3 年が経過する日まで保管 （労働者派遣法施行規則第 25 条の 12）
待遇に関する事項等の説明（派遣労働者を雇用しようとする時）	保管期間なし （ただし、派遣期間中は必ず保管しておいてください。労働局の調査の際に提出を求められる場合があり、その際に提出できなければ書類不備となり指導の対象となる可能性があります）
抵触日通知	保管期間なし （ただし、派遣期間中は必ず保管しておいてください。労働局の調査の際に提出を求められる場合があり、その際に提出できなければ書類不備となり指導の対象となる可能性があります）
比較対象労働者の待遇等に関する情報の提供	【派遣元】 当該派遣契約を終了した日から起算して 3 年を経過する日まで保管 【派遣先】 当該派遣契約を終了した日から起算して 3 年を経過する日まで保管 （労働者派遣法施行規則第 24 条の 3 第 2 項）

派遣契約書（個別契約書）	保管期間なし （ただし、派遣期間中は必ず保管しておいてください。労働局の調査の際に提出を求められる場合があり、その際に提出できなければ書類不備となり指導の対象となる可能性があります）
雇用契約書（労働条件通知書）	労働者の死亡・退職（又は解雇）の日から3年間保管 （労働基準法第109条、労働基準法施行規則第56条） （ただし、労働基準法改正に伴い5年間の保管義務が課せられましたが、5年間の保管義務の施行開始日は現在未定となっています）
就業条件明示書	保管期間なし （ただし、派遣期間中は必ず保管しておいてください。労働局の調査の際に提出を求められる場合があり、その際に提出できなければ書類不備となり指導の対象となる可能性があります）
待遇に関する事項等の説明 （雇用した時）	保管期間なし （ただし、派遣期間中は必ず保管しておいてください。労働局の調査の際に提出を求められる場合があり、その際に提出できなければ書類不備となり指導の対象となる可能性があります）
待遇に関する事項等の説明 （派遣する時）	保管期間なし （ただし、派遣期間中は必ず保管しておいてください。労働局の調査の際に提出を求められる場合があり、その際に提出できなければ書類不備となり指導の対象となる可能性があります）

派遣先への通知 （派遣先通知書）	保管期間なし （ただし、派遣期間中は必ず保管しておいてください。労働局の調査の際に提出を求められる場合があり、その際に提出できなければ書類不備となり指導の対象となる可能性があります）
待遇に関する事項等の説明 （派遣労働者から求めがあった場合）	「待遇に関する事項等の説明（派遣労働者から求めがあった場合）」については、口頭で説明を行えばよいため、書類の作成は義務付けられてはいませんが、派遣労働者とのトラブルを回避するため（例えば、派遣労働者から「待遇に関する事項等の説明を受けていない」といったトラブルを回避するため等）にも、書類を活用して説明し、その書類は一定期間保管しておく方が良いでしょう。
派遣元管理台帳	派遣契約終了の日から **3年間保管** （労働者派遣法第37条第2項、労働者派遣法施行規則第32条）
派遣先管理台帳	派遣契約終了の日から **3年間保管** （労働者派遣法第42条第2項、労働者派遣法施行規則第37条）
派遣労働者の就業実績の通知	【派遣元】 派遣元管理台帳の一部として保管するため、派遣元管理台帳と同様に派遣契約終了の日から **3年間保管** 【派遣先】 派遣先管理台帳の一部として保管するため、派遣先管理台帳と同様に派遣契約終了の日から **3年間保管**

索　引

【あ】

安全及び衛生に関する事項 ············ 138
移籍型出向 ······························ 12
1ヶ月単位の変形労働時間制 ········· 137
一般賃金 ·································· 29
一般賃金額等の特例適用 ·············· 95
委任契約 ··································· 3
請負契約 ··································· 3
請負事業 ··································· 2

【か】

仮想の通常の労働者 ·················· 120
過半数代表者の選任方法 ·············· 98
過半数労働組合 ························· 78
管理監督者 ······························ 78
管理責任者 ······························· 8
期間制限の例外 ························ 111
偽装請負 ··································· 4
基本給・賞与等 ························· 49
基本契約 ······························· 135
基本契約書 ···························· 135
キャリアコンサルティング ·········· 200
キャリアパス ·························· 200
休憩時間 ······························· 138
協定対象派遣労働者 ········· 143, 172
業務委託契約 ····························· 3
業務の内容 ···························· 117
クーリング期間 ············· 113, 114
高度プロフェッショナル制度 ········· 27
個人情報の収集、保管及び使用 ······ 100
個人単位の抵触日 ····················· 159
個人別賃金一覧表 ····················· 41
個別契約 ······························· 135

個別契約書 ···························· 135
雇用安定措置 ·························· 200
雇用形態 ····················· 121, 133
雇用形態にかかわらない公正な待遇の確
　保 ······································· 28
雇用契約書 ···························· 152
雇用契約の締結 ············· 152, 223
雇用保険事業所非該当承認申請書 ··· 107

【さ】

在籍型出向 ······························ 11
指揮命令者 ···························· 136
事業所 ······················· 106, 107
事業所単位の抵触日 ·················· 160
事業所訪問 ···························· 101
就業条件明示書 ············· 156, 223
出向 ······································ 11
準委任契約 ······························· 3
紹介手数料 ···························· 142
紹介予定派遣 ·························· 140
昇給 ······································ 171
賞与 ························· 45, 172
職業安定業務統計 ····················· 35
職業安定局長通達 ············· 23, 34
職業安定局長通知 ············· 29, 34
職業安定局長通知（令和3年度）······ 92
職務の内容 ···························· 117
職務の内容の変更 ····················· 118
正規型の労働者 ······················· 117
製造業務専門派遣先責任者 ·········· 150
製造業務専門派遣元責任者 ·········· 150
責任の程度 ················· 117, 135
選出方法 ································· 79
組織単位 ······························· 109

【た】

待遇決定方式 ……………………………… 264
待遇に関する事項等の説明（雇用した
　　時）……………………………… 170, 223
待遇に関する事項等の説明（派遣する
　　時）……………………………… 185, 223
待遇に関する事項等の説明（派遣労働者
　　から求めがあった場合）……… 193, 237
待遇に関する事項等の説明（派遣労働者
　　を雇用しようとする時）……… 102, 222
退職金 …………………………………… 46, 49
退職金制度 ………………………… 46, 53, 54
退職金前払い制度 ………………………… 46
退職手当 ………………………………… 53, 171
段階的かつ体系的な教育訓練 …… 31, 199
中核的業務 …………………………… 117, 133
中退共への加入 …………………… 54, 70
長時間労働の是正の施策 ………………… 27
賃金構造基本統計調査 …………………… 35
賃金テーブル …………………………… 259
賃金の額の見込み ……………………… 103
通勤手当 …………………………… 45, 49, 52
通常の労働者 …………………………… 117
抵触日通知 ………………………… 106, 222
同一労働同一賃金 ………………………… 15
同一労働同一賃金ガイドライン ……… 16
特定を目的とする行為 ……………… 101

【な】

日数限定業務 ……………………………… 112
能力・経験調整指数 …………………… 47

【は】

パートタイム・有期雇用労働法 ……… 15
配置の変更 ……………………………… 118
配慮義務 ………………………………… 141
派遣期間 ………………………………… 137

派遣契約の締結 …………………… 134, 222
派遣先 …………………………………… 15
派遣先管理台帳 …………………… 206, 245
派遣先均等・均衡方式 ………………… 19
派遣先事業所単位の期間制限 ‥ 106, 108
派遣先指針 ……………………………… 102
派遣先への通知 …………………… 187, 236
派遣就業する日 ………………………… 137
派遣登録 …………………………… 99, 222
派遣登録者 ……………………………… 100
派遣の依頼 ………………………… 99, 220
派遣元 …………………………………… 15
派遣元管理台帳 …………………… 197, 245
派遣元指針 ……………………………… 100
派遣元責任者 …………………………… 150
派遣料金額 ……………………………… 162
派遣労働者個人単位の期間制限 ……… 109
派遣労働者登録申込書 ………………… 100
派遣労働者の就業実績の通知 ‥ 214, 245
派遣労働者の性別 ……………………… 188
派遣労働者の人数 ……………………… 144
派遣労働者の年齢 ……………………… 188
派遣労働者を特定する行為 …………… 208
働き方改革 ……………………………… 26
比較対象労働者 …………………… 117, 118
比較対象労働者の選定方法 …………… 118
比較対象労働者の待遇等に関する情報の
　　提供 ……………………………… 116, 222

【ま】

前払い退職手当 …………………… 53, 54, 68
見込みがある ……………………………… 200
無期雇用フルタイム労働者 …………… 117

【や】

有期プロジェクト業務 ………………… 112
有料職業紹介事業の許可 ……………… 142

【ら】

履歴書の送付 ……………………………… 101
労使協定 …………………………………… 29
労使協定の行政機関への報告 ………… 91
労使協定の周知 ………………………… 88
労使協定の締結方法 …………………… 77
労使協定の保管期間 …………………… 92
労使協定の有効期限 …………………… 74

労使協定方式 …………………………… 21, 29
労働契約申込みみなし制度 ………… 160
労働者供給 ……………………………… 13
労働者の過半数代表者 ………………… 78
労働者派遣 ……………………………… 2
労働者派遣・請負を適正に行うためのガ
イド ……………………………………… 7
労働者派遣契約 ……………………… 134
労働条件通知書 ……………………… 152

索

引

参考文献

厚生労働省「労働者派遣事業関係業務取扱要領　令和2年6月版」、https://www.mhlw.go.jp/general/seido/anteikyoku/jukyu/haken/youryou_2020/dl/all.pdf

厚生労働省「不合理な待遇差解消のための点検・検討マニュアル　労働者派遣業界編」、https://www.mhlw.go.jp/content/11909000/000501271.pdf

厚生労働省「労使協定方式に関するQ＆A」、https://www.mhlw.go.jp/content/rk1.pdf

厚生労働省「労使協定方式に関するQ＆A（第2集）（令和元年11月1日公表）」、https://www.mhlw.go.jp/content/rk2.pdf

厚生労働省「労使協定方式に関するQ＆A（第3集）（令和2年10月21日公表）」、https://www.mhlw.go.jp/content/000685364.pdf

厚生労働省「労働者派遣法第30条の4第1項の規定に基づく労使協定（イメージ）　※令和2年1月14日公表版」、https://www.mhlw.go.jp/content/000584344.pdf

厚生労働省「労働者派遣法第30条の4第1項の規定に基づく労使協定（イメージ）　※令和2年12月4日公表版」、https://www.mhlw.go.jp/content/000701813.pdf

厚生労働省「派遣先均等・均衡方式に関するQ＆A（令和元年12月26日公表）」、https://www.mhlw.go.jp/content/000581593.pdf

厚生労働省「様式集（労使協定方式）」、https://www.mhlw.go.jp/stf/seisakunitsuite/bunya/0000077386_00001.html

厚生労働省「様式集（派遣先均等・均衡方式）」、https://www.mhlw.go.jp/stf/seisakunitsuite/bunya/0000077386_00001.html

厚生労働省「平成30年労働者派遣法改正の概要＜同一労働同一賃金＞」、https://www.mhlw.go.jp/content/000594487.pdf

厚生労働省「過半数代表者に選ばれた皆さまへ」、https://www.mhlw.go.jp/content/000598981.pdf

厚生労働省「派遣で働く皆さまへ」、https://www.mhlw.go.jp/content/000497029.pdf

厚生労働省「派遣元の皆さまへ」、https://www.mhlw.go.jp/content/000497031.pdf

厚生労働省「派遣先の皆さまへ」、https://www.mhlw.go.jp/content/000497032.pdf

厚生労働省「過半数代表者の適切な選出手続きを〜選出するにあたっての5つのポイントをご紹介します〜」、https://www.mhlw.go.jp/content/000685451.pdf

厚生労働省「＜派遣労働者の皆様へ＞派遣で働くときの同一労働同一賃金チェックリスト」、https://www.mhlw.go.jp/content/000701942.pdf

厚生労働省「働き方改革実行計画概要」、http://www.kantei.go.jp/jp/headline/pdf/20170328/05.pdf

厚生労働省「平成27年労働者派遣法改正法の概要」、https://www.mhlw.go.jp/file/06-Seisakujouhou-11650000-Shokugyouanteikyokuhakenyukiroudoutaisakubu/0000098917.pdf

厚生労働省「平成27年9月30日施行の改正労働者派遣法に関するQ&A」、https://www.mhlw.go.jp/stf/seisakunitsuite/bunya/0000111089.html

厚生労働省「平成27年9月30日施行の改正労働者派遣法に関するQ&A［第2集］」、https://www.mhlw.go.jp/stf/seisakunitsuite/bunya/0000118814.html

厚生労働省「平成27年9月30日施行の改正労働者派遣法に関するQ&A［第3集］」、https://www.mhlw.go.jp/stf/seisakunitsuite/bunya/0000125633.html

大阪労働局「大阪労働局作成冊子「労働者派遣法のあらまし〜同一労働同一賃金の実現に向けて〜」、https://jsite.mhlw.go.jp/osaka-roudoukyoku/content/contents/201912161414.pdf

大阪労働局「大阪労働局開催　派遣元事業主向け「平成30年改正労働者派遣法セミナー」資料」、https://jsite.mhlw.go.jp/osaka-roudoukyoku/content/contents/201912161418.pdf

大阪労働局「大阪労働局開催　派遣先向け「働き方改革に対応！労働関係法令セミナー」資料」、https://jsite.mhlw.go.jp/osaka-roudoukyoku/content/contents/12161045_semina.pdf

厚生労働省「労働者派遣・請負を適正に行うためのガイド」、https://www.
　mhlw.go.jp/file/06-Seisakujouhou-11600000-Shokugyouanteikyoku/
　0000078287.pdf

厚生労働省「働き方改革〜一億総活躍社会の実現に向けて〜」、https://jsite.
　mhlw.go.jp/aichi-roudoukyoku/content/contents/000268521.pdf

厚生労働省「労働時間法制の見直しについて」、https://jsite.mhlw.go.jp/
　aichi-roudoukyoku/content/contents/000268522.pdf

厚生労働省「雇用形態に関わらない公正な待遇の確保」、https://jsite.mhlw.
　go.jp/aichi-roudoukyoku/content/contents/000268524.pdf

京都労働局「労働条件通知書　派遣労働者用：常用・有期雇用型」、https://jsite.
　mhlw.go.jp/kyoto-roudoukyoku/hourei_seido_tetsuzuki/roudoukijun_
　keiyaku/tetsuzuki/ka20130528.html

『改訂版 労使協定・労働協約 完全実務ハンドブック』（渡邊岳著、日本法令、
　2019年)

『働き方改革関連法の解説と実務対応─②同一労働同一賃金編』（労働調査会出
　版局編著、労働調査会、2020年)

著者プロフィール

東谷　義章（ひがしたに　よしあき）
昭和49年7月31日生。
社会保険労務士、介護福祉士、東谷社会保険労務士事務所代表。
関西学院大学商学部卒。
2017年4月〜2020年3月までの3年間、大阪労働局の需給調整事業部（派遣法の指導監督を行っている部署）で需給調整事業専門相談員（非常勤職員）として派遣元、派遣先企業、社労士、弁護士等からの派遣法に関する相談業務や派遣会社への指導監督補助業務に従事。延べ2,000社以上の派遣元・派遣先からの派遣法に関する問い合わせや相談に対応。派遣法の説明に関しては、誰よりもわかりやすく説明することを心がけており、多くの会社から「非常にわかりやすい」との評価を受ける。

著者との契約により検印省略

2021年2月20日　初版発行

派遣先均等・均衡方式／労使協定方式による
労働者派遣契約の結び方

著　　者　東　谷　義　章
発　行　者　大　坪　克　行
印　刷　所　美研プリンティング株式会社
製　本　所　牧製本印刷株式会社

発　行　所　〒161-0033 東京都新宿区
下落合2丁目5番13号
振　替　00190-2-187408
ＦＡＸ　(03) 3565-3391
URL　http://www.zeikei.co.jp/
乱丁・落丁の場合は，お取替えいたします。

株式
会社　税務経理協会
電話　(03) 3953-3301（編集部）
　　　(03) 3953-3325（営業部）

© 東谷義章　2021　　　　　　　　　　　Printed in Japan

ISBN978-4-419-06765-6　C3032